Inhalt

»De omnibus dubitandum« –
An allem ist zu zweifeln

(Karl Marx)

Widmung und Danksagung

Dieses Buch widme ich meinem langjährigen Freund und Berufskollegen WERNER PACZIAN aus Münster, ohne den die vorliegende Arbeit nicht möglich gewesen wäre. Er hatte die Idee zum Buch und bereits den Kontakt zum Verlag hergestellt, als er völlig überraschend im April 2008 im Alter von fünfzig Jahren an Herzversagen starb.

Sein Engagement und seine Erfahrungen aus jahrzehntelanger journalistischer Arbeit als Redakteur des Regenwald-Reports und Sprecher der Umweltschutzorganisation »Rettet den Regenwald« flossen ebenso wie unsere gemeinsamen Reportagereisen nach Brasilien und Ecuador in das Kapitel zum Thema »Bio«-Sprit ein. Bereits im Jahr 1991 hatte Werner Paczian mit seinem Buch »Raubmord am Regenwald« nachdrücklich auf die Zerstörung der Regenwälder und die Ausbeutung der Natur aufmerksam gemacht. Er setzte sich für eine aufklärende und Zusammenhänge deutlich machende Berichterstattung ein und kämpfte in seinen Reportagen mit bewegenden Worten für den Erhalt der natürlichen Umwelt. Ich hoffe, dass ich in diesem Buch zumindest annähernd eine solche Wirkung beim Leser erzielen kann.

Mein Dank gehört seiner Familie, die mich bat, die Arbeit an dem Buch in seinem Sinne aufzunehmen, und mir dazu seine berufliche Hinterlassenschaft zur Verfügung stellte, die ich nun treuhänderisch verwalte.

Mein weiterer Dank gehört Karin Grothaus und Simone Hirt, die mir als Praktikantinnen bei der Recherche hilfreich zur Seite standen. Die Ergebnisse ihrer hervorragenden Arbeit flossen in die Kapitel zu den Themen Ökostrom und Atomkraftwerke sowie zum Bio-Boom bei Lebensmitteln ein.

Vorwort des Autors

»Wir haben dreißig Jahre verloren«, urteilte der Ingenieur und Wirtschaftswissenschaftler Dennis Meadows auf einer Vortragsreise im Oktober 2006 – entscheidende Jahre, um noch das Ruder herumzureißen. Nun sei es zu spät. Die Menschen hätten die für das Ökosystem tragbare Grenze überschritten. Jetzt könne es nur noch darum gehen, den Schaden zu begrenzen. Ich war schockiert. Ähnlich wie vor über drei Jahrzehnten während der Ölkrise von 1973, als mir erstmals die Ernsthaftigkeit der Bedrohung unserer Umwelt klar wurde. Damals spazierte ich als pubertierender Jugendlicher am autofreien Sonntag mit Meadows' Buch »Grenzen des Wachstums« unter dem Arm über die leere Autobahn in Essen und schwor mir, etwas für die Umwelt zu tun. In der vom Club of Rome in Auftrag gegebenen Studie stellte Meadows fest, dass der rasch anwachsende Verbrauch an Rohstoffen nicht mehr tragbar sei, und prognostizierte, dass die ersten Anzeichen eines gestörten Ökosystems in rund vierzig Jahren zu verspüren sein würden. Eindringlich rief Meadows damals die Wirtschaft, Politiker und Experten zum Handeln auf und betonte, die schlimmsten Folgen seien noch abwendbar. Seitdem sind 36 Jahre vergangen, in denen nur wenige seinen Rat hören wollten. Erst heute, wo der Klimawandel nicht mehr aufzuhalten ist und sich die Umweltkatastrophen häufen, beeilen sich selbst die bislang ignorantesten Staaten, dem Kyoto-Protokoll beizutreten. Einer der seit Jahrzehnten die Natur ausbeutenden und verschmutzenden Großkonzerne will heute »nachhaltiger« und »ökologisch verantwortlicher« agieren als der andere und selbst die russische Energie-Mafia investiert im großen Stil in deutsche Windkraftparks. Wird nun doch noch alles gut oder bläst uns die Regierung und die Wirtschaft nur Sand in die Augen, um uns ruhigzustellen? Die zur Beantwortung der Frage notwendigen Informationen sind extrem widersprüchlich und selbst schon zu einer Glaubensfrage geworden. Hilft es beispielsweise der Umwelt, wenn der Ölgigant BP sich ein neues Image zulegt, in das lukrative Solarzellengeschäft einsteigt und sich anstatt »British Petroleum« neuerdings »Beyond Petroleum« nennt? Der Geschäftsbereich macht zwar nur knapp 1,5 Prozent des Gesamtumsatzes aus, ist aber in der Branche herausragend und die Firma auf dem richtigen Weg – meinen die Manager von immerhin 13 Ökofonds, die Aktien dieser Firma als ökologisches Top-Investment verkaufen. Sich ein grünes Mäntelchen umhängen, die Unternehmensdarstellung grünwaschen und sich »nachhaltig« aufplustern, aber im Stillen weiterproduzieren und Profite einheimsen wie bisher: Das ist die Taktik vieler Dinosaurier-Industrien des »fossilen Zeitalters«. Dabei wird die Wahrheit verdreht, der Verbraucher getäuscht, für dumm verkauft und gelogen, dass sich die Balken biegen. Damit sind keine Lügen im strafrechtlichen Sinne gemeint, sondern die vielen kleinen und auch großen Lügen der Desinformation. Es sind Aussagen in der Werbung, der Unternehmensdarstellung und bei der Lobbyarbeit, von denen die Industrie weiß oder zumindest vermutet, dass sie unwahr sind, und die sie mit der Absicht äußert, dass die Hörer sie trotzdem glauben. Dies geschieht, um einen wirtschaftlichen Vorteil zu erlangen oder um einen Fehler bzw. eine verwerfliche Handlung zu verdecken und so Kritik oder Strafe zu entgehen. Viele Beispiele für ein solches Vorgehen, die mich bewegt und wütend gemacht haben, sind in diesem Buch versammelt.

So erwacht etwa die schon längst tot geglaubte Branche der Atomindustrie zu neuem Leben, bekommt Umweltsiegel verliehen und stellt sich als Klimaschützer Nummer eins dar, weil sie angeblich kein CO_2 erzeuge – was weder stimmt, noch das entscheidende Problem der Endlagerung des strahlenden Mülls klärt. Stromkonzerne malen ein nicht existentes Schreckgespenst einer Stromlücke an die Wand und forcieren gleichzeitig den

Bau neuer klimabelastender Mega-Kohlekraftwerke mit Laufzeiten von vierzig Jahren und mehr. Einer der weltweit größten Pestizidhersteller verspricht seit Jahrzehnten zumindest auf die allergefährlichste Giftmischerei zu verzichten, tut es aber nicht und verkauft seine todbringenden Substanzen immer noch in Entwicklungsländern. Gleichzeitig stellt er sich mit geschönten Zahlen als erfolgreicher Klimaschützer in Deutschland dar und fordert weniger staatliche Reglementierung. Auch die Bundesregierung verkauft sich in der Welt als klimapolitischer Vorreiter, obwohl sie sich jahrzehntelang von der deutschen Autoindustrie an der Nase herumführen ließ und noch heute entscheidende Punkte des EU-Klimapaketes blockiert. Ihren folgenschweren Irrtum der staatlichen Förderung des Geschäfts mit sogenanntem »Bio«-Sprit aus Palmöl und Soja vermag sie nur schwer zuzugeben. Erst als es offensichtlich wurde, dass das Big-Business mit »Bio«-Sprit Millionen Menschen in Entwicklungsländern in Hunger und Armut treibt, begann ein Umdenken. Bei unserer eigenen Ernährung fand dieses hingegen schon vor vielen Jahren statt. Die Einführung eines staatlichen Ökosiegels brachte einen Bio-Boom auf den Weg, dem sich heute kein Billig-Discounter mehr entziehen kann. So positiv diese Entwicklung im Allgemeinen zu bewerten ist, so sehr wird auch klar, dass damit nur Mindeststandards gesetzt wurden und die massenhafte Produktion biologischer Lebensmittel und deren Weiterverarbeitung an ihre Grenzen stößt und den ökologischen Grundgedanken in Frage stellt. Ökologie meint nämlich nichts anderes als leben und produzieren in nachhaltigen Kreisläufen. Das ist in einer auf Massenproduktion, schnellen Profit und globale Ausbeutung ausgerichteten Wirtschaft grundsätzlich nicht zu haben. Auch wenn immer wieder das Gegenteil behauptet wird. So ist der Begriff der Nachhaltigkeit das meistmissbrauchte Wort der letzten Jahre geworden. Heute benutzt es sinnentleert praktisch jeder zur Propagierung seines wirtschaftlichen und politischen Handelns. Der Verbraucher wird förmlich zugeschüttet mit Nachhaltigkeitssiegeln, Zertifikaten,

Labeln und Selbstverpflichtungen, die sich alle in kleinen, aber in ihren Auswirkungen wesentlichen Feinheiten voneinander unterscheiden. Neben ökologischer Weitsicht versprechen sie soziale Verantwortung und einen fairen wirtschaftlichen Umgang miteinander. Doch in vielen Fällen ist nicht »Fair« und »Bio« drin, wo »Fair« und »Bio« draufsteht. Hier will ich dem Verbraucher auf dem Weg durch den Labeldschungel mit Aufklärung und Tipps zur Seite stehen. Es wird endlich Zeit für einen gesetzlich geregelten und öffentlich überprüfbaren Standard für all diese Selbstversprechen und vermeintlich garantierenden Siegel und Label.

Die berühmte Definition der Brundtland-Kommission zur Nachhaltigkeit von 1987 sagt aus: »Entwicklung zukunftsfähig zu machen heißt, dass die gegenwärtige Generation ihre Bedürfnisse befriedigt, ohne die Fähigkeit der zukünftigen Generation zu gefährden, ihre eigenen Bedürfnisse befriedigen zu können.« Unsere Wirtschaft basiert hingegen auf der Hauptlüge, dass wir auf Pump zukünftiger Generationen leben könnten. Es muss klar werden, dass unser Land nicht zukunftsfähig ist, wenn es weiterhin an dieser Wachstums- und Konsumideologie festhält. Anstatt noch effizientere Kraftwerke zu bauen, sollten wir Kraftwerke mehr und mehr überflüssig machen. Von einer Ökonomie der Maßlosigkeit müssen wir zu einer Ökonomie der Vernunft gelangen. Das verlangt von jedem Einzelnen ein Umdenken, gesündere Ernährung und bewussten Verzicht auf überflüssige und gefährliche Lebensstandards. Niemand braucht wirklich einen PS-Giganten vor der Tür oder muss mehrmals im Jahr in die fernsten Winkel der Erde jetten, um glücklich zu sein. Und niemand braucht pestizidverseuchte Nahrungsmittel und bis in alle Ewigkeit strahlenden Atommüll zum Leben.

Köln, Februar 2009 *Stefan Kreutzberger*

Die grüne Energiefalle

Greenwash – Wie Firmen ihr Image grün färben

Ölgiganten werfen nichts weg

»Werfen Sie nichts weg. Weg ist nicht weg.« So lautete Mitte Juli 2007 einer von mehreren Werbeslogans aus der europäischen Öko-Imagekampagne des Ölgiganten Shell. Werbeplakate des Unternehmens zeigten unter diesem poetischen Satz eine Skyline von Raffinerien, aus deren Schornsteinen Blumen anstelle von Rauch »qualmten«. In der Kampagne behauptet Shell, dass man »CO_2 zum Blumenwachstum« verwende und »Schwefelabfälle« benutze, »um extrastarken Beton herzustellen«. Umweltschützer reagierten empört. Die englische Umweltschutzorganisation »Friends of the Earth« sah in der Werbeaktion des Unternehmens sogar ein Vergehen und erstattete im November 2007 Anzeige wegen irreführender Werbung. Der Vorwurf an den Großkonzern: Was Shell großspurig als Standard darstellt, sei nur eine winzige Nische im Konzern. Nur rund 0,35 Prozent der jährlichen CO_2-Emissionen von 94 Millionen Tonnen werde in holländische Gewächshäuser geleitet. Und über die Schwefelverwendung habe man »überhaupt keine Informationen« bekommen können, sagte eine Sprecherin der Umweltschützer. Weltweit jedoch litten Menschen unter den Folgen der Umweltverschmutzung durch Shells Raffinerien, beispielsweise in Nigeria, Südafrika, den USA und auf den Philippinen. In Nigeria fackele Shell illegal Gas ab und stoße dabei Schwefel aus, der sauren Regen verursacht. Allein die Abfackelungen in Nigeria erzeugten sechzigmal mehr Treibhausgas-Emissionen als das CO_2, das von holländischen Bauern zur Blumenzüchtung wiederverwendet wird.[1]

Die Reaktion der Justiz war von Land zu Land unterschiedlich. Während der belgische Werberat die Beschwerde der Umweltschützer verwarf, wurde Shell in Holland dazu aufgefordert, die Werbeanzeige zurückzuziehen. Sie sei zu weitreichend und enthalte eine irreführende Umweltschutzbehauptung. Daraufhin erklärte die Firmenleitung, das betreffende Motiv nicht mehr verwenden zu wollen, stand nach einem Bericht von Spiegel Online aus dem Juli 2007 jedoch weiterhin zur Aussage des Anzeigetextes.[2]

Als Greenwash – auf deutsch Grünwaschen oder Grünfärben – bezeichnet man Bemühungen von Unternehmen, Verbänden oder auch Regierungen, sich ein »grünes« Image in der Öffentlichkeit zu verschaffen. Und das, ohne einen ernsthaften Wandel seines Umweltverhaltens einzuleiten. Versucht wird dies durch eine gezielte medienwirksame Vermarktung von umweltfreundlichen Produkten oder durch die Finanzierung von Projekten, Initiativen und Forschungsvorhaben zum Wohle der Umwelt. Greenwash dient vor allem der Verbesserung des Rufs solcher Unternehmen, die nach einem Umweltskandal bzw. negativer Berichterstattung einen Imageschaden erlitten haben. Darüber hinaus zielt es aber auch – im Sinne klassischer Werbekampagnen – auf die Erschließung neuer Käuferschichten und die Sicherung von Marktanteilen gegenüber der Konkurrenz. In Zeiten gesteigerten öffentlichen Umweltbewusstseins zahlt sich vermeintliche Verantwortung zum Schutz natürlicher Ressourcen aus: Das alte dreckige, die Umwelt belastende Kerngeschäft tritt in den Hintergrund. Umweltschädliche Geschäftspraktiken werden geschickt verschleiert. Die Marketingaktionen der Grünfärber arbeiten dabei bewusst mit

---

1 PM Friends of the Earth »Shell advert is ruled ›misleading‹« v. 07. 11. 2007
2 Spiegel Online v. 21. 07. 2007

Öko-Jargon, der Herausgabe vermeintlicher Gütesiegel, Desinformation und der Verdrehung von Tatsachen. Mit Hilfe von Öffentlichkeitsabteilungen und gut bezahlten Werbeagenturen manipulieren Unternehmen die öffentliche Meinung: Da werden Atomkraftwerke plötzlich zu grünen Oasen, Ölkonzerne zu innovativen Visionären, wird Autofahren immer sauberer und die Kohleindustrie zum Klimaschutzvorreiter. Schön wäre es ja, aber mit der Technik und dem Geschäft von gestern lässt sich eben keine Zukunft gestalten. Daher ist Greenwash auch eine Verteidigungsstrategie der »Dinosaurier-Branchen« gegenüber dem wachsenden Druck durch ernsthaft umweltverantwortlich handelnde Firmen und neue Technologien. Das Ziel der Grünfärber ist es, mit einem grünen Anstrich weniger aufzufallen, sich aus der Schusslinie öffentlicher Kritik zu bringen und haftungsrechtliche Auflagen zu vermeiden. Und sich zudem schon mal fit für kommende Märkte am endgültigen Ende des fossilen Energiezeitalters zu machen. Will hier ein Energiekonzern auch in Zukunft mitspielen, kann er sein Standbein heute zwar noch fest auf fossile Energieträger und profitträchtige Atomenergie setzen, muss mit seinem anderen Bein jedoch in die erneuerbaren Energien einsteigen.

Nicht jedes von Energieunternehmen als grün beworbene Produkt ist aber gleich dem Greenwash zuzuordnen. Für den umweltbewussten Verbraucher gibt es heute mehrere ernsthafte Ökostromangebote, energiesparende Geräte im Haushalt, Kompensationsmöglichkeiten durch Baumpflanzungen und weniger Kraftstoff verbrauchende Automobile. Kommunale Energieversorger beraten ihre Kunden meistens offen und kompetent und helfen beim Energiesparen. Eine kritische Hinterfragung von Produkten und Projekten mit Umweltbezug ist jedoch in jedem Fall geboten. Handelt es sich um wirklich umweltschonende Dienstleistungen und Erzeugnisse oder pflegen die Unternehmen durch ihr Marketing nur ihr grünes Image? Stehen neue Projekte für eine Kehrtwende in der Energiepolitik des Hauses oder wird nur die Fassade grün angestrichen, hinter der weiter schmutzige Wäsche gewaschen wird? Für den Verbraucher ist eine entsprechende Beurteilung sehr schwierig, da ihm oftmals die Sachkenntnis und der Überblick fehlen. In den Medien werden Greenwash-Kampagnen nur selten aufgegriffen, hinterfragt und kritisiert. Die meisten Zeitungen und Magazine versuchen nicht einmal mehr, Umweltschutz-Versprechen und -Wirklichkeit abzugleichen. Politiker reden oftmals ungeprüft die Behauptungen von Industrie-Lobbyisten nach – niemand legt sich gerne mit der mächtigen Auto- und Energiebranche an. Eine löbliche Ausnahme ist das deutsche *greenpeace-magazin*, das eigens zum Thema Greenwash seit Januar 2008 einen regelmäßig aktualisierten und fortgeschriebenen »Lügendetektor« im Internet veröffentlicht. Das Gemeinschaftsprojekt mit der Website wir-klimaretter.de, einem unabhängigen Internet-Portal zum Klimaschutz, arbeitet auch eng mit dem Kölner Verein »LobbyControl – Initiative für Transparenz und Demokratie« zusammen. Die engagierten und unabhängigen Sozialwissenschaftler legten bereits im November 2007 die Kurzstudie »Greenwash in Zeiten des Klimawandels« vor. Darin werden zahlreiche Beispiele beschrieben und die Instrumente von Greenwash-Kampagnen analysiert. Gemeinsam mit den international agierenden »Friends of the Earth« und zwei weiteren europäischen Organisationen haben sie mittlerweile zum vierten Mal den »Worst EU Lobbying Award« ausgeschrieben, einen Preis, mit dem sie auf »irreführende und manipulierende« Werbung und Öffentlichkeitsarbeit hinweisen. Unter den Nominierten für 2008 finden sich unter anderem eine grüne Abgeordnete, der Interessenkonflikte vorgeworfen werden, und die »Agrarsprit-Lobby«, die vehement am grünen Image alternativer Kraftstoffe feilt. Für das Jahr 2007 verliehen die Organisationen erstmalig auch den »Worst EU Greenwash Award«, die Auszeichnung für schlechtestes Umweltbewusstsein, an das Deutsche Atomforum. Es verdiente sich den Greenwash-Preis für den »unverfrorensten Versuch, sich ein ungerechtfertigtes grünes Image zu verschaffen«[3], mit seiner Kampagne »Deutschlands ungeliebte Klima-schützer«. Diese soll das Image der Atomenergie aufpolieren und arbeitet dabei in Anzeigen und Plakaten mit Bildern von Atomkraftwerken in schöner und unzerstörter Natur. Das Urteil von Ulrich Müller (LobbyControl): »Das Deutsche Atomforum versuchte, die öffentliche Besorgnis über den Klimawandel zu instrumentalisieren, um für die Atomenergie zu werben.« Den zweiten Preis errang der britische Rüstungs-konzern BAE Systems für seine Versuche, Waffen als um-weltfreundlich zu vermarkten, da sie auch bleifreie Geschosse verwenden. Der Ölgigant ExxonMobile landete mit der irre-führenden Imagewerbung, in der der Konzern behauptete, Treibhausgasemissionen zu reduzieren, während sie in Wirk-lichkeit anstiegen, auf Platz drei. Doch nun zurück zum sieg-reichen ersten Platz.

Das Märchen von der Stromlücke

Glaubt man den Auguren der Energieindustrie, werden in Deutschland wohl bald die Lichter ausgehen. Jürgen Groß-mann, Vorstandsvorsitzender des Energieriesen RWE, warnte Ende Februar 2008 in einem Interview mit der *Bild-Zeitung* vor einer Stromlücke und mehrtägigen Blackouts, wie sie die USA zu jener Zeit heimsuchten. Großmann sagte, mittlerweile genüge bereits das Zusammentreffen eines trockenen heißen Sommers mit wartungsbedingten Ausfällen einiger Kraftwerke, um die Versorgungssicherheit zu gefährden. »Hier drohen im europäischen Netz mehrtägige Stromausfälle schon in diesem Jahr, die auch Deutschland hart treffen können«, prophe-zeite er. Um Stromengpässe zu verhindern, verlangte er mehr Genehmigungen zum Bau neuer Kraftwerke. »Dazu müssen Politik und auch die Bürger ihren Widerstand gegen den Neu-

3 www.worstlobby.eu/2007/vote/info/8/worstgreenwash_de

bau von Kraftwerken aufgeben – sonst drohen Engpässe und Blackouts«, forderte der Energiemanager. Außerdem müsse die Politik auch künftig auf Braunkohle und Kernkraft zur Energiegewinnung setzen.[4]

Dieses Katastrophenszenario trat zwar nicht ein, aber es diente der deutschen Atomindustrie zu einer Neuauflage ihres bereits im Frühjahr 2007 groß angelegten Werbefeldzuges mit sich selbst in der Rolle als »Deutschlands ungeliebte Klimaschützer« – so der Slogan. Ungeniert werfen sich die Manager im Deutschen Atomforum ein grünes Mäntelchen um und behaupten, die Laufzeiten ihrer Atomkraftwerke müssten verlängert werden, um die Versorgungssicherheit zu gewährleisten und das Klima zu schützen. Auf der zentralen Internetseite der Kampagne heißt es: »Der Schutz unseres Klimas ist eine unserer dringendsten Aufgaben. Doch auf absehbare Zeit können Wind, Wasser und Sonne unseren Energiebedarf nicht sichern. Mehr als ein Viertel des deutschen Stroms, sogar mehr als die Hälfte der Grundlast, wird aus Kernenergie gewonnen – klimafreundlich ohne CO_2-Ausstoß. In den sichersten und zuverlässigsten Kernkraftwerken der Welt. Sie jetzt schon stillzulegen wäre ein Rückschritt im Kampf gegen den Klimawandel. Denn ohne den Beitrag der Kernenergie wird Deutschland seine Klimaziele nicht erreichen.«[5] Würde der bislang gesetzlich beschlossene Fahrplan zum Ausstieg aus der Atomenergie eingehalten, »ist die Wettbewerbsfähigkeit des Standortes gefährdet, und die Abhängigkeit von Energieimporten aus dem Ausland steigt«, drohte der Präsident des Deutschen Atomforums, Dr. Walter Hohlefelder, auf seiner Eröffnungsrede zur Jahrestagung Kerntechnik 2008 in Hamburg.[6] Eine Laufzeitverlängerung bestehender Kernkraftwerke sei, so Hohlefelder, nicht zuletzt wegen einer drohenden Stromlücke der einzige

4 Bild-*Zeitung* v. 27. 02. 2008
5 www.klimaschuetzer.de
6 PM des Deutschen Atomforums v. 27. 05. 08

Weg, das »energiepolitische Abstellgleis« zu verlassen. Schützenhilfe bei der Argumentation zur »Stromlücke« lieferte eine Studie der Deutschen Energie Agentur (Dena) vom April 2008 mit dem Titel »Kurzanalyse Kraftwerks- und Netzplanung in Deutschland bis 2020«. Darin rechnet die Agentur vor, dass in Deutschland bereits ab 2012 nicht mehr genügend gesicherte Kraftwerksleistung zur Verfügung stehen werde, um die Jahreshöchstlast beim Strombedarf ausreichend zu decken.

Experten sehen das jedoch ganz anders: »Es gibt keine Stromlücke in Deutschland«, widersprach etwa der Geschäftsführer des Bundesverbandes Erneuerbare Energie (BEE), Milan Nitzschke, energisch. »Das ist reine Panikmache.« Ähnlich äußerten sich Fachleute aus der gesamten Öko-Branche. Die Fakten geben ihnen recht: Derzeit kann von einer Stromlücke nicht die Rede sein. Im Gegenteil ist Deutschland sogar Stromexporteur. So haben im Jahr 2007 die deutschen Energieversorger 19 Milliarden Kilowattstunden (kWh) Strom mehr ins Ausland geleitet, als sie im Land verbraucht haben. In 2008 werden es aller Voraussicht nach sogar rund 25 Milliarden kWh sein – mehr als je zuvor.[7] Das geht aus Berechnungen hervor, die die Arbeitsgemeinschaft Energiebilanzen vorgelegt hat – eine Institution, die von den Verbänden der Energiewirtschaft getragen wird. Demnach lag der Exportüberschuss im ersten Halbjahr 2008 bereits bei 14,4 Milliarden kWh und damit gut 30 Prozent höher als im gleichen Zeitraum 2007. Das entspricht der Jahresleistung zweier Atomkraftwerke. Bundesumweltminister Sigmar Gabriel sagte dazu im August 2008 der *Berliner Zeitung:* »Obwohl mehrere Atomkraftwerke wegen technischer Probleme stillstanden, werden die deutschen Energieversorger in diesem Jahr voraussichtlich so viel Strom exportieren wie nie zuvor. Dennoch sind nirgendwo in Deutschland die Lichter ausgegangen. Das zeigt einmal mehr, dass das Gerede von der

7 *taz*-Beitrag »Zu viel Strom für Deutschland« v. 11. 08. 08

angeblichen Unverzichtbarkeit der Atomenergie Quatsch ist.«[8] Die stellvertretende Fraktionschefin der Grünen im Bundestag, Bärbel Höhn, bemerkte zum gleichen Thema: »Die Zahlen entlarven das Gerede von einer Stromlücke als reine Panikmache, um eine Verlängerung der AKW-Laufzeiten durchzudrücken.«[9]

Der Hauptgrund für die positive deutsche Exportbilanz scheint überdies im Ausbau der erneuerbaren Energien zu liegen. Denn auch dort wurde ein Rekord erzielt: Deutschland überschritt im Jahr 2008 erstmals in der Stromgeschichte die markante Schwelle von 100 Milliarden kWh Ökostrom. Der Anteil des Ökostroms am deutschen Energiemix stieg damit von 14 Prozent im Jahr 2007 auf über 16 Prozent. Im Jahr 2007 produzierten alle 17 deutschen Atomkraftwerke zusammen 133 Milliarden kWh und deckten damit 22 Prozent des deutschen Strombedarfs. Bereits in wenigen Jahren könnten – je nach Fortgang des Atomausstiegs – die erneuerbaren Energien die Atomenergie überholt haben. Ein scheinbar unerträglicher Gedanke für die Strategen des Deutschen Atomforums.

Die Studie »Atomausstieg und Versorgungssicherheit« des Umweltbundesamtes vom März 2008 bringt weiteres Licht in das angebliche Stromdunkel. Die Behörde bestätigte, dass unter Beibehaltung des gesetzlich festgelegten Zeitplans die Versorgungssicherheit auch ohne Atomkraftwerke und den Bau neuer Kohlekraftwerke nicht in Gefahr sei. Dafür müsste Deutschland allerdings bis zum Jahr 2020 jährlich elf Prozent weniger Strom gegenüber dem Stand von 2005 verbrauchen. Das sei ohne Weiteres möglich, wenn die Stromproduktion auf Basis erneuerbarer Energien wie geplant auf knapp 30 Prozent bis zum Jahr 2020 ausgebaut werde und die Kraft-Wärme-Kopplung – der Einsatz der entstehenden Nutzwärme zu Heizzwecken – auf 25 Prozent steige. Auch der Präsident des

8 *Berliner Zeitung* v. 09. 08. 08
9 Ebd.

Umweltbundesamtes, Andreas Troge, insistierte, beim Ausstieg aus der Atomenergie drohe auch im nächsten Jahrzehnt keine Stromlücke. Engpässe könnten nur drohen, wenn die Konzerne die Verbesserung der Effizienz und den Ausbau der erneuerbaren Energien verzögerten. Ein Effekt, den sie mit ihren Kampagnen sicherlich erzielen.

Das Märchen vom billigen Atomstrom

Atomstrom sei in jedem Fall günstiger als Strom aus anderen Energiequellen, behauptet die Atomindustrie. Der Verbraucher bekommt davon allerdings nichts mit. Einen billigen Atomstromtarif im Gegensatz zum angeblich teureren Ökostrom sucht man im Angebot der Energieversorger vergebens. Allein RWE bringt ab Januar 2009 einen Atomstromtarif für Privatkunden unter dem Namen »ProKlima Strom« auf den Markt. Damit soll der Kundenwunsch nach »Preissicherheit und Klimaschutz« erfüllt werden. Der Strom stammt nach Angaben des Unternehmens zu 68 Prozent aus Atom- und zu 32 Prozent aus Wasserkraft. Der Preis soll leicht über dem normalen Tarif für Haushaltskunden liegen, aber dafür drei Jahre lang stabil bleiben. Das Kalkül bei dem grünen Etikettenschwindel liegt auf der Hand: Kann RWE demnächst eine große Anzahl von Kunden präsentieren, die sich bewusst für Atomenergie entscheiden, wäre das ein weiteres Lobby-Argument für längere Laufzeiten. Klimabewusste Verbraucher werden diese durchsichtige Strategie von RWE jedoch erkennen und zu einem ernsthaften Ökostromanbieter wechseln.

Rechnerisch liegen die reinen Produktionskosten einer Kilowattstunde Atomstrom bei günstigen fünf Cent. Die Betonung liegt auf Produktionskosten, denn in dieser Berechnung sind die Kosten der Wiederaufbereitung und der (End-)Lagerung von alten Brennstäben keineswegs enthalten. Diese nicht internalisierten und gar nicht absehbaren Kosten sind ein entscheidendes

Argument gegen eine Laufzeitenverlängerung: Eine ernsthafte Kalkulation würde nämlich das Ende der Atomkraft bedeuten. Die Kilowattstunde würde sich enorm verteuern. Selbst wenn alle Anlagen modernisiert werden, trägt eine Beibehaltung der Atomkraft als Energiequelle zudem nichts zu einer Lösung der durch sie aufgeworfenen Probleme bei. Der im Jahr 2000 nach dem Vorbild vieler europäischer Staaten beschlossene Atomausstieg bleibt der richtige Weg. Doch können politische Entscheidungsträger dem wachsenden Druck der Atomindustrie und ihrer offensichtlich erfolgreichen Greenwash-Kampagnen auch in Zukunft die Stirn bieten? Selbst Manager der Solarbranche werden schon weich und freunden sich mit dem Gedanken verlängerter Laufzeiten von Atomkraftwerken an. So ist Thomas Krupke, Chef des Berliner Solartechnik-Herstellers Solon AG, laut einem Interview in der *taz* vom November 2008, »bereit, die Laufzeiten moderner Atomkraftwerke zu verlängern«.[10] Was ihn zu dieser Auffassung bewege, sei die Gefahr des Klimawandels. »Für eine Übergangszeit erscheint mir eine Verlängerung der Laufzeiten jedoch gerechtfertigt, wenn wir so keine neuen Kohlekraftwerke bauen müssen«, erklärte der Solarmanager. Dass er damit der Greenwash-Kampagne des Atomforums auf den Leim geht, merkt er anscheinend nicht. Die mit der Kampagne beauftragte amerikanische PR-Agentur Burson-Marsteller gehört zu den größten PR-Firmen der Welt. Weltweit hat Burson-Marsteller 58 Niederlassungen und 45 affiliierte Büros, die in 59 Ländern auf allen Kontinenten angesiedelt sind. Im Auftrag der Öl- und Kohleindustrie hatte die Agentur jahrelang Kampagnen zur Verharmlosung des Klimawandels organisiert. Nun arbeitet Burson-Marsteller auch für die deutsche Atomindustrie. Die Medienprofis setzen bei der Greenwash-Kampagne zur Laufzeitenverlängerung von Atomkraftwerken, neben heilen Naturbildern von friedlich am Fuße von AKWs weidenden Schafen, auf eine altbewährte Strategie.

10 *taz*-Interview v. 13. 11. 08

Deren Motto lautet: Wer eine Gefahrentechnologie politisch und medial erfolgreich durchsetzen will, muss die »Killing Fields« meiden. Die »Killing Fields« sind Themenbereiche, bei denen man in der öffentlichen Wahrnehmung nur verlieren kann. Dies sind bei der Atomkraft das Risiko von Unfällen, die Lagerungsproblematik des Mülls, Kinderkrebs und die enormen Profite durch die Laufzeitenverlängerung. Über diese zentralen Themen soll daher öffentlich möglichst nicht diskutiert werden.

Typische Kennzeichen von Greenwash:

1. Selektive Darstellung der Realität
Fakten werden nicht in den Gesamtkontext eingebunden. Eigene ökologische oder soziale Modellprojekte werden herausgestellt, die negativen Auswirkungen des Kerngeschäftes ausgeblendet.

2. Übernahme ökologischer Sprachmuster
Begriffe wie »Nachhaltigkeit«, »Fairness«, »Umweltschutz«, »Zukunftsfähigkeit« und »Verantwortung« werden übernommen und dabei abstrakt oder weitgehend sinnentleert benutzt.

3. Eine »grüne« und positive Bildersprache
Bäume, grüne Landschaften, blauer Himmel, die Sonne – all dies wird gerne dargestellt.

4. Stilisierung des eigenen Handelns
Unternehmen stilisieren sich selbst zu idealen Umweltschützern und überbetonen, dass sie an Lösungen arbeiten und Probleme im Griff hätten.

---

5. Betonung technischer Lösungen

Technische Entwicklungen werden als Lösung angepriesen – selbst wenn diese noch gar nicht erprobt, unsicher oder erst zukünftig einsetzbar sind.

6. Ausblenden der politischen Debatte

Die aktuellen politischen und gesellschaftlichen Dimensionen und Konflikte der Umwelt- und Klimadebatte werden ausgeblendet. Die Öffentlichkeit soll den Eindruck gewinnen, dass Unternehmen aus eigenem Antrieb handeln, an Lösungen arbeiten und keiner gesetzlichen Auflagen bedürfen.

Quelle: Sinngemäß überarbeitet mit freundlicher Genehmigung aus: Greenwash in Zeiten des Klimawandels, S. 24, Lobby-Control, Köln, November 2007.

Die Klima-Lüge

Nicht nur durch Angst schürende Meldungen über eine drohende Stromlücke versucht die deutsche Atomindustrie die Kernenergie wieder salonfähig zu machen. Das Deutsche Atomforum will sich durch seine PR-Agentur eine grüne Imagepolitur verpassen lassen und feilt parallel kräftig an einem Comeback der Atomenergie. Laut einer Informationsbroschüre für Bürger möchte das Forum den Dialog über die Energiezukunft gestalten, in der Öffentlichkeit über Atomkraft informieren und den schulischen Nachwuchs fördern. Hier nur einige der angeblichen Fakten: Kernenergie liefere einen wichtigen und auf absehbare Zeit unverzichtbaren Beitrag zum nachhaltigen Energiemix, da auf lange Sicht eine wirtschaftliche, umweltverträgliche Alternative, die für eine gesicherte Energieversorgung sorge, fehle. In diesem Sinne akzeptiert das Atomforum zwar die Ausstiegsvereinbarung, gleichzeitig hält es jedoch eine Neubewertung der Kernenergie für notwendig. Dabei wird hinter den Kulissen der Atomkonsens in Frage gestellt und kräftig am Ausstieg aus dem Ausstieg gearbeitet. Die Union und die FDP sagen offen, dass sie die Atomkraftwerke weiterlaufen lassen wollen und ziehen damit in den Wahlkampf. Die Energiekonzerne wie RWE und E.ON versuchen ihre alten abgeschriebenen Kraftwerke über die nächste Bundestagswahl zu retten. Sie bauen darauf, dass der Ausstieg danach revidiert wird und die Laufzeiten verlängert werden. Denn jedes Jahr mehr spült den Unternehmen rund zehn Milliarden Euro Gewinn in die Kasse, rechnen Umweltschützer vor. Strom aus bereits abgeschriebenen Reaktoren ist tatsächlich preiswert – wird aber teuer verkauft. Atomkraft macht Strom nicht billig, sondern Konzerne reich, folgert daraus beispielsweise der Verein »Campact – Demokratie in Aktion«. »Wir gehen den Lügen der Energiekonzerne nicht auf den Leim«, erklären die Atomkraftgegner und rufen zusammen mit elf weiteren Umwelt- und Klimaschutzgruppen zum sofortigen »Abschalten der Atomkraft« auf.[11]

Nicht nur die erwähnte Informationsbroschüre, sondern auch die vom Atomforum betriebenen Internetportale »kernenergie.de« und »klimaschuetzer.de« blenden negative Aspekte der Nutzung von Atomenergie natürlich völlig aus und widmen sich allein den angeblich positiven Aspekten der verharmlosend so genannten »Kernkraft«. Keine Spur von kritischer Auseinandersetzung, stattdessen betet das Forum sein Hauptargument für eine Beibehaltung der Atomenergie runter, dass bei deren Erzeugung kein Gramm CO_2 ausgestoßen werde. Die Atommeiler – als »unsere Klimaschützer« bezeichnet – werden in dem Kontext gerne in romantischer Landschaftsumgebung dargestellt. Harmonisch gliedern sich die Atomkraftwerke Brunsbüttel, Unterweser und Co. neben weidenden Schafen, idyllischen Flüssen und hügeligen Landstrichen in eine unbe-

11 *taz*-Anzeige v. 02./03. 08. 08

rührte Natur ein. Das EnBW-Atomkraftwerk Neckarwestheim erschien in einer Anzeige sogar vollständig grün bewachsen.

Zwar ist richtig, dass bei der reinen Produktion von Atomstrom in Kraftwerken kein CO_2 ausgestoßen wird. Damit das Kraftwerk jedoch überhaupt Energie erzeugen kann, muss zuvor Uran gefördert werden, beispielsweise im Kongo. Dabei wird viel Energie verbraucht und auch riesige Mengen an CO_2 ausgestoßen. Auch der Abtransport von Atommüll, Bau und Wartung der Anlagen bedingen weiteren CO_2-Ausstoß. Einer Studie des Darmstädter Öko-Instituts im Auftrag des Umweltbundesamtes zufolge emittieren Atomkraftwerke – wenn man Uranförderung, Bau der Reaktoren und den Abtransport des Mülls mit einbezieht – weit mehr CO_2 als bisher angenommen: 32 bis 126 Gramm pro Kilowattstunde – je nachdem, aus welchem Land das Uran stammt. So könne ein Blockheizkraftwerk auf Erdgas-Basis »locker mit der CO_2-Bilanz von Atomstrom mithalten«, bemerkte dazu Umweltminister Gabriel.[12] »Klimaneutral« ist so gesehen übrigens keine Form der Energieerzeugung, auch nicht die von erneuerbaren Energien. Eine Windkraftanlage stößt – berücksichtigt man den Bau und Betrieb – beispielsweise 24 Gramm CO_2 pro Kilowattstunde aus, ein Wasserkraftwerk 40 Gramm.

Auf den bei der Produktion entstehenden Atommüll wird bei der Kampagne des Atomforums ebenfalls nicht eingegangen. Das große Problem der Endlagerung wird einfach ausgeblendet. So verliert eine Bewertung der Atomkraft nur aufgrund ihrer moderaten CO_2-Bilanz an Bedeutung, wenn man bedenkt, dass bei der Herstellung von Atomstrom lebensgefährlicher Müll entsteht, für den es keine Möglichkeit der endgültigen Lagerung gibt. In Deutschland sind dies jährlich 450 Tonnen. Auch die Liste der Un- und Zwischenfälle in Atomkraftwerken ist lang. In Deutschland musste zuletzt im Jahr 2007 ein Reaktor heruntergefahren werden: nach einem Brand in der Um-

12 PM BMU Nr. 113/07 v. 24. 04. 2007

spannungsanlage des 1983 in Betrieb genommenen Atomkraftwerkes Krümmel, südöstlich von Hamburg. Im französischen Atomkraftwerk Tricastin kam es im Sommer 2008 zu einer ganzen Pannenserie.[13] Frankreich betreibt 58 Atomreaktoren. Dort werden jährlich zwanzig Vorfälle gemeldet, die bei der Konstruktion nicht erwogen wurden und in einer Katastrophe enden könnten. Im September 2008 rückten die Gefahren und Kosten der atomaren Mülllagerung durch den Vorfall im stillgelegten Salzbergwerk im niedersächsischen Asse wieder in den Blick des Bürgers. Dort lagern rund 46 900 Kubikmeter radioaktives Material, verteilt auf knapp 126 000 Fässer. Es wurde öffentlich, was den Verantwortlichen schon seit Monaten bekannt war: Täglich strömen 12 000 Kubikmeter leicht radioaktive Salzlauge unkontrollierbar in die Stollen, und die Grube gilt als einsturzgefährdet.[14] Nun soll das lochrige Skandal-Atommülllager ebenso aufwendig saniert werden wie bereits das Lager in Morsleben. Morsleben wurde 1974 als zentrales Endlager der DDR genehmigt, doch einen großen Teil der strahlenden Abfälle lagerte man erst nach der Wende dort ein. Die damalige Bundesumweltministerin Angela Merkel erteilte in den 1990er Jahren mehrere diesbezügliche Weisungen, obwohl auch damals schon Bedenken bestanden, weiterhin Müll aus westdeutschen Atomkraftwerken in Morsleben einzulagern. Die *Financial Times Deutschland* zitierte Bundesumweltminister Gabriel: »Es gibt erstaunliche Parallelen. In beiden Fällen gab es einen fahrlässigen Umgang mit Atommüll in einem ehemaligen Salzbergwerk.«[15] Beide Lager, das ostdeutsche und das westdeutsche, wurden ohne langfristiges Sicherheitskonzept genutzt. Für diese Versäumnisse muss der Steuerzahler nun richtig tief in die Tasche greifen: 2,2 Milliarden Euro Sanierungskosten fallen

13 *Süddeutsche Zeitung* v. 10. 09. 08
14 *Spiegel* 36/2008, S. 170–172
15 *FTD*, Beitrag »Nackt aus dem Schacht« v. 13. 10. 08. Siehe auch *FAZ* v. 03. 09. 08

für Morsleben an. Bei Asse könnten die Kosten noch »deutlich darüber« liegen, sagte Gabriel der Zeitung.

Diese unglaublichen Kosten werden noch durch einen Skandal ergänzt, den der *Spiegel* Mitte November 2008 enthüllte: »Von der Öffentlichkeit unbemerkt, verdient die Industrie an dem Atommüll, den sie verursacht«, lautete die Meldung.[16] Der ehemalige Staatsbetrieb »Deutsche Gesellschaft zum Bau und Betrieb von Endlagern für Abfallstoffe« (DBE) betreibt das Lager Morsleben im Auftrag des Bundesamtes für Strahlenschutz, baut den Schacht Konrad aus und prüft seit Jahrzehnten das Zwischenlager Gorleben. Seit 1979 wird der Salzstock in dem niedersächsischen Elbort auf seine Eignung als weltweit erstes Endlager untersucht. Bis dahin werden die in Castor-Behältern angelieferten hochradioaktiven Brennstäbe in einer Halle mit anderthalb Meter dicken Betonwänden zwischengelagert. Nun will die DBE auch den Auftrag zur Sanierung von Asse und beruft sich dabei auf einen unglaublichen Vertrag: Das in den 1980er Jahren privatisierte Unternehmen hält seit 1979 eine unkündbare – aus heutiger Sicht wettbewerbswidrige – Vereinbarung mit dem Bund. Demnach müssen alle endlagerrelevanten Aufträge – ohne Ausschreibung – an die DBE gehen. Sicherlich sollten solche enorm verantwortungsvollen und sicherheitsrelevanten Aufträge nicht frei vergeben werden, aber auch nicht exklusiv Privatfirmen zugeschustert werden, die keiner öffentlichen Kontrolle unterliegen. Doch damit nicht genug. Der DBE-Vertrag enthält einen goldenen Passus, nach dem der Bund alle Kosten übernimmt und obendrein noch eine Gewinnmarge von 3,25 Prozent garantiert. Millionengewinne ohne Risiko: Die DBE gehört zu 75 Prozent der »Gesellschaft für Nuklear-Service« (GNS) und diese wiederum den Stromkonzernen E.ON, RWE, ENBW und Vattenfall, die den strahlenden Müll produziert haben.

16 *Spiegel* 46/2008, S. 45

Krebs und Atomkraftwerke

Entgegen allen Beteuerungen der Atomindustrie strahlen die
»grünen« Kraftwerke auch schon im normalen Betrieb. Aus einer
Studie, die das Bundesamt für Strahlenschutz (BfS) im Dezember 2007 veröffentlichte, geht hervor, dass die Häufigkeit
von Krebserkrankungen bei Kindern unter fünf Jahren mit der
Nähe zu einem Reaktorstandort deutlich zunimmt. Im Umkreis
von fünf Kilometern um die 16 untersuchten Atomkraftwerke
wurde für den Zeitraum von 1980 bis 2003 ermittelt, dass 77
Kinder an Krebs erkrankten, davon 37 an Leukämie. Im statistischen Durchschnitt sind 48 Krebserkrankungen beziehungsweise 17 Leukämiefälle zu erwarten. Die Studie belegt, dass
auch im weiteren Radius um AKWs die Kinderkrebshäufigkeit
zunimmt. Der prozentuale Anteil sinkt dabei zwar, dafür nimmt
aber die Anzahl der kranken Kinder zu, da in weiterem Umfeld
schlicht mehr Menschen leben als in direkter Nähe des AKW.
Mitte Dezember 2007 sagte der Epidemiologe Eberhard Greiser, Mitglied des Expertengremiums des BfS, dazu der *taz:* »Im
5-Kilometer-Kreis ist das Risiko um 60 bis 75 Prozent höher, in
5 bis 10 Kilometern Entfernung um 20 bis 40 Prozent erhöht,
weiter entfernt sinkt das Risiko bis auf sehr kleine Werte. Wenn
Sie die Zahl der Bewohner nehmen, gibt es in der 50-Kilometer-Zone allerdings deutlich mehr betroffene Kinder … Von
allen Krebserkrankungen bei Kindern unter 5 Jahren, die im
50-Kilometer-Umkreis von Kernkraftwerken leben, sind 8 bis
18 Prozent auf das Wohnen in der Nähe des Atomkraftwerkes
zurückzuführen.«[17]

17 *taz*-Interview v. 18. 12. 08

Umweltauszeichnungen für Atomkraftwerke

Man glaubt es kaum: Die Atomindustrie betreibt nicht nur mit verlogenen Greenwash-Kampagnen Imagepflege, sondern wird noch zusätzlich für umweltbewusstes Management ausgezeichnet. So bekamen die Urananreicherungsanlage Urenco und die Atomkraftwerke »Isar 1 und 2« in der Nähe von Landshut, betrieben vom Energiekonzern E.ON, das Umweltzertifikat EMAS verliehen – und das bereits 1999 als erste deutsche Atomkraftwerke. Das Zertifikat EMAS »Eco-Management and Audit-Scheme« prüft das Umweltmanagement und die Umweltbilanz eines Standortes und entspricht den Vorgaben der europäischen Öko-Audit-Verordnung, der höchsten europäischen Auszeichnung für systematisches Umweltschutzmanagement. Ein weiterer Bewertungsmaßstab des betrieblichen Umweltmanagements ist die internationale Norm ISO 14001. Die Anforderungen der ISO-Norm sind etwas geringer als die des EMAS und verzichten beispielsweise auf eine Umwelterklärung. Diese ist beim EMAS-Prädikat ein zentrales Element der öffentlichen Darstellung.

Seit dem Jahr 2006 schmückt sich der Energiekonzern ENBW mit der erfüllten ISO-Norm. Mit ihr vermag sich nun ein Konzern, der seinen Strom zu einem großen Teil aus überalterten, die Umwelt belastenden und gefährlichen Kraftwerken bezieht, ein grünes Image zu verschaffen. Viele Umweltschützer staunten ebenfalls nicht schlecht, als das französische Atomkraftwerk Fessenheim die Zertifizierung nach dieser Norm bekam. Die Betreiber erhielten die grüne Managementauszeichnung unter anderem für den Schutz von Fauna, Flora und Orchideen rund um das Kernkraftwerk, für Mülltrennung und für einen Umweltschutz-Notfallwagen bei nichtnuklearen Betriebsunfällen. Das alles ist zwar erfreulich, doch sollten die Benutzung von umweltfreundlichem Papier, der sparsame Umgang mit Wasser, der Schutz von Orchideen sowie die Verwendung von Energiesparlampen eigentlich eine Selbstverständlichkeit sein. Wo bald zwei neue »Europäische Druckwasserreaktoren« von EDF und EnBW gebaut werden sollen, ist auf dem festungsartig eingezäunten Gelände ein gut bewachtes Biotop entstanden. Von der Hausmülltrennung und dem Orchideenschutz auf dem Werksgelände soll ein positiver Imagetransfer auf das ganze AKW ausgehen. So dient die ISO-Norm 14001 ausschließlich der Desinformation und Akzeptanzbeschaffung. Ein »Umweltzertifikat« für ein Atomkraftwerk ist vor allem eins: Greenwash, der Versuch, durch die Überbetonung von umweltschützerischen Selbstverständlichkeiten von den Gefahren der Atomanlage abzulenken. Es ist nicht zu glauben: Mit den Mensch und Natur gefährdenden Störfällen des Kraftwerkbetriebs, mit Fragen der atomaren Sicherheit, möglichen Flugzeugabstürzen, der Versprödung des Reaktordruckgefäßes, der ungeklärten Atommüllfrage, der Umwelt belastenden Rheinerwärmung und der ungeklärten Frage der Erdbebensicherheit beschäftigt sich die Zertifizierung nach ISO 14001 per Definition überhaupt nicht.

Beispiele für umweltgefährdende Firmen, die nach ISO 14001 oder EMAS zertifiziert wurden:

Cogema – la Hague (F) Atommüll-Aufarbeitung	Beznau (CH) AKW
	Stracel (F) Papierfabrik
Cattenom (F) AKW	Urenco (D) Urananreicherung
Fessenheim (F) AKW	
Isar 1 und 2 (D) AKW	EnBW (D) Atomkonzern

Die Urananreicherungsanlage der Urenco Deutschland GmbH erhielt das EMAS-Prädikat bereits zum wiederholten Mal. Zusätzlich wurde der Anlage im westfälischen Gronau im November 2007 mit dem Gütesiegel »Ethics in Business« bescheinigt, dass sie sozial und ökologisch nachhaltig wirtschafte. Als einzige Urananreicherungsanlage in Deutschland stellt Urenco Brennstoff für Leichtwasser-Reaktoren her. Damit das Uran zur Energieerzeugung genutzt werden kann, muss der Anteil des spaltbaren Uranisotops U 235 im Uran über seinen natürlichen Anteil erhöht werden. Bei diesem Anreicherungs-prozess entsteht neben dem angereicherten aber auch – und davon siebenmal mehr – abgereichertes Uran, welches nach Russland transportiert wird. Die Betreiber argumentieren, dass das abgereicherte Uran dort nur zwischengelagert werde, weil ein möglicher Anstieg des Rohstoffpreises oder neue Anreiche-rungstechnologien es doch noch ermöglichen könnten, dieses bislang noch unbrauchbare »Nebenprodukt« unter wirtschaft-lichen Bedingungen zu nutzen. Weil dies aber bisher nicht der Fall war, gleicht der Transport des radioaktiven Materials nach Russland einem Atommüllexport. Dort wird zwar ein geringer Anteil des abgereicherten Urans aufbereitet und dar-aufhin wieder dem Produktionsprozess in Gronau zugeführt, der Großteil verbleibt jedoch in Russland zur faktischen End-lagerung.

In Hinblick auf die ungelösten Probleme bei der Atommüll-entsorgung ist gerade die Auszeichnung Urencos mit dem ethischen Gütesiegel ein Skandal. »Ethics in Business« wird von der Agentur compamedia aus Überlingen am Bodensee vergeben und durch den ehemaligen Tagesthemen-Moderator Ulrich Wickert als Schirmherr unterstützt. Neben der »Ethics in Business«-Auszeichnung verleiht die Agentur Prädikate für die »100 innovativsten Unternehmen« und die »100 besten Arbeitgeber«. Der Geschäftsführer von compamedia, Joachim Schuble, betont auf der Internetseite des Unternehmens, bei der Vergabe des »Ethics in Business«-Prädikats stehe im Vor-dergrund, »inwieweit Prozesse und Verfahren etabliert sowie allgemein verbindliche Regeln aufgestellt werden, die ein öko-logisches und sozialverantwortliches Managen auch langfristig gewähren«. Die Auszeichnung widme sich also vor allem dem

Management und nicht dem Produkt. Daher sei die Auszeichnung Urencos gerechtfertigt.[18]

Das Signal, das durch eine solche Auszeichnung an den Verbraucher gesendet wird, könnte allerdings einen für die Kernenergie-Lobby unerwünschten Effekt haben: Möchte der Verbraucher Verantwortung für sein eigenes Handeln übernehmen, braucht er Informationen von sachkundiger Stelle. Kritische Menschen orientieren sich daher im täglichen Leben an Gütesiegeln. Wird aber nun einem Unternehmen der Atombranche durch eine solche Auszeichnung ökologisch und sozialverantwortliches Handeln attestiert, lässt dies den kritischen Verbraucher generell am »Ethics in Business«-Prädikat zweifeln. Auch Umweltzertifikate wie ISO 14001 und EMAS werden durch einen solchen Missbrauch diskreditiert.

Taschenspielertricks: Weniger ist mehr

Hinter dem sich als »Klimaschützer« ausgebenden Deutschen Atomforum steht das Oligopol der vier deutschen Energiekonzerne E.ON, RWE, EnBW und Vattenfall. Sie, die so lautstark die angebliche »CO_2-Neutralität« ihrer Atomkraftwerke anpreisen, betreiben gleichzeitig die größten CO_2-Dreckschleudern und wollen noch mehr von diesen in Betrieb nehmen: Sie planen den Neubau von 27 gigantischen Braunkohle- und Steinkohlekraftwerken in den nächsten Jahren. E.ON will beispielsweise in der Nähe von Hanau im hessischen Großkrotzenburg ein »hocheffizientes« und mit »modernster Technik« ausgestattetes 1100 Megawatt-Kraftwerk bauen. Der neue Block 6 am Projektstandort »Staudinger« soll die bereits bestehenden drei alten Blöcke ersetzen. E.ON betitelt das Projekt in ganzseitigen Anzeigen als »Sprung nach vorn« und einen »Beitrag zu Klima- und Umweltschutz«. Eine bewusste Irreführung!

18 www.ethics.de

Was hierbei verschwiegen wird, ist, dass der neue Kraftwerk-spark in Zukunft nicht weniger, sondern deutlich mehr Kohlendioxid ausstoßen wird, recherchierte Greenpeace. Grund: Die alten Blöcke sind viel kleiner dimensioniert als der neue Block. Das Umweltbundesamt vermerkt für Block 1 und 2 nur jeweils 263 Megawatt Leistung und für Block 3 nicht mehr als 309 Megawatt. Block 2 ist bereits seit dem Jahr 2001 nicht mehr im Einsatz und die beiden anderen laufen nur tagsüber im sogenannten Mittellastbetrieb. E.ON räumt selber ein, dass die dortigen CO_2-Emissionen »von heute fünf auf zukünftig 7,5 bis 8 Millionen Tonnen pro Jahr« steigen werden.[19] Wie gesagt, ein großer Sprung nach vorn und ein schöner Beitrag zu Klima- und Umweltschutz.

Ebbe, Flut und E.ON

E.ON versuchte im Jahr 2007 durch eine groß angelegte Anzeigenkampagne sowie Fernsehspots über ein innovatives Gezeitenkraftwerk (»Für Sie holen wir den Strom aus dem Meer«) sein Dreck-Image aufzupolieren. Vor der englischen Küste sollte ein Kraftwerk entstehen, welches die Lageenergie des wechselnden Wasserspiegels des Meeres zwischen Ebbe und Flut und die kinetische Energie des Gezeitenstroms mit Hilfe von Unterwasserturbinen in elektrischen Strom umwandelt. Diese Methode der Stromgewinnung aus der nie endenden Kraft des Meeres ist eigentlich genial und verursacht keinen CO_2-Ausstoß. Jedoch, und hier setzt die Grünwäsche ein, ist eine solche Technik noch reine Zukunftsmusik und existiert nur auf dem Papier. Im Zuge der groß angelegten Medienkampagne wurde das Projekt lediglich angestoßen. Konkrete Planungen und Aufwandskalkulationen gab es noch gar nicht, wie E.ON auf

---

19 www.kraftwerk-staudinger.com/pages/ekw_de/Neubau/Klima-_und_
   Umweltschutz/Effizienzsteigerung/index.htm

journalistische Nachfragen hin eingestehen musste. Bis Oktober 2008 waren darüber hinaus keine Fortschritte des Vorhabens erkennbar. Das Projekt scheint keinen Einfluss auf die Geschäftsentwicklung von E.ON gehabt zu haben und wird dies vermutlich auch in Zukunft nicht tun. Denn Deutschlands größter Energieversorger setzt zum allergrößten Teil nach wie vor auf traditionelle Kohle- und Gasverbrennung in veralteten Kraftwerken und gewinnt nur 10,8 Prozent seines Stroms aus erneuerbaren Energien. Darüber hinaus ist E.ON Mitbetreiber von elf der 17 deutschen Atomkraftwerke. Da liegt es nahe, andere Motivationen als ein Umweltbewusstsein für die Werbekampagne zum Bau des Gezeitenkraftwerks zu vermuten. Könnte es sein, dass E.ON gezielt von der öffentlich geführten Diskussion über die hohen Energiepreise auf dem oligopolistischen deutschen Markt ablenken wollte?

RWE auf dem Holzweg

Wie gut man mit kleinsten Projekten große Werbung machen kann, beweist auch Deutschlands zweitgrößter Energieriese RWE unter seinem neuen, etwas sperrigen Konzernslogan »VoRWEg gehen«: Während der Fußball-EM 2008 präsentierten ganzseitige Anzeigen ein grünes Fußballfeld mit Bäumen und weißer Spielfeldmarkierung über den Wipfeln. Auf 10 000 Hektar wolle man Bäume zur Energienutzung anpflanzen. Das entspräche einer Fläche von 14 000 Fußballfeldern. Das CO_2-neutrale Energieholz solle in einem neuen Biomassekraftwerk verwertet werden und Energie und Wärme liefern. Ähnlich wie beim Gezeitenkraftwerk von E.ON hat die gute Sache aber einen großen Haken, recherchierte *Die Zeit* Mitte Juni 2008: Während der Wald in der Anzeige bereits in den Himmel wächst, sprießt in der Realität noch kein einziger Setzling. Der klimakorrekte Energiewald existiert nur auf dem Papier, in Form eines Vertrags zwischen der RWE Innogy Cogen GmbH, einer Tochter der RWE Innogy, und der Forstbaumschule P&P in Eitelborn. Gemeinsam wollen sie in den nächsten vier Jahren in Nordrhein-Westfalen Holzplantagen anlegen. Dabei soll es sich um besonders schnell wachsende Arten wie Weiden und Pappeln handeln, die dann alle drei oder vier Jahre »geerntet« werden. Der erwartete Ertrag liegt bei rund zehn Tonnen Trockenmasse Holz pro Hektar und Jahr. Inhalt des Kooperationsvertrages ist, dass zunächst auf einer Fläche von 300 Hektar sogenannte Mutterquartiere angelegt werden: mit dem Ziel, von diesen »Mutterquartieren« ausgehend zu expandieren und nach einigen Jahren auf die in der Werbung so vollmundig angekündigte 10 000 Hektar große Energieholzplantage zu kommen. Das Vorhaben spielt im Gesamtgeschäft von RWE eine äußerst unbedeutende Rolle. Ende Juni 2008 wurde der Grundstein zum Bau eines neuen Biomasseheizkraftwerkes im interkommunalen Industriepark Wittgenstein im Kreis Siegen gelegt. Die Anlage ist auf eine Leistung von gerade mal dreißig Megawatt thermisch und acht Megawatt elektrisch ausgelegt und soll im Herbst 2009 in Betrieb gehen. Die Investitionskosten betragen rund 25 Millionen Euro. RWE betreibt bislang vier Biomasseheizkraftwerke auf Basis von Altholz. Bis zum Jahr 2020 sind in NRW bis zu zehn neue Anlagen dieser Art vorgesehen, verspricht das Unternehmen. Dennoch ist der gesamte Bereich der erneuerbaren Energien bei RWE vergleichsweise winzig. Er macht nur maximal fünf Prozent der Stromerzeugung aus. Die dafür neugegründete Unternehmenstochter RWE Innogy startete zum 1. Februar 2008 mit insgesamt 1100 Megawatt Erzeugungskapazität. Zusätzlich sind rund 200 Megawatt im Bau. Der überwiegende Teil, rund 500 Megawatt, wird durch Windparks erzeugt. Wasserkraftwerke stellen weitere 500 Megawatt Leistung bereit. Etwa neunzig Megawatt steuern die Biomasseanlagen bei. Zum Vergleich: Die zwei neuen Braunkohlekraftwerksblöcke von RWE in Grevenbroich-Neurath werden jeweils allein 1100 Megawatt an Leistung produzieren. Vorstandsvorsitzender Jürgen Großmann kündigte in der Pressemeldung zur Gründung an, dass

RWE immerhin eine Milliarde Euro jährlich in den Ausbau der Tochterfirma Innogy investieren wolle. Nach Angaben von Großmann soll der Anteil der erneuerbaren Energien an der RWE-Stromerzeugung bis 2020 auf über 20 Prozent steigen. »Wir verstehen die vermehrte Nutzung der erneuerbaren Energien auch als Werttreiber«, sagte er.[20] Als »Werttreiber« und personalisierte Greenwash-Garantie verpflichtete der Konzern den bekannten ehemaligen grünen Umwelttheoretiker Fritz Vahrenholt (»Seveso ist überall«), der vorher Vorstandsvorsitzender des Windanlagenbauers REpower war. Der Chemiker Prof. Dr. Vahrenholt, genannt »Feuer-Fritze«, wechselte nach Stationen beim Umweltbundesamt in Berlin und beim Umweltministerium in Hessen 1998 spektakulär zur Deutschen Shell AG, um das schlechte Image des Unternehmens in Folge der öffentlichen Proteste gegen die geplante Versenkung der Ölplattform Brent Spar aufzupolieren. Er wurde Vorstandsmitglied der Deutschen Shell AG und 2000 dann Aufsichtsratsmitglied. 2001 folgte der Wechsel zu REpower Systems.

CO_2 einfangen und verbuddeln

Ach wie schön wäre es, könnte man die schädlichen CO_2-Emissionen direkt im Kohlekraftwerk einfangen und dann dorthin zurückbringen, wo man sie zuvor Mutter Natur entrissen hat: in die Erde. Diese wunderbare Idee geistert seit Monaten durch die Werbung und Anzeigen der Braunkohle-Lobby: Der Deutsche Braunkohle-Industrie-Verein (DEBRIV) in Köln veröffentlicht unter dem Motto: »Braunkohle. Was liegt näher?« regelmäßig in Tageszeitungen und Nachrichtenmagazinen seitenlange Expertentexte mit der Botschaft, dass es nicht sinnvoll sei, die Abschaffung von Kohlekraftwerken zu fordern. Denn »ein Ausstieg aus der Braunkohle wäre ein Weg in eine klimapolitische

20 Redemanuskript RWE-Pressestatement v. 21. 11. 2007

Sackgasse«. Natürlich müsse man effizientere Technologien einsetzen und umgehend den CO_2-Ausstoß reduzieren, dabei solle man aber weiterhin auf den preiswerten fossilen Energieträger setzen. Erreicht werde die Reduktion mittels »Braunkohlekraftwerksblöcken mit optimierter Anlagentechnik« (BoA). Optimiert bedeutet den Einsatz von Hightech-Werkstoffen, computermodellierten Turbinenschaufeln, Recycling von Restwärme und geringerem Eigenbedarf an Strom. Das soll den niedrigen Wirkungsgrad der Kohlekraft um knapp ein Drittel steigern. Nach dem 2003 in Niederaußem in Betrieb gegangenen BoA-Erstling errichtet RWE Power seit Anfang 2006 am Standort Grevenbroich-Neurath zwei neue Blöcke. Kosten: 2,2 Milliarden Euro. Sie sollen einmal »bis zu sechs Millionen Tonnen CO_2 weniger ausstoßen als die Altanlagen«, verspricht die RWE-Homepage. Ist erst einmal die Effizienz gesteigert, widmet man sich dem verbliebenen Ausstoß. Die künftige Wunderwaffe im Klimakampf heißt dabei CCS (Carbon Dioxide Capture and Storage). Bislang verlässt das Rauchgas in herkömmlichen Kohlekraftwerken den Schornstein nach der Entschwefelung, wodurch das CO_2, das einen Anteil von etwa 15 Prozent ausmacht, in die Atmosphäre gelangt. Bei einem durchschnittlichen Wirkungsgrad von rund 40 Prozent benötigt ein modernes Kondensationskraftwerk 0,32 Kilogramm Steinkohle zur Erzeugung einer Kilowattstunde elektrischen Stroms, wobei etwa 0,88 Kilogramm Kohlendioxid in die Atmosphäre emittieren. Bei CCS wird nun das CO_2 im Rauchgas in einer Art »CO_2-Wäsche« abgetrennt und eingefangen. In dem am RWE-Standort Hürth bei Köln für 2014 geplanten Kombikraftwerk mit integrierter Kohlevergasung (Integrated Gasification Combined Cycle) IGCC und der CO_2-Abtrennung mittels CCS sollen bei »nur geringem Wirkungsgradverlust« optimale Ergebnisse erzielt werden. Für beide Vorhaben ist allerdings eine CO_2-Speicherung erforderlich, um das abgetrennte Gas sicher und dauerhaft in tiefen Gesteinsschichten zu lagern und nie wieder in die Atmosphäre gelangen zu lassen.

Bislang befindet sich diese »CO_2-Sequestrierung« genannte Methode allerdings noch im reinen Entwicklungsstadium. Es existieren nur Pilotanlagen mit geringer Leistung und die Frage der sicheren Endlagerung ist noch lange nicht geklärt. Der weltweit größte praktische Versuch zur CO_2-Abscheidung fand in einem hypermodernen Steinkohlekraftwerk im dänischen Esbjerg statt. Die im November 2008 abgeschlossenen Auswertungen kamen zu einem ernüchternden Ergebnis: Die Abscheidung von CO_2 aus einem Steinkohlekraftwerk rechnet sich nicht. Um eine Tonne CO_2 aus den Rauchgasen herauszutrennen, wurden 3,7 Gigajoule Energie verbraucht. Der vorher sehr hohe Wirkungsgrad von 45 Prozent – der Durchschnitt liegt bei 38 Prozent – fiel dadurch auf magere 30 Prozent. Um die gleiche Stromproduktion wie ohne Abscheidung zu erreichen, müssten also bis zu fünfzig Prozent mehr Kohle eingesetzt werden. Fazit: zu aufwendig und zu teuer.

Das durch die Koalition von CDU und GAL in Hamburg im Oktober 2008 mit Auflagen genehmigte Kohlekraftwerk Moorburg ist ein ähnliches Mega-Kraftwerk. Der Konzern Vattenfall will im Süden der Stadt von 2012 an ein Doppelblock-Kraftwerk mit einer elektrischen Bruttoleistung von 1654 Megawatt und bis zu 650 Megawatt Fernwärmeauskopplung betreiben. Die Investition beträgt ebenfalls mehr als zwei Milliarden Euro. Auch in diesem Kraftwerk soll das entstehende CO_2 mit Hilfe der CCS-Technologie abgeschieden und unterirdisch gespeichert werden. Es ist jedoch unklar, ab wann das technisch möglich sein wird. In einem Interview mit der *Süddeutschen Zeitung* Anfang Oktober 2008 erklärte der finnische Chef von Vattenfall Europe Tuomo Hatakka: »Ich gehe davon aus, dass wir die erste kommerzielle Generation von CCS-Kraftwerken 2020 in Betrieb haben. Dann müssen wir die Technologie schnell in unseren Kraftwerken installieren.«[21] Es dauert also

21 *Süddeutsche Zeitung* v. 09. 10. 08, S. 25

mindestens noch zwölf Jahre bis zur technischen Einsatzreife. Dabei ist Vattenfall nach eigenen Angaben sogar Technologie- führer der Branche. Zur Frage der endgültigen Deponierung des eingefangenen CO_2 äußerte sich der Energiechef lieber nicht. Für den Greenpeace-Klimaexperten Tarjei Haaland ist das Festhalten an der CCS-Technik »nur eine Ausrede« für Vattenfall, weiter Kohlekraftwerke bauen zu können: »Bis man in 15 Jahren endgültig feststellt, dass die Technik leider, leider doch zu teuer ist. Und dann sitzen wir mit diesen Kraftwerken da.«[22]

Die Nadel am Ballon

Interview mit Ulrich Müller, Geschäftsführender Vorstand von Lobby Control

Was hat Sie im November 2007 dazu bewogen, eine Studie zum Thema Greenwash zu veröffentlichen?
ULRICH MÜLLER: Der Auslöser war die verschärfte Klima- debatte. Wir erleben eine neue Welle des Greenwashing und wollten uns das näher anschauen. Dazu haben wir über einen längeren Zeitraum öffentlich zugängliches Ma- terial wie Anzeigen im Printbereich gesammelt, aber auch online-Auftritte und Fernsehspots gesichtet. Und das vor allem im Energiebereich, bei Ölkonzernen und Energie verbrauchenden Branchen. Mit der Studie wollen wir dem Verbraucher eine kritische Nadel an die Hand geben, um den aufgeblasenen Ballon des Greenwash anzustechen und auf ein realistisches Maß zu schrumpfen.

---

22 *taz*-Interview v. 24. 11. 2008

*Sind Sie bei Ihren Recherchen auf unwahre Darstellungen und
Lügen gestoßen?*

UM: Greenwash setzt gerade darauf, Daten selektiv oder
irreführend einzusetzen. Also nicht eklatant die Unwahrheit zu sagen, aber immer hart an der Grenze dessen zu
bleiben. Das meiste ist so, dass es nicht direkt Lügen sind,
sondern massiv irreführende Aussagen. Sie wollen ja ein
umweltfreundlicheres Image schaffen, was ihre eigentliche
Geschäftätigkeit nicht hergibt. Greenwash ist eine Reaktion auf öffentlichen Druck. Gäbe es die Umweltdis-
kussion nicht, gäbe es auch kein Greenwash.

*Könnte aber hinter diesem neuen Image nicht späte Einsicht ste-
cken oder einfach nur Kostengründe? Investitionen in den Umweltschutz zahlen sich aus, gerade auch aus haftungsrechtlichen
Gründen.*

UM: Einzelne Investitionen können durchaus sinnvoll
sein und in Unternehmen auch einzelne Leute arbeiten,
die sich ernsthaft mit Umweltfragen beschäftigen. Aber
das Unternehmen selbst kommt nicht darum herum, dass
es möglichst große Gewinne erwirtschaften muss. Da sollen Greenwash-Kampagnen helfen, das Kerngeschäft zu
schützen. Durch ein grünes Image soll der Druck für wei-
tergehende Klimaschutzauflagen abgeschwächt werden.

*Aber eine legitime Strategie eines Unternehmens ist auch: Tue
Gutes und rede darüber. Wer tatsächlich sein Handeln ändert,
darf dies auch kundtun. Viele Unternehmen wirtschaften bereits
umweltverträglich und erzielen gute Renditen dabei, beispielsweise die Ökobranche.*

UM: Ich meine die Firmen und Branchen, die sich bewusst
ein grünes Mäntelchen überwerfen, um ihr tatsächliches
Handeln zu verbergen. Man kann natürlich nicht sagen,
dass jedes Projekt schlecht ist. Als Einzelprojekt kann das
sehr wohl gut und sinnvoll sein. Aber bei Greenwash wer-

den sie über ihren Stellenwert hinaus aufgeblasen. Damit sollen sie andere Problemzonen verdecken. Es soll mit Hilfe von Einzelbeispielen, die es vielleicht sogar erst in Zukunft gibt, der Eindruck erweckt werden, das ganze Unternehmen würde sich beispielsweise nur noch um erneuerbare Energien kümmern. Und auch dann, wenn sie nur per Gesetz dazu verpflichtet sind oder aber wenn sie eine Million in ein gutes Projekt stecken, aber gleichzeitig Milliarden nach wie vor in fossile Energien. Sie bauen eine Fassade auf, hinter der das eigentliche Kerngeschäft verschwindet.

Ihr Vorwurf ist also, dass die Firmen bewusst etwas verheimlichen. Das klingt nach Verschwörungstheorie. Könnte es nicht auch sein, dass eine Konfliktlinie durch die Firmen selbst geht, dass es etwas komplizierter ist. Ist es nicht gut, wenn eine kleine Abteilung für erneuerbare Energien es geschafft hat, ein paar Millionen für neue Projekte zu bekommen, und die Öffentlichkeitsabteilung davon überzeugt, auch das einmal herauszustellen?

UM: Ich glaube, dass bei den Unternehmen, die wir untersucht haben, klare strategische Überlegungen hinter solchen Imagekampagnen stecken.

Haben Sie denn Belege dafür, gibt es entsprechende Aussagen oder Unterlagen darüber, dass dies klare Werbe- und Marketingstrategien sind?

UM: Die mag es geben, aber danach haben wir nicht gesucht, weil man an solche internen Unterlagen kaum herankommt. Klar ist aber beispielsweise im Falle des Deutschen Atomforums, dass die Kampagnen dazu dienen, Laufzeitverlängerungen für die Atomkraftwerke durchzusetzen. Auch bei E.ON und Exxon Mobile lässt sich die Diskrepanz zeigen zwischen dem, was politisch passiert und was sie in die Öffentlichkeit tragen. Bei allen

Energieversorgern kann man sehen, dass sie viel Geld in diese Werbekampagnen investieren. Sie wollen sich einen grünen Mantel stricken. Insofern ging es uns mehr darum, diese Anzeigen mit anderem Datenmaterial zu konfrontieren, als an irgendwelche Geheimpapiere aus den Unternehmen ranzukommen. Und es gibt auch Unterschiede. Greenwash ist eine Taktik, die man unterschiedlich einbauen kann. Bei Krombacher[23] ist es so, dass die ja selbst kein Problem mit dem Regenwald haben. Bei den Energie- und Ölkonzernen ist das anders. Da gibt es einen relativ klaren Bezug zwischen dem, was sie an Greenwash betreiben, den zentralen Konfliktfeldern, in denen sie selber stehen, und ihrer Lobbyarbeit. Schärfere Klimaschutzauflagen des Staates werden auch mit Hilfe von Greenwash politisch bekämpft.

Woran erkennt man denn bei Greenwash-Kampagnen eine Irreführung des Verbrauchers?
UM: Klassisch ist der Wechsel zwischen relativen und absoluten Zahlen bei der Argumentation: Redet man beispielsweise von dem Gesamtausstoß seiner Kraftwerke oder nur von einem isoliert betrachtet? Dass neue Kraftwerke oder Flugzeuge effizienter sind als alte, ist wenig überraschend, sondern normaler technischer Fortschritt. Man sagt aber nicht, ob sie zusätzlich gebaut werden, oder alte tatsächlich ersetzen. Bei neuen Flugzeugtypen redet man von deren geringem Verbrauch, aber unterschlägt, dass wegen des steigenden Flugverkehrs immer mehr Flugzeuge im Einsatz sind. Und man unterschlägt, dass die alten Kraftwerke oftmals gar nicht abgeschaltet werden.

---

23 Siehe auch Klimakapitel Seite 132 ff.

Die Autoindustrie und ihre Lüge von der Selbstverpflichtung

Deutschlands Autoindustrie und die Umwelt: Das ist eine sich seit Jahrzehnten wiederholende Geschichte von Ignoranz, Täuschungen und Verdrängungen, schreibt sinngemäß das Umwelt- und Prognose-Institut e. V. in Heidelberg (UPI) in dem Beitrag »Deutsche Automobilindustrie nicht zukunftsfähig«.[24] Denn Fakt ist: Die Automobilindustrie erfüllt ihre Umweltversprechen nicht und hat diverse Selbstverpflichtungen nicht eingehalten. Im Gegenteil: Deutsche Autokonzerne wehren sich mit Händen und Füßen gegen jegliche Umweltauflagen und umwelttechnische Innovationen. Das begann bereits in den 1980er Jahren mit dem Versuch, die Einführung des Katalysators in Deutschland zu verzögern, obwohl er in den USA bereits seit Jahren Standard war. Mitte der 1990er Jahre ging es zu Zeiten des »Autokanzlers« Gerhard Schröder gegen die umweltfreundliche Entsorgung von Altautos und in den letzten Jahren um den Rußfilter für Dieselfahrzeuge, der schon lange zuvor in französische Autos eingebaut wurde. Die letzte Glanzleistung war die Ignorierung des – ursprünglich von deutschen Technikern entwickelten – verbrauchsarmen Hybridantriebs, dessen Verwendung japanischen Herstellern überlassen blieb. Die deutsche Autolobby ist betriebsblind. Seit Jahren führt sie einen erfolgreichen Kampf gegen eine Reduzierung der CO_2-Emissionen ihrer Autos. Ihre Rhetorik ist dabei mindestens so grün wie die der gleichnamigen Partei und schafft es immer wieder, die Politik zu beeinflussen und an der Nase herumzuführen – ein Musterbeispiel für ihre Macht im Staat.

24 www.upi-institut.de/co2-emissionen_verkehr.htm

Wer einmal lügt …

Bereits 1990 hatte sich die deutsche Automobilindustrie der damaligen Bundesregierung gegenüber verpflichtet, ihren Teil dazu beizutragen, dass die CO_2-Emissionen des Straßenverkehrs bis zum Jahr 2005 um mindestens 25 Prozent verringert werden können. Statt einer Abnahme stiegen die Emissionen des Straßenverkehrs jedoch ein Jahrzehnt lang weiter an und gingen erst ab 1999 durch die Einführung der Ökosteuer und die Verteuerung der Spritpreise leicht zurück. Im Zieljahr 2005 lagen sie nach Angaben des UPI gerade mal um zwei Prozentpunkte unter den Werten von 1990. Die EU beschloss 1995, den CO_2-Ausstoß ebenfalls bis 2005 auf 120 Gramm pro Kilometer (g/km) zu reduzieren. Die Automobilindustrie sträubte sich: Ein Jahr später wurde die Frist dann bis 2010 verlängert. Daraufhin tat sich erstmal gar nichts, bis die Automobilindustrie in Bundeskanzler Gerhard Schröder einen Fürsprecher fand, der 1998 die Gesetzesvorhaben zur Umsetzung der EU-Ziele stoppte, weil die Autobosse versprachen, die CO_2-Emissionen freiwillig zu reduzieren. Der europäische Automobilherstellerverband ACEA (European Automobile Manufacturers Association) sagte der europäischen Kommission im gleichen Jahr zu, die durchschnittliche CO_2-Emission eines Neuwagens bis zum Jahre 2008 auf 140 g/km zu senken. Im Gegenzug für diese Selbstverpflichtung verschob die EU das 120-Gramm-Ziel erneut um zwei Jahre auf 2012. Es war der Automobilindustrie wohl damals schon klar, dass sie dieses Ziel verfehlen würde, doch hatte sie es geschafft, die gesetzlichen Auflagen erfolgreich abzuwehren. Sie ließ ihrer Selbstverpflichtung so gut wie keine Taten folgen. Ihre Hauptentwicklungsarbeit ging stattdessen in immer schnellere und leistungsstärkere Fahrzeuge wie beispielsweise Stadtgeländewagen oder »Sport Unit Vehicles«. Im Jahr 2006 lag, UPI zufolge, die durchschnittliche CO_2-Emission aller in Deutschland neu zugelassenen Benziner bei 171,8 g/km, die der Diesel-Pkw bei 173,4 g/km, und das nur zwei Jahre vor dem Zieljahr 2008 der ursprünglichen Selbstverpflichtung von 140 g/km. Angesichts dieser Zahlen und des Drucks, den die drastischen Ergebnisse der Klimaforschung auslösten, musste die EU-Kommission handeln. Im Januar 2007 plante EU-Umweltkommissar Dimas daher, das 120-Gramm-Ziel bis 2012 nun gesetzlich umzusetzen. Anderenfalls könne die EU ihr Klimaziel aus dem Kyoto-Protokoll nicht einhalten. Das Forschungsinstitut UPI schreibt dazu treffend: »Diese Ankündigung rief erwartungsgemäß wieder den obligatorischen Sturm der Entrüstung der deutschen Automobilindustrie hervor, wie hätte es auch anders sein können. Es war die Rede vom Untergang der (zumindest bisher noch) wichtigen Exportindustrie. Und das nur deshalb, weil die EU letztlich das vorschreiben wollte, was die Automobilindustrie vor einem Jahrzehnt noch in einer Selbstverpflichtung zugesagt hatte. Verschiedene Politiker wie Bundeskanzlerin Merkel und Bundeswirtschaftsminister Glos beeilten sich, der Autoindustrie beizupflichten. Dabei wurde ein alter Diskussionstrick angewandt: Es wurde gegen einen Vorschlag argumentiert, den niemand gemacht hatte. Es könne deutschen Herstellern von großen Autos nicht zugemutet werden, denselben Grenzwert einzuhalten wie z. B. italienischen Produzenten von kleineren Wagen. Klingt einleuchtend, damit konnte man auch guten Eindruck in Talk-Shows machen, nur hatte niemand einen solchen Vorschlag gemacht. Der Vorschlag des EU-Kommissars für Umwelt lautete, eine Höchstgrenze von 120 Gramm CO_2 pro Kilometer für Neuwagen des Jahrgangs 2012 im Durchschnitt festzulegen.«[25]

25 Ebd.

Vom Greenwash zum Bluewash

Die demagogische Lobbyarbeit war erfolgreich: Noch im Februar 2007 legte die EU-Kommission ein überarbeitetes Strategiepapier vor, in dem der zu erreichende Durchschnittsgrenzwert für 2012 von 120 auf 130 g/km erhöht wurde. Die differierenden zehn Gramm sollten in einem »integrierten Ansatz« durch den Einsatz von Biokraftstoffen sowie effizientere Reifen und Klimaanlagen eingespart werden. Der neue Ausstoßwert entspricht ungefähr einem Verbrauch von 5,6 Liter Benzin oder fünf Liter Diesel auf 100 Kilometern und ist keineswegs ein Maximalwert, der nicht überschritten werden darf, sondern wiederum nur ein Durchschnittswert. Bei solch aufgeweichten Zielen ist es für die deutschen Autohersteller heute leicht, sich ein grünes Mäntelchen umzuhängen, jede noch so kleine Umweltinnovation an die große Glocke zu hängen und sich großspurig als Öko-Vordenker zu gerieren. Im »Umwelt-Autosommer 2008« versprach der Verband der deutschen Automobilindustrie (VDA): »Dank neuester Technologien aus deutschen Entwicklungsabteilungen sind unsere neuen Autos besonders effizient, spritsparend und umweltfreundlich.«[26] Wer's glaubt, ist selber schuld. Eine Analyse des tatsächlichen Flottenverbrauchs einzelner Hersteller ergibt ein anderes Bild. Das *greenpeace magazin* wertete die Daten des Kraftfahrtbundesamtes nach Marke und Verkaufszahlen aus. Das Ergebnis: Viele Hersteller haben den CO_2-Ausstoß nicht gesenkt, sondern sogar gesteigert. Volkswagen von 162,5 g/km im Jahr 2002 auf 166,7 g/km 2007, Audi von 180,9 auf 185,4 und Spitzenreiter Porsche von 274,0 auf 287,0 g/km. Nur Daimler und BMW waren von hohem Niveau aus rückläufig. Der Durchschnittswert der deutschen Fabrikate lag 2008 noch immer bei

---

26 www.vda.de/de/veranstaltungen/kampagnen/unsere_autos/unsere_umwelttechnologien/index.html

rund 170 g/km und in Europa bei 158 g/km.[27] Dennoch bekam VW Mitte November 2008 neben den Firmen SolarWorld und Henkel den Deutschen Nachhaltigkeitspreis in der Kategorie »Deutschlands nachhaltigste Marke« verliehen. Ausgezeichnet werden Unternehmen, »die vorbildlich wirtschaftlichen Erfolg mit sozialer Verantwortung und Schonung der Umwelt verbinden.« In der Kurzbegründung zur VW-Prämierung heißt es: »Als größter Automobilhersteller Europas hat die Volkswagen AG sich konkreten Nachhaltigkeitszielen verpflichtet, die in die Entwicklung und Produktion ihrer Fahrzeuge einfließen«.[28] VW setzt in seiner Umweltwerbung neuerdings auf die Farbe Blau und ist umwelttechnologisch sehr rege. Seit 2007 vermarktet es sein als besonders umweltfreundlich erachtetes Dieselkonzept unter dem Namen »Bluemotion«. Bei Daimler heißt ein ähnliches Projekt »Bluetec«. Die Konzerne scheinen von Green- auf Bluewash umsatteln zu wollen.

Wie ernst die Autolobby die Einhaltung konkreter Nachhaltigkeitsziele wirklich nimmt, belegt der Fortgang des Tauziehens um das 120-Gramm-Ziel. Anfang September 2008 billigte der Ausschuss für Industrie und Energie des Europäischen Parlaments einen Bericht, der auf eine nochmalige Abschwächung und Verzögerung der Kommissionsvorschläge hinausläuft: In ihm plädiert der Ausschuss für eine schrittweise Einführung der CO_2-Grenzwerte, beginnend mit nur 60 Prozent der Neuwagenflotte im Jahr 2012, 70 Prozent in 2013 und 80 Prozent ein Jahr später. Erst 2015 sollen alle neu zugelassenen Pkw einbezogen werden. Außerdem sieht der Bericht eine deutliche Senkung der geplanten Strafzahlungen für Hersteller vor, die die Grenzwerte überschreiten. Der ursprüngliche Gesetzesentwurf hatte vorgesehen, zunächst 20 Euro je Gramm Über-

27 Spiegel Online v. 09. 10. 08. Siehe auch: www.klimaktiv.de/article32_6894.html
28 PM Deutscher Nachhaltigkeitspreis v. 24. 11. 08. PM Volkswagen AG v. 11. 12. 08

schreitung pro verkauftem Neuwagen zu berechnen und später 95 Euro pro Gramm.

Ein Rettungspaket für die Autolobby

Dann kam die Wirtschaftskrise. Für die Autolobby genau zur rechten Zeit. Im Oktober 2008 verlangte die europäische Automobilindustrie finanzielle Hilfen vom Staat. Der Steuerzahler soll der Automobilindustrie jetzt einen zinsfreien Kredit in Höhe von 40 Milliarden Euro zur Verfügung stellen, damit sie das machen kann, was sie seit zehn Jahren versäumt hat: die Entwicklung sparsamerer Fahrzeuge. Der Präsident von ACEA, Christian Streiff, forderte wegen der Finanzkrise und eines Umsatzeinbruchs eine »angemessene, vorübergehende Unterstützung«. Die notwendigen Investitionen zur Umsetzung der geplanten neuen CO_2-Ausstoß-Ziele brächten die Wettbewerbsfähigkeit der Branche an ihre Grenzen. Die Autolobby jammert auf hohem Niveau: Für Daimler beispielsweise bedeutet die Krise in 2008 einen Gewinn von »nur« sechs Milliarden Euro, statt geplanter 7,7 Milliarden. Auch die angedachten Strafen bei Überschreitung der Ausstoß-Ziele seien »einfach verrückt für uns«, klagte der ACEA-Chef. Industriekommissar Günter Verheugen war sogleich mit seinem »Rettungspaket« zur Stelle und kritisierte die geplanten Strafzahlungen als zu hoch: »Ich konnte keine Antwort geben auf die Frage, was die Autoindustrie verbrochen hat, dass sie diese Strafen verdient«[29], sagte er nach einem »Autogipfel« mit führenden Vertretern der Industrie und der Autobau-Nationen in Brüssel. Die Bundesregierung drängte ebenfalls darauf, der Autoindustrie keine zusätzlichen Belastungen aufzuerlegen.

Bereits vor der Sitzung des EU-Parlaments und dem Klimagipfel der europäischen Staats- und Regierungschefs An-

---

29 Zeit Online »EU-Kommission stützt Konzerne« v. 29. 10. 2008

fang Dezember in Brüssel kam es dann zu einem Kompromiss zwischen der Autolobby und der EU. Deutschland setzte die bereits vorgeschlagene Einführungsphase durch, wenn auch in leicht geänderter Form. Demnach müssen ab 2012 zunächst 65 Prozent der Fahrzeuge die 120-Gramm-Norm erfüllen, ein Jahr später 75 Prozent und ab 2014 80 Prozent, ab 2015 dann alle neuen Pkw. Bei der Höhe der Strafzahlungen drängte insbesondere Italien darauf, bei Überschreitung zwischen 120 und 140 Gramm nur geringe Strafen zu verhängen und erst bei gröberer Verletzung der EU-Richtlinie die 95-Euro-Strafe anzuwenden. Fast zeitgleich setzte die Bundesregierung die Kfz-Steuer für Neuwagen vorübergehend aus, um das schleppende Autogeschäft anzukurbeln. Für Neuwagen der Schadstoffklassen Euro-5 und Euro-6 soll die Ausnahme zwei Jahre gelten – für alle anderen, unabhängig von der Umweltverträglichkeit, ein Jahr. Der befristete Steuererlass kostet den Staat insgesamt 1,2 Milliarden Euro zusätzlich. Jürgen Resch von der Deutschen Umwelthilfe (DUH) machte in der Presse darauf aufmerksam, dass damit auch PS-starke Neuwagen, die einen hohen CO_2-Ausstoß haben, von der Steuer befreit würden. Er nannte beispielhaft den neuen Audi Q7, der 500 PS hat und 300 g/km CO_2 emittiert, aber Euro-5 erfüllt. »Ein solcher Klimakiller würde mit 1800 Euro bezuschusst werden. Das ist irre«, so Resch.[30] Doch der Wahnsinn hat Methode. Finanzminister Peer Steinbrück räumte offen ein, dass ökologische Fragen bei der Neuregelung der Kfz-Steuer keine Rolle gespielt haben. Es sei Absicht, dass große Autos davon profitieren, da diese vornehmlich in Deutschland gebaut werden. Sein Kommentar bei der Vorstellung der Regierungspläne: »Wir wollen die Autoindustrie unterstützen. Da sind wir patriotisch.«[31]

Dass es mit anderen Konzepten nicht weniger patriotisch,

30 Der Westen, Portal der WAZ Mediengruppe v. 30. 10. 2008. www.der-westen.de
31 Stern.de v. 05. 11. 2008

dafür aber sinnvoller, preiswerter und vor allem umweltschonender geht, beweisen die Vorschläge der Umweltschutzorganisationen. Der Verkehrsclub Deutschland (VCD) und die DUH fordern, dass die gesamte deutsche Auto-Flotte sparsamer werden muss. Der entscheidende Hebel dazu sei, Leistung und Höchstgeschwindigkeit zu begrenzen. Gerd Lottsiepen vom VCD rekapitulierte im September 2007 einen Vorschlag des Clubs in einem Beitrag der SWR-Umweltredaktion. Dieser besagt, »dass die Höchstgeschwindigkeit von Autos auf knapp über 160 Stundenkilometer begrenzt wird. Diese Autos könnten vom Motor und vom Getriebe her vollkommen anders ausgelegt sein als die Fahrzeuge von heute. Sie würden dann tatsächlich viel weniger Sprit verbrauchen als die heute auf Höchstgeschwindigkeit optimierten Fahrzeuge.«[32] Solche Autos müssen zwar neu entwickelt werden, würden den Verbraucher aber deutlich weniger kosten. Eine Senkung des Kraftstoffverbrauchs bei Neuwagen zur Erreichung des 120-Gramm-Ziels ist aber bereits jetzt nicht teuer und kann mit vorhandener Technologie umgesetzt werden, schreibt der Verband »European Federation for Transport and Environment«. Das zeige ein im Jahr 2005 für die europäische Kommission verfasster Bericht, der die zusätzlichen Kosten auf durchschnittlich 577 Euro pro Fahrzeug beziffert. Bei dann um 25 Prozent reduziertem Kraftstoffverbrauch würde der deutsche Autokäufer aber in drei Jahren gut 1000 Euro an Spritkosten einsparen. Der VCD hat auch ein eigenes ambitioniertes Konzept zur Kfz-Besteuerung von Neuwagen vorgelegt. Das Modell sieht eine starke Spreizung der Steuerbelastung zwischen Pkw mit hohem und niedrigem Spritverbrauch vor. So würde beispielsweise die geländegängige Luxuslimousine VW Touareg V 10 TDI mit einem durchschnittlichen Normverbrauch von 12,8 Litern Diesel auf 100 Kilometern und einem CO_2-Ausstoß von 333 g/km statt bisher

---

32 Siehe PM VCD: »Zum Start der Internationalen Automobilausstellung
    IAA« v. 12. 09. 2007

772 Euro zukünftig 2698 Euro pro Jahr kosten. Für den zur Zeit sparsamsten Benziner, den Toyota Prius mit Hybridmotor, fielen jährlich dagegen nur noch 41 Euro an.

Fazit: Es gibt einfache und preiswerte Maßnahmen zu einer nachhaltigen Entwicklung im Automobilsektor. Die deutsche Automobilindustrie hat sich dafür aber jahrzehntelang nicht interessiert. Schlimmer noch: Sie hat ihre grünen Versprechen nicht eingehalten, umweltschonende Neuentwicklungen systematisch hintertrieben und sinnvolle gesetzliche Regelungen boykottiert. Für diese Lügen und Versäumnisse soll der Steuerzahler jetzt die Zeche bezahlen.

Das Märchen vom Ökostrom

Strom ist nicht gleich Strom. Der Großteil des ewig fließenden Saftes aus unserer Steckdose wird bislang aus fossilen Brennstoffen und Atomkraft gewonnen. Doch Kohle und Erdgas sind nur begrenzt vorhanden und setzen bei ihrer Verstromung klimaschädliche Gase frei. Die Risiken der Atomenergie sind nicht in den Griff zu bekommen, und die Endlagerung des strahlenden Atommülls ist ein offenes Problem. Für all dies scheint es nun eine Lösung zu geben: Ökostrom aus erneuerbaren und umweltschonenden Energiequellen wie Sonne, Wind, Wasser, Erdwärme und Biomasse (REG-Strom). Bei der Energiegewinnung werden Teile der Energieströme dieser Quellen »umgeleitet«, um sie für den Menschen nutzbar zu machen. Bei Wasserkraftwerken beispielsweise wird die kinetische Energie des natürlichen Wasserkreislaufs zum Antrieb von Wasserturbinen genutzt, um diese durch an sie angeschlossene Generatoren in elektrischen Strom umzuwandeln. Im Gegensatz zur Nutzung dieser »laufenden« Prozesse steht der Abbau von fossilen Energiequellen wie Steinkohle oder Erdöl, die nur verbraucht werden. Entscheidend bei den erneuerbaren Energien ist also das Prinzip der Nachhaltigkeit: Ressourcen werden nur insoweit beansprucht, als die Regeneration der Quelle gesichert ist. In Deutschland ist der Anteil der erneuerbaren Energien am Bruttostromverbrauch in den letzten Jahren stark gestiegen. 1991 betrug er noch gerade mal 3,2 Prozent – im Jahr 2007 waren es bereits 14,1 Prozent: 3,3 Prozent aus Wasserkraft, 6,2 Prozent aus Windenergie, 3,1 Prozent aus Biomasse und die restlichen 1,5 Prozent aus sonstigen erneuerbaren Energien. Bezieht man heute Ökostrom, kann dieser also eine bunte Mischung aus unterschiedlichen Energiequellen sein. Der Begriff bleibt schwammig und irreführend, da er gesetzlich nicht definiert ist. Anbieter von Ökostrom können individuell festlegen, welche erneuerbare Energiequelle oder Mixtur ihr Angebot auszeichnet. Mit einem einfachen legalen Trick kann man sogar wie von Zauberhand Atom- und Kohlestrom in Ökostrom umetikettieren! Hierzu mehr im Kapitel »Verbrauchertäuschung und Greenwash mit Zertifikaten«.

Der Stromsee

Es ist deprimierend: Ob ich meinen Strom von einem konventionellen Stromversorger beziehe oder aus Überzeugung einen Vertrag mit einem Ökostromanbieter abgeschlossen habe – es kommt der gleiche Energiemix aus »dreckigem« und »sauberem« Strom aus der Steckdose. Der Grund dafür: Es gibt nur ein Übertragungsnetz und das befindet sich im Besitz der vier Energieversorger E.ON, RWE, EnBW und Vattenfall. Darüber hinaus wird elektrische Energie am effizientesten in unmittelbarer Nähe zum Produzenten verbraucht, da andernfalls Übertragungsverluste entstehen. Zur Veranschaulichung des generellen Zusammenhangs zwischen Erzeugung und Verbrauch dient das Stromseemodell: Kohle- und Atomkraftwerke speisen »dreckigen« Strom in den See ein, aus dem der Verbraucher seinen Strom erhält. Erneuerbare Energiequellen leiten »sauberen« Strom in den See. Heraus kommt eine graue Suppe, für jeden gleich.

Warum sollte man nun zu einem speziellen Ökostromanbieter wechseln, wenn doch alles beim Alten bleibt? In der Theorie gibt es dafür gute Gründe: Ökostromkunden finanzieren mit ihrer Rechnung ausschließlich Kraftwerke, die sauberen Strom in den See einleiten. Das Geld fließt damit nicht mehr in gefährliche Atom- und klimaschädliche Kohlekraftwerke und der trübe Stromsee wird langsam klarer. Nach diesem Ideal handeln jedes Jahr Hunderttausende umweltbewusste Stromkunden und wechseln ihren Anbieter. In der Praxis stellt sich der Zusammenhang aber komplizierter dar: Gesetzliche Regelungen weisen deutlich in eine grüne Richtung, aber die besonderen Eigenschaften des »Gutes« Strom stellen den Verkäufer und insbesondere den Käufer der flüchtigen Ware vor ungeahnte Probleme.

Der gesetzliche Rahmen: Das Erneuerbare-Energien-Gesetz (EEG)

Im juristischen Fachjargon wird das EEG als »Gesetz für den Vorrang Erneuerbarer Energien« bezeichnet. Den Vorläufer für das Gesetz bildete das seit 1991 geltende »Stromeinspeisungsgesetz«. Anfang der 1990er Jahre wurde Strom aus erneuerbaren Energien hauptsächlich – die Ausnahme bildete Wasserkraft – von kleinen Unternehmen und Privatpersonen erzeugt. Das Übertragungsnetz gehörte (wie noch heute) den vier privaten Energieriesen beziehungsweise ihren Vorgängern. Den kleinen Erzeugern wurde der Zugang zum Netz verweigert oder stark erschwert. Das Gesetz versuchte damals die verfahrene Situation zu lösen, indem es die Netzbesitzer verpflichtete, den Ökostrom in das Verbundnetz einzuspeisen, und indem es den alternativen Erzeugern bestimmte Mindestvergütungen zusicherte. Diese waren zumindest für die Windkraft ungefähr kostendeckend, was zu einem ersten Windkraft-Boom in Deutschland führte. Für Solarstromanlagen waren die Vergütungen zum damaligen Zeitpunkt noch gering. Das neue EEG trat dann am 29. März 2000 in Kraft. Sein Ziel war es, den Ausbau der erneuerbaren Energien zu fördern und den Anteil der regenerativen Energie an der Stromversorgung zu erhöhen: zunächst auf 12,5 Prozent bis 2010 und schließlich auf 20 Prozent bis 2020. Die Unterstützung der Energiegewinnung aus nachwachsenden Ressourcen sei das »zentrale Element für Klimaschutz, Umweltschutz und nachhaltige Entwicklung«, schreibt das Bundesumweltministerium über das EEG.[33] Instrumentarium des Gesetzes sind Mindestpreisregelungen mit der Verpflichtung für die Versorgungsunternehmen, die Netze für die allgemeine Stromversorgung betreiben, den Strom aus erneuerbaren Energien abzunehmen und zu vergüten. Die Vergütungen werden differenziert nach der Art der erneuerbaren Energien – Windkraft, Solarstrahlung, Grubengas, Deponiegas, Biomasse und Geothermie –, nach der Größe der Anlagen und bei Windenergie auch nach dem Standort. Nicht dazu zählen beispielsweise große Wasserkraftwerke mit einer Leistung von über fünf Megawatt und Anlagen, die zu über 25 Prozent dem Bund oder den Ländern gehören. Die Höhe der Förderung unterscheidet sich sehr. So variierte in der ersten Fassung des EEG beispielsweise die Förderung von Strom aus Windenergie je nach Lage – für weniger günstige Windstandorte gab es entsprechend mehr Zuschuss – zwischen 5,9 und 9,1 Cent pro Kilowattstunde (C/kWh). Solarstrom hingegen wurde pauschal mit 45,7 C/kWh vergütet.

Im Ergebnis steuert das EEG den Ausbau der verschiedenen Ökostromangebote und schafft Planungs- und Investitionssicherheit für private Anlagenbetreiber bei einer maximalen Laufzeit von 20 Jahren. Das Verfahren hat jedoch auch eine

33 www.umweltministerium.de/gesetze/verordnungen/doc/2676.php

durchschnittliche Erhöhung der Stromkosten für den Endverbraucher von rund 0,05 C/kWh im Jahr 2008 zur Folge, da die Netzbetreiber die zusätzlichen Kosten natürlich an ihre Kunden weiterreichen. Im Jahr 2008 betrugen die direkten Kosten für den Endverbraucher insgesamt rund 4,2 Milliarden Euro. Dem stehen Einsparungen in Höhe von 0,9 Milliarden Euro bei Brennstoffimporten und der bislang nicht genau taxierte Umwelteffekt gegenüber. Nach Ansicht des Bundesumweltministeriums werden die zusätzlichen Kosten bei dem gewünschten kräftigen Wachstum der erneuerbaren Energien in einigen Jahren weiter moderat steigen: auf rund 0,1 C/kWh.

Zur Jahreswende 2003/2004 wurde die erste Novelle des EEG notwendig, da die Förderung von Solarenergie mit dem Auslaufen des sogenannten 100 000-Dächer-Programms, welches den Bau von Solaranlagen bis Ende Juni 2003 unterstützte, angepasst werden musste. Die Förderung stieg je nach Anlagenart gestaffelt auf bis zu 62,4 C/kWh, um dann für Neuanlagen in den folgenden Jahren um jeweils fünf Prozent zu fallen. 2008 wurde das Gesetz zum zweiten Mal überarbeitet. Die Grundstruktur bleibt gleich, jedoch werden ab 2009 erhöhte technische Anforderungen an Neuanlagen gestellt, beispielsweise eine höhere Leistung. Erfüllen die Anlagen diese Netzanforderungen, erhalten sie zusätzlich zur EEG-Vergütung einen sogenannten Systemdienstleistungsbonus. Halten die neuen Anlagen den Anforderungen jedoch nicht stand, haben die Betreiber keinen weiteren Anspruch auf die EEG-Vergütung. Das EEG bewirkt, dass der Strom, der in Deutschland über dieses Gesetz gefördert wird, dem konventionellen Strom zu einem festen Anteil »untergemischt« werden muss. Im Schnitt sind das bei den Stromanbietern in Deutschland zwölf Prozent. Strom aus erneuerbaren Energien darf dabei nicht mehrfach verkauft werden. Anlagenbetreiber, die die Vergütung in Anspruch genommen haben, dürfen Nachweise für Strom aus erneuerbaren Energien nicht weitergeben. Daher kann dieser Stromanteil aber vom Stromanbieter nicht mehr gezielt als

Ökostrom gekauft oder abbestellt werden. Aus diesem Grund kommt frei gehandelter grüner Strom in der Regel aus Anlagen, die nicht nach dem EEG gefördert werden. Das sind ausländische Anlagen, wie Wasserkraftwerke in Skandinavien oder Österreich, Windanlagen in Dänemark, alte Anlagen, deren EEG-Förderung abgelaufen ist, oder Anlagen von Betreibern, die keine Förderung wollen bzw. die Bedingungen des Gesetzes nicht erfüllen.

Ist Ökostrom gleich Ökostrom?

Die klare Antwort auf diese Frage lautet: leider nein. Zur Verdeutlichung ein Beispiel: EnBW, der drittgrößte deutsche Energieversorger, vermarktet seine in Atom-, Kohle- und Wasserkraftwerken hergestellte Elektrizität unter verschiedenen Namen. So beispielsweise als »Yello-Billigstrom« oder über die unternehmenseigene Tochter »Naturenergie«. Theoretisch kommt bei »Naturenergie« der Strom ausschließlich aus einem der großen Wasserkraftwerke von EnBW. Bei allen anderen konzernanhängigen Anbietern müsste der Anteil dieser erneuerbaren Energie im konventionellen Strommix mit Kohle- und Atomstrom dann fehlen. Aber: Eine Trennung von physischem und virtuellem Strom ist nicht möglich. Ergebnis: Alles bleibt beim Alten, es wird keine zusätzliche »grüne« Kilowattstunde produziert und kein Gramm CO_2 eingespart. Das Angebot von »Naturenergie« ist klarer Etikettenschwindel. Allein in Deutschland ist EnBW an vier Kohlekraftwerksplanungen beteiligt, die das Klima mit über 17,1 Millionen Tonnen CO_2 pro Jahr belasten würden. Es ist somit blanker Hohn, wenn EnBW in seiner neuen Image-Kampagne behauptet, »wir sparen am meisten CO_2 – versprochen!«

Verbrauchertäuschung und Greenwash mit Zertifikaten

Auch beim Handel mit sogenannten Grünstromzertifikaten des »Renewable Energy Certificate System« (RECS oder auch EECS) zeigt sich ein solches Zerrbild. Seit 2001 haben Erzeuger erneuerbarer Energien in Europa die Möglichkeit, sich ihre produzierten Energiemengen zertifizieren zu lassen. Diese Zertifikate sind dann unabhängig vom realen Verkauf des Stroms europaweit handelbar. Das macht es für die Anbieter einfach – und vor allem billig: Ökostromanbieter wie Flexstrom oder TelDaFax kaufen Atomstrom für sieben C/kWh an der Europäischen Strombörse »European Energy Exchange« (EEX) und wandeln diesen durch RECS-Zertifikate wie von Zauberhand und ganz legal in Ökostrom um. Die EEX ist eine elektronische Börse für den Stromhandel mit Sitz in Leipzig, an der Strom, CO_2-Zertifikate, Kraftwerkskohle sowie seit Juli 2007 auch Erdgas gehandelt werden. Derzeit kostet ein RECS-Zertifikat aus skandinavischen Wasserkraftwerken ungefähr 0,05 bis 0,1 C/kWh. Der Betreiber in Norwegen muss im Gegenzug die entsprechende Menge seines erzeugten Ökostroms in konventionellen Strom umetikettieren beziehungsweise entwerten. Nach Ansicht des *Spiegel* tricksen europäische Stromanbieter damit ihre Kunden gezielt aus. Im Januar 2008 berichtete das Nachrichtenmagazin über die Mogelpackung und zitierte Verbraucherschützer, die von »Täuschung der Verbraucher« und einem »reinen Verschiebebahnhof« sprachen. Laut Thorsten Kasper von der Verbraucherzentrale ist dies ein Trick, der überhaupt erst ermögliche, dass ganze Städte quasi über Nacht angeblich komplett mit Ökostrom versorgt werden. Aber »nur auf dem Papier, ohne dass auch nur eine zusätzliche Kilowattstunde davon erzeugt wird«.[34] Mit dieser Methode konnten sich beispielsweise die Stadtwerke Kassel der Öffentlichkeit als »Vor-

34 Spiegel Online »Stromanbieter verkaufen Atomstrom als Ökostrom« v. 05. 01. 08

reiter für umweltgerechte Stromerzeugung« präsentieren. Ihr Strom werde »klimaneutral durch skandinavische Wasserkraft erzeugt« und die »eingesparten Emissionen« würden sich weltweit positiv auf das Klima auswirken. Eine glatte Lüge, mit der der Verbraucher gezielt in die Irre geführt wird. Im Glauben, dass sein Geld neue Solaranlagen und Windräder in Deutschland fördert und er etwas für den Klimaschutz tut, kauft er den vermeintlichen Ökostrom. Tatsächlich aber landet sein Geld in den Taschen der Atom- und Kohlekraftwerksbetreiber. Mit »dem grünen Label werde womöglich auch noch die nächste Preiserhöhung kaschiert«.[35]

Befürworter des RECS-Systems äußern hingegen die Hoffnung, dass mit der wachsenden Nachfrage nach Zertifikaten deren Preis steigt und so der Umweltnutzen größer wird beziehungsweise überhaupt erst entsteht. Doch: Solange die Nachfrage nicht stark genug wächst, bleibt der Preis für die Zertifikate niedrig, so dass jeder Anbieter seinen Kunden Ökostrom ohne wesentliche Mehrkosten anbieten kann. Somit wird durch diese Zertifikate gerade kein Anreiz geschaffen, den Anteil der erneuerbaren Energien am Gesamt-Energie-Mix auszubauen.

Das RECS Deutschland e. V. scheint das auch wenig zu interessieren. In einer Antwort auf eine entsprechende Nachfrage einer Volkswirtschaftsstudentin schreibt RECS-Pressereferent Oliver Germeroth: »RECS ermöglicht eine einfache Ergänzung des Angebotsportfolio. Inwieweit ein Stadtwerk oder Energieversorger dieses mit oder ohne Zubau von erneuerbaren Energien tätigt, obliegt alleinig ihm. RECS als Systemverwalter der Herkunftsnachweise kann und wird hier der Energiebranche keine Vorgaben machen.«[36]

Auf dem Informationsportal verivox.de wird RECS als ein Zertifikat für grünen Strom bezeichnet. Dies ist jedoch nicht

---

35 Ebd.
36 Schreiben von Oliver Germeroth (RECS-Deutschland e. V.). an Karin Grothaus v. 29. 08. 08

richtig: Es ist tatsächlich nur ein Herkunftsnachweis für Strom aus erneuerbaren Energiequellen. Das Problem bei Verkauf und Handel von Ökostrom besteht ja darin, dass dieser nicht von konventionellem Strom unterschieden werden kann, sobald er einmal in die Übertragungsnetze eingespeist worden ist. Das RECS stellt daher für jede Megawattstunde erzeugten Strom aus erneuerbaren Energiequellen ein Zertifikat aus, welches den Umweltnutzen des »grünen« Stroms darstellen soll. Die Ausstellung und Verwaltung des Zertifikats übernimmt eine unabhängige Instanz, der sogenannte »Issuing Body« (die Ausgabestelle). In Deutschland übernimmt diese Aufgabe das renommierte Öko-Institut in Freiburg. Ausgestellte Zertifikate werden beim Verkauf des grünen Stroms entwertet. Eine Garantie, dass »verbrauchte« Zertifikate auch wirklich gelöscht werden, kann aber nur eine dritte Instanz, wie beispielsweise ein Ökostromlabel, geben.

Was tun?

Der Ausweg aus dem Lügendickicht ist, ein Unternehmen zu wählen, das weitestgehend unabhängig von den vier großen Energieversorgern ist. Eine solche Entscheidung hat zwei Vorteile: Einerseits setzt der Kunde dadurch ein politisches Signal, indem er dem Atom- und Kohlestrom eine eindeutige Abfuhr erteilt. Andererseits trägt er einen geringen, aber nicht unbedeutenden Anteil dazu bei, die immer noch monopolistischen Strukturen der deutschen Energiewirtschaft weiter zu entflechten. Unabhängig sind folgende Ökostromanbieter: Elektrizitätswerke Schönau (EWS), Greenpeace Energy, die Naturstrom AG und LichtBlick sowie kleinere Stadtwerke. Aber Vorsicht: Letztere gehören zu einem großen Teil bereits den vier Energieriesen. Von den 700 am deutschen Strommarkt tätigen Stadtwerken befindet sich die Hälfte direkt oder indirekt in ihren Händen. Anfang November 2008 verbot der Bundesgerichtshof aus kartellrechtlichen Gründen sogar die geplante 33-prozentige Beteiligung von E.ON an den Stadtwerken Eschwege und sprach von »marktbeherrschender Stellung«[37]. Auf dem deutschen Strommarkt bestehe kein freier Wettbewerb, erklärten die Bundesrichter.

Die vier genannten tatsächlich unabhängigen Anbieter verkaufen ihren Kunden keinen durch Herkunftszertifikate grün gefärbten konventionellen Strom, sondern echten Ökostrom aus erneuerbaren Ressourcen, wenn auch mit kleinen Tricksereien. Darüber hinaus fördern sie den Ausbau bestehender Anlagen und Neuanlagen. In 2007 bezogen bereits mehr als eine Million Haushalte ihren Ökostrom von ihnen. Im Vergleich zu 2006 bedeutet das ein Plus von 46 Prozent.[38]

Ökostromlabels – Gütesiegel für grünen Strom

Ein seriöser Ökostromanbieter erzeugt den Strom, den er verkauft, entweder selbst oder er kauft ihn bei Betreibern von »Öko-Kraftwerken« ein. Ökostromlabels sollen dies garantieren. Ein gemeinsames Kriterium der Labels ist, dass der Strom wirklich aus erneuerbaren Energien stammt. An dieser Stelle jedoch lassen einige Labels auch RECS als Herkunftsnachweis für Ökostrom gelten. Darüber hinaus fordern die Gütesiegel, dass der Ökostrom zum Teil aus neuen Anlagen stammen muss, damit der Anteil des grünen Stroms langfristig vergrößert wird. Im Einzelnen haben die Labels jedoch unterschiedliche Kriterien und Anforderung an die einzelnen Quellen regenerativer Energien. Heute gibt es fünf unterschiedliche Labels: ok-power, Grüner Strom Label, TÜV Nord, TÜV Süd und das Ökostromlabel der Landesgewerbeanstalt Bayern.

37 *Süddeutsche Zeitung* v. 12. 11. 08
38 www.solarportal24.de/nachrichten_22971_mehr_als_eine_million_
   haushalte_setzen_auf_%C3%96kostrom.html

Ökostromzertifizierung: Labelvergleich

Unternehmen/ Verein	Grüner Strom Label e.V.	Energie-Vision e.V. (ok-power)	
Ökostrommodell	Mischmodell aus Händler- und Fondsmodell	Fondsmodell	Händlermodell
Neuanlagenförderverpflichtung; Bedingungen	Endkunden zahlen mind. I C/kWh (netto) bei jährlichem Verbrauch bis 20 000 kWh in einen Fonds, darüber sinkt der Förderbetrag bis 100 000 kWh stetig auf 0,2 C/kWh → Kapazitätsausbau	Die Förderung pro erzeugter und ins Netz eingespeister Kilowattstunde aus REG-Anlagen darf nicht unter 0,75 C/kWh liegen. Zertifizierte Produkte müssen einen Umweltnutzen (finanzielle Förderung von Neuanlagen) von mind. 33 % der im Kalenderjahr verkauften Ökostrommenge nachweisen. → Kapazitätsausbau	33 % Strom aus Anlagen, die jünger als 6 Jahre alt sind und 33 % aus Anlagen, die älter als oder gleich 6 Jahre und jünger als 12 Jahre alt sind. → Kapazitätsausbau
Informationen über geförderte Neuanlagen auf Homepage	Ja	Ja	Nein
Physische Lieferung von Ökostrom	100 % EE	Nein	min. 50 % EE, max. 50 % WK oder 100 % Wasserkraft
Internet	www.gruenerstromlabel.de	www.energie-vision.de	
Besonderheiten	Zusätzliche Kriterien für Biomasse und Photovoltaik; Abstufungen des Labels in GSL Gold (ausschließlich REG-Anlagen) und GSL Silber (maximal 50 % KWK, Rest REG-Anlagen); RECS-Zertifikate sind *nicht* zugelassen; bisher über 700 Neuanlagen durch Fördergelder gebaut.	Zusätzliche Kriterien für Wind- und Wasserkraft, Biomasse, PV- und KWK-Anlagen; Zertifikate aus dem EECS-System wie RECS-Zertifikate und EECS-konforme Herkunftsnachweise (aus In- oder Ausland) können im Rahmen der Zertifizierung als Nachweis für die Herkunft für Ökostrom eingesetzt werden.	

Verband der TÜVs e.V. (u.a. TÜV Nord)	TÜV Süd		Landesgewerbe-anstalt Bayern
Händlermodell nach VdTÜV-Merkblatt 1304	Mischmodelle: »EE01« (CMS Standard 80) »EE02« (CMS Standard 82)	Mischmodelle: »UE01« (CMS Standard 84) »UE02« (CMS Standard 85)	Händlermodell
Keine Verpflichtung, sondern Aufschläge des Ökostromprodukts gegenüber einem vergleichbaren Standardtarif werden nicht zur weiteren Erhöhung der Einnahmen verwendet, sondern kommen der Förderung von EE, insbesondere dem Neubau von regenerativen Anlagen, zugute. → Kapazitätsausbau optional	− »EE01«: 25 % des Stroms kommen aus Anlagen, die nicht älter als 3 Jahre sind. Aufschläge des Ökostromprodukts kommen der Förderung von EE zugute, mind. 2/3 in Fonds zum Bau neuer Anlagen. → inkl. Kapazitätsausbau! − »EE02«: Aufschläge kommen der Förderung von EE zugute, mind. 2/3 in einen Fonds zum Bau neuer Anlagen. → Kapazitätsausbau optional	− »UE01«: 25 % des Stroms kommen aus Anlagen, die nicht älter als 3 Jahre sind. Aufschläge des Ökostromprodukts kommen der Förderung von EE zugute, wobei mind. 2/3 in einen Fonds zum Bau neuer Anlagen fließen. → inkl. Kapazitätsausbau! − »UE02«: Siehe »EE02« → Kapazitätsausbau optional	Zertifizierte Betriebe müssen erkennen lassen, dass entsprechend der Nachfrage ein Ausbau der Versorgung mit Ökostrom vorgesehen wird. Forderung einer Investition in Neuanlagen auf Basis einer Marktprognose → keine Verpflichtung!
Nein	Nein	Nein	Nein
min. 50 % EE, max. 50 % KWK	− »EE01«: 100 % EE − »EE02«: 100 % Wasserkraft	»UE01« / »UE02«: max. 50 % KWK, mind. 50 % EE	Regenerativ: 100 % EE; effektiv: 100 % KWK (ob das neue oder alte Anlagen sind, ist für das Zertifikat aber weniger relevant)
www.tuev-nord.de www.tuev-nord-cert.de	www.tuev-sued.de www.netinform.de		www.lga.de
Zum Nachweis der Energiequellen können auch Zertifikate einbezogen werden, die im Rahmen anerkannter Zertifikatehandelssysteme (z.B. RECS) ausgestellt wurden.	Zum Nachweis der Energiequellen können auch Zertifikate einbezogen werden, die im Rahmen anerkannter Zertifikatehandelssysteme (z.B. RECS) ausgestellt wurden.		Zwei Ausführungen: − Ökostrom (regenerativ): 100 % EE − Ökostrom (effektiv): mind. 25 % EE, Rest KWK Auffallend ist, dass auf den Online-Seiten der LGA keinerlei Hinweise auf dieses Label zu finden sind.

Bemerkungen:

Händlermodell: Der Ökostromanbieter erzeugt selbst Strom aus erneuerbaren Energien oder kauft diesen vom Erzeuger auf und leitet ihn (mit Hilfe von Netznutzungsvereinbarungen) zu den Kunden »durch«. Ausschlaggebend ist hierbei nicht der physikalische Stromfluss, sondern die vertragliche Lieferung von REG-Strom. Der Umweltnutzen entsteht durch die Eigenschaften des gelieferten Stroms. Ein zusätzlicher Umweltnutzen entsteht hierbei z.B. durch den Bezug von Strom aus Altanlagen, die nicht vom Anlagenkatalog des EEG erfasst werden. Kennzeichnend für das Händlermodell ist, dass die Kunden Eigentümer der Strommenge werden, die diese Anforderungen erfüllt.

Fondsmodell: Der Stromanbieter liefert dem Kunden vertraglich Strom, der entweder aus erneuerbaren Quellen und Kraft-Wärme-Kopplung stammt oder aus konventionellem Strom besteht (Lieferanteil des Fondsmodells). Um den geforderten zusätzlichen Umweltnutzen zu bewirken, muss ein Teil des Strompreises (Förderbetrag) in einen Fonds für die finanzielle Förderung von Erzeugungsanlagen fließen, die (im Falle von REG-Anlagen) ihren Strom nach EEG ins Netz einspeisen, wobei die vom Netzbetreiber gezahlte Vergütung jedoch nicht zu einem wirtschaftlichen Betrieb der Anlagen ausreicht. Der Umweltgewinn entsteht hier durch die Verwendung des Förderbetrags für den Ausbau von REG-Strom. Grundlage für die Bestimmung des Umweltnutzens ist die Höhe des Förderbetrags, der pro verkaufte kWh Ökostrom für die Förderung von REG-Strom eingesetzt wird.

(Definitionen nach EnergieVision e.V. [okPOWER] / Öko-Institut e.V.)

Stromprodukte, die auf einem *Mischmodell* aus Händler- und Fondsmodell basieren, müssen die Anforderungen nach beiden Modellen erfüllen. → am vorteilhaftesten!

Fazit
— Wichtigstes Kriterium: Kapazitätsausbau! → GSL, ok-power, TÜV Süd (»EE01« und »UE01«)
— Achtet man darauf, dass keine RECS-Zertifikate als Herkunftsnachweise herangezogen werden sollen, kann nur das GSL als Gütesiegel bestehen.

Stromvergleiche im Internet, die Labels ausweisen:
www.gas-magazin.de
www.verivox.de (Ökostromrechner)

Verbrauchertipp

Das Grüner-Strom-Label bietet insgesamt das zur Zeit verlässlichste Gütesiegel für Ökostrom. Zum einen beruht es auf einem Mischmodell, wodurch auf zweifache Weise grüner Strom garantiert wird, und zum anderen lässt es den Herkunftsnachweis durch RECS nicht gelten.

Die LichtBlick-Schummelei

Auch LichtBlick ist ein unabhängiger Ökostromanbieter, der mit »100 Prozent Ökostrom« wirbt. Ihm haftet jedoch ein kleiner, aber entscheidender Makel an: Im Juni 2008 deckte die *Financial Times Deutschland* auf, dass LichtBlick auch herkömmlichen Strom aus Kohle- und Atomkraft an der Leipziger Strombörse EEX einkauft. Nach Informationen der Zeitung soll LichtBlick im Dezember 2006 und ab Oktober 2007 zeitweise knapp 4000 Megawattstunden täglich und in 2007 insgesamt 20 Gigawattstunden zugekauft haben. Das entspräche rund zwei Prozent der Strommenge, die das Unternehmen an seine Ökostromkunden abgab. Auch im Jahr 2008 habe LichtBlick weiter Schmuddelstrom eingekauft und das seinen Kunden verschwiegen bzw. es sogar abgestritten.[39] LichtBlick hat nach eigenen Angaben 400 000 Kunden und 200 Millionen Euro Jahresumsatz. Der Unternehmensgründer Heiko von Tschischwitz war 2006 »Ökomanager des Jahres«. Seiner Firma war durch den TÜV-Nord bestätigt worden, »zu 100 Prozent regenerativen Strom« anzubieten.

In einer Erklärung gab LichtBlick schließlich zu, dass das Unternehmen konventionellen Strom an der EEX einkaufe, wenn der tatsächliche Stromverbrauch seiner Kunden nicht mit dem prognostizierten Bedarf übereinstimmt. Diese Kompensationsmengen machen laut LichtBlick jedoch »weniger als ein Prozent der Gesamtmenge aus«, und »diese sogenannte Regelenergie kann nicht ›grün‹ beschafft werden«. Darüber hinaus sei der Bezug dieser Energie »seit Beginn der Liberalisierung gängige Marktpraxis bei allen Stromversorgern« und damit auch bei den Ökostromanbietern. Alle Anbieter und alle Zertifizierer von Ökostromprodukten würden diese Abläufe des Strommarktes kennen und akzeptieren.[40]

39 *FTD* »Schummelei beim Ökostrom« v. 11. 06. 2008
40 PM LichtBlick v. 10. 06. 2008

EWS und Greenpeace Energy wiesen diese Unterstellungen sofort entschieden zurück. Beide Anbieter stellten klar, dass sie Abweichungen vom prognostizierten Strombedarf über offene Lieferverträge ausgleichen und eben nicht an der EEX zukaufen. Die festgelegten Mengen für offene Lieferverträge können sich in verschiedenen Größenordnungen bewegen. Dies ist jedoch vorher, innerhalb eines definierten Zeitrahmens, anzumelden. Der Vertrag kommt somit einer ständig verfügbaren Option gleich, die immer sofort dann gezogen wird, wenn der notwendige Bedarf höher ist als der prognostizierte. Dadurch, dass das Prognose- und Volumenrisiko dem Anbieter des offenen Liefervertrages obliegt, sind offene Lieferträge deutlich teurer. »Unsere Methode ist sicherlich nicht die billigste, aber die glaubwürdigste«, erklärte Robert Werner, Vorstandsmitglied von Greenpeace Energy.

»Es gibt viele Gründe, zu Ökostromanbietern zu wechseln«, sagt Uwe Leprich, Energieexperte von der Hochschule für Technik und Wirtschaft des Saarlandes, »aber der Strom selbst gehört nicht dazu.«

Verbrauchertipp

Die Naturstrom AG ist als einziger Anbieter mit dem Grünen Strom Label ausgezeichnet. Greenpeace Energy und EWS ziehen auch keine RECS-Herkunftsnachweise heran und sind daher ebenfalls ein guter Rat. Wird auch der Preis miteinbezogen, so hat in 2008 Naturstrom die Nase vorne. Aber die Preise schwanken stark und müssen regelmäßig verglichen werden.

Was sofort und unmittelbar dem Klima hilft: Energie sparen!

Unabhängige Ökostromanbieter

Anbieter	EWS Elektrizitätswerke Schönau	GREENPEACE ENERGY	naturstrom	LichtBlick die Zukunft der Energie
Kontakt	Tel: 07673/88850 www.ews-schoenau.de	Tel: 040/808110330 www.greenpeace-energy.de	Tel: 0211/7790444 www.naturstrom.de	Tel: 01802/660660 www.lichtblick.de
Tarif Grundpreis (€/Monat) Arbeitspreis (ct/kWh)	6,90 €/Monat 21,20 ct/kWh (1) 21,80 ct/kWh (2) 22,99 ct/kWh (3)	8,90 €/Monat 19,80 ct/kWh	7,95 €/Monat 19,90 ct/kWh	7,95 €/Monat 19,99 ct/kWh
Kosten bei 2800 kWh/Jahr (durchschnittlicher 2-Personen-Haushalt)	676,40 €/Jahr (1) 693,20 €/Jahr (2) 726,52 €/Jahr (3)	661,20 €/Jahr	652,60 €/Jahr	655,12 €/Jahr
Zusammensetzung des Stroms	95 % regenerative Energien (davon 18,3 % EEG Strom), 5 % Kraft-Wärme-Kopplung	75 % Wasser, 8 % Wind, 17 % EEG Strom	58 % Wasser, 41,5 % Wind, 0,5 % Photovoltaik	72 % Wasser, 11 % Biomasse, 17 % EEG Strom
Neubau von Anlagen	Je nach Tarif werden 0,5 (1), 1 (2) oder 2 (3) ct/kWh in Solaranlagen investiert.	Neukunden erhalten innerhalb von fünf Jahren Strom aus einem Kraftwerk, das von Greenpeace Energy initiert wurde oder aus einer Neuanlage, die nicht älter als 5 Jahre ist.	1,25 ct/kWh (brutto) werden in Neuanlagen investiert.	25 % des Gewinns des Unternehmens werden in den Neubau von Anlagen investiert.
Anzahl bisher enstandener Neuanlagen	Ca.1200 größere und sehr kleine Anlagen wurden seit 1997 neu gebaut	4 neue Anlagen seit 2000 (gebaut von zu diesem Zweck gegründeter Tochterfirma Planet Energy); weitere 3 im Bau	Bau von ca. 140 kleineren Neuanlagen seit Markteintritt im Jahre 1999	Investitionen von 20 Mio. Euro in 5 Neuanlagen und Schutz des Regenwaldes in Ecuador seit 2000
Zertifikate	TÜV NORD	TÜV NORD	Gold	ok POWER TÜV NORD

Durchschnittswerte: Singles: 1500 kWh/Jahr • Paare: 2800 kWh/Jahr • Familien: 4000 kWh/Jahr • Großfamilier: 6000 kWh/Jahr   Stand August 2008

Biosprit: Von der Euphorie
zum Katzenjammer

Die SPD in Hamburg-Harburg engagiert sich stark für Waldschutz, zumindest direkt vor der eigenen Haustür. Als die Ölmühle Hamburg AG, die seit 1994 zum amerikanischen ADM-
Konzern (Archer Daniels Midland Gruppe) gehört, 2006 den
Neubau einer Palmöl-Raffinerie und eines Tanklagers ankün-
digte, war die Harburger SPD empört, weil auf dem Baugelän-
de Bäume und Sträucher entfernt werden mussten. »Abholzen
eines Pionierwaldes« sei das, schrieben die Harburger Genos-
sen erbost. Dass die Ölmühle riesige Mengen Palmöl benötigt,
störte die Orts-SPD offenbar nicht. Seit die neue Raffinerie im
Frühjahr 2007 in Betrieb ging, werden hier jährlich 350 000
Tonnen Palmöl gereinigt, veredelt und weiterverarbeitet. Zusammen mit der bisherigen Herstellung von Soja- und Rapsöl
wird die Jahresleistung der Gesamtanlage auf über eine Million
Tonnen Pflanzenöl steigen, was den ADM-Standort Hamburg
zum Europameister werden lässt. Schon jetzt ist die Ölmühle
Hamburg mit etwa 500 000 Tonnen Rapsmethylester jährlich
größter Biodieselerzeuger weltweit.

Ein großer Teil des raffinierten Palmöls fließt nach Unter-
nehmensangaben neben der Margarineherstellung »in die
energetische Verwertung«: in Kraftwerke also, die daraus
Strom und Wärme erzeugen und in die Produktion von sogenanntem »Biodiesel«. Auch wenn eine der Wegbereite-
rinnen für Bioenergie in Deutschland, Bärbel Höhn, die ehemalige grüne NRW-Umweltministerin und stellvertretende
Fraktionsvorsitzende von Bündnis90/Die Grünen im Bundestag, im November des Jahres 2007 noch meinte, dass »Palmöl
in deutschen Autotanks keine Rolle«[41] spiele, ist seit längerem

---

41 taz.de v. 12. 11. 2007. Kommentar v. Bärbel Höhn »Biosprit muss nicht
    schädlich sein«

klar: Deutscher Pflanzendiesel wird neben Raps und Soja auch aus Palmöl hergestellt, und das in wachsendem Maße. Eine Greenpeace-Analyse aus dem Mai 2008 wies nach, dass in neun von 47 Pflanzendiesel-Proben zwischen fünf und 25 Prozent Palmöldiesel enthalten war. Der Anteil von Sojadiesel betrug in einigen Proben sogar bis zu 75 Prozent. Da für den Export von Soja- und Palmöl in Indonesien und Argentinien Millionen Hektar Urwald gerodet werden, forderte Greenpeace die Bundesregierung auf, die Agrosprit-Beimischung zum Dieselkraftstoff wieder abzuschaffen. »Während unsere Politiker auf der UN-Konferenz in Bonn große Reden für den Erhalt der letzten Urwälder schwingen, wird durch die verfehlte Biokraftstoffpolitik der Bundesregierung mit jeder Tankfüllung ein Stück Urwald unwiederbringlich vernichtet«, sagte Alexander Hissting, Agrarexperte von Greenpeace.[42] Bis 2020 will die Bundesregierung den Anteil der Agrokraftstoffe auf 17 Prozent erhöhen. Dadurch erhofft sie sich im Rahmen ihres Integrierten Klima- und Energieprogramms (IKEP) jährlich neun Millionen Tonnen CO_2 einzusparen. Bis zu 50 Prozent des Agrardiesels muss dafür importiert werden, da die Anbaufläche für deutschen Raps begrenzt ist. Hiesiger Raps kann maximal fünf Prozent des Dieselbedarfs decken. Das bedingt den Einsatz von Sojaöl und Palmöl aus Übersee. Nach Berechnungen von Greenpeace bedeutet jedes Prozent mehr Beimischung von Agrardiesel in Deutschland über 700 000 Hektar zusätzlichen Sojaanbau im Jahr. Sollen 17 Prozent Beimengung erreicht werden, müssten voraussichtlich 4,9 Milliarden Liter Sojadiesel importiert werden. Die dafür zusätzlich benötigten Sojaplantagen würden ein Ausmaß von fast zehn Millionen Hektar einnehmen und damit einer Fläche von Schleswig-Holstein, Niedersachsen und Nordrhein-Westfalen zusammen entsprechen.

---

42 www.greenpeace.de/themen/klima/nachrichten/artikel/in_deutschland_wird_urwald_getankt/

Klimaschutz adieu

Der Anbau von Soja und Ölpalmen in Indonesien und den anderen Lieferländern wirkt – das weiß man mittlerweile – wie eine CO_2-Bombe. Wissenschaftler haben berechnet, das es bis zu 423 Jahre dauern würde, bis durch den Einsatz von Palmöl einer indonesischen Plantage die durch die vorherige Urwaldzerstörung verursachten CO_2-Emissionen wieder kompensiert würden. »Effektiver Klimaschutz beginnt heute – nicht erst in 424 Jahren«, bemerkte Greenpeace dazu süffisant.[43] Und dabei hatte alles so schön angefangen: Die meisten deutschen Produktionsanlagen für Biodiesel wurden im Jahr 2000 gebaut. Viele hatten ihren als »umweltverträglich und nachhaltig« beworbenen Diesel bereits für drei Jahre im Voraus verkauft, bevor ihre Anlagen überhaupt standen. Es herrschte Goldgräberstimmung und die Devise: vom Bauern zum Ölscheich innerhalb weniger Jahre. Man fühlte sich als Klimaretter und sah in Biodiesel eine wahre Alternative zu den bald endenden fossilen Brennstoffen. Autofahrer klebten sich stolz den Button mit dem Spruch »Ich fahre Biodiesel« auf ihr Autoheck. Alle waren begeistert. Umweltminister Gabriel behauptete noch im März 2006: »Biokraftstoffe haben 2005 Emissionen von sieben Millionen Tonnen CO_2 vermieden«.[44] Wie er das berechnet haben will, blieb ebenso unklar wie die zukünftige Entwicklung. Und die sah und sieht nicht gut aus: Viele Produzenten stehen heute vor dem finanziellen Kollaps.

Zur Marktankurbelung hatte die rot-grüne Bundesregierung im Jahr 2004 Biodiesel von der Mineralölsteuer befreit. Das hatte die geplante Wirkung: Von 100 000 Tonnen im Jahr 1999 stieg die Produktion auf 4,4 Millionen Tonnen 2007. Die

43 Ebd.
44 Rede des Bundesumweltministers Sigmar Gabriel auf einer Konferenz der Friedrich-Ebert-Stiftung am 16. 03. 2006 »Biokraftstoffe der Zukunft – Strategien für eine nachhaltige Mobilität«.

deutsche Produktion war damit für fünf Millionen Tonnen gut, konnte aber realiter nur rund zwei Millionen jährlich absetzen. Die Euphorie war dann so schnell vorbei, wie sie gekommen war. Denn die große Koalition drehte im August 2006 an der Steuerschraube: Von anfangs neun Cent pro Liter für reinen Biodiesel (B 100), stieg der Mineralölsteueranteil jährlich um sechs Cent, bis er im Jahre 2012 mit 45 Cent annähernd so hoch sein wird wie für fossilen Diesel (47 Cent). Hauptabnehmer von B 100 waren die Lkw-Flotten deutscher Speditionen. Doch für die ist Biodiesel nur interessant, wenn sein Preis mindestens zehn Cent unter dem von Normaldiesel liegt. Der Markt für reinen Biodiesel ist daher heute so gut wie tot und die Biodieselindustrie steckt in einer tiefen Krise.

Als eine Art Kompensierung für den Subventionsabbau war dann der Beimischungszwang gedacht: Ende 2006 beschloss das Kabinett mit dem Biokraftstoffquoten-Gesetz, dass jedem Liter Dieselkraftstoff fünf Prozent Biodiesel beigemischt werden muss. Doch dafür werden nur rund 1,5 Millionen Tonnen benötigt. Die Biodieselproduktion musste wieder heruntergefahren werden, um nicht auf Halde zu arbeiten. Das Versiegen der Fördergelder und der Abbau der Subventionen war zwar abzusehen und auch angekündigt, steht aber praktisch im Widerspruch zum erklärten politischen Willen, eine nicht mehr von Erdöl abhängige Kraftstoffindustrie aufzubauen. Die Rohstoffpreise für Raps sind in der Folge übrigens stark angestiegen. Eine Tonne des Ausgangsstoffes Rapsöl kostete kurioserweise zeitweise mehr als die vergleichbare Menge des Endprodukts. Der Import von Öl aus Soja und Palmen, die in Asien und Lateinamerika angebaut werden, ist hingegen viel billiger.

Strom aus Palmen

Neben der Herstellung von Biodiesel kann man Agraröle auch in Kraftwerken verfeuern, um Strom zu erzeugen – wie zum Beispiel in Schwäbisch Hall. Hermann-Josef Pelgrim, Oberbürgermeister und Aufsichtsratsvorsitzender der örtlichen Stadtwerke, prophezeite Anfang August 2006, mit dem neuen Palmölkraftwerk der Stadtwerke steige der Anteil an regenerativem Strom von zehn auf 25 Prozent. »Damit machen wir in ganz Deutschland auf uns aufmerksam«, verkündete er stolz.[45] Das Kraftwerk, das seit Anfang 2007 Strom und Wärme aus billigem Palmöl liefert, hat einen Jahresbedarf von 7500 Tonnen. Der Einsatz von heimischem Rapsöl ist nach Angaben der Stadtwerke hingegen unwirtschaftlich.

Die wahren Kosten für Umweltschäden, aber auch Gesundheitsschäden bei den Bauern und Landarbeitern durch den massiven Einsatz von Agrargiften, fließen in den Preis für Palmöl allerdings nicht ein, sonst wäre es konkurrenzlos teuer. Deswegen ging Umweltminister Sigmar Gabriel – anders als seine SPD-Parteifreunde in Harburg – mit Palmöl-Energie hart ins Gericht. »Kritisch« verfolge das Ministerium »das steigende Interesse an Palmöl-Blockheizkraftwerken in Deutschland«, hieß es in einer Pressemitteilung. Der Grund dafür sei: »Palmöl wird in manchen Gegenden der Welt in nicht nachhaltiger Weise durch Umwandlung von Primärwald in Ölpalm-Plantagen erzeugt.«[46]

Das war Mitte Januar 2007. Geändert hat sich an der Entwicklung, dass deutsche Palmölkraftwerke profitabel »Kahlschlag-Energie« erzeugen – so bezeichnen deutsche Umweltorganisationen wie »Rettet den Regenwald« den Biodiesel –, bis heute nichts. Allerdings sind die Kraftwerksbetreiber sensibler für Kritik geworden, wie das Beispiel der Stadtwerke im nie-

---

45 *Haller Tagblatt* v. 09. 08. 2006
46 PM des BMU v. 16. 01. 2007

dersächsischen Uelzen zeigt. Sie gehören mit Blockheizkraft-werken im Krankenhaus und Hallenbad zu den Pionieren der Kraft-Wärme-Kopplung in Deutschland. Bereits 1999 wurde eine entsprechende Naturstrominitiative von der grünen Partei im Stadtrat ins Leben gerufen. In der Folge setzte man nicht nur auf die Förderung von Solarstromanlagen, sondern auch auf die Stromgewinnung aus vermeintlich nachhaltig erzeug-tem Palmöl der Firma IOI aus Malaysia. Im Mai 2007 schrieb die Abteilung Unternehmenskommunikation der Stadtwerke Uelzen den nach Information verlangenden Kunden in einem offenen Brief: »Obwohl es zum jetzigen Zeitpunkt keine ver-bindliche rechtliche Verpflichtung gibt, hat die Stadtwerke Uelzen GmbH sich selbstverpflichtend darauf festgelegt, nur nachhaltiges, umwelt- und sozialverträgliches Pflanzenöl im Biokraftwerk Uelzen einzusetzen. Das in Uelzen zum Einsatz kommende Pflanzenöl stammt aus Alt-Plantagen in der Nähe von Kuala Lumpur in Malaysia, in denen früher Gummibäume angebaut wurden. Die Plantagen gehören einem malaiischen Unternehmen, dessen Ziele die Förderung eines nachhaltigen Palmenwachstums und einer nachhaltigen Palmölproduktion sind.«[47] Dies sei ganz sicher so: »Die Stadtwerke Uelzen GmbH hat sich von der Einhaltung der Kriterien vor Ort überzeugt. Weiterhin ist für die Einhaltung der Nachhaltigkeit eine Her-kunftsnachweis- und Nachhaltigkeitsprüfung durchgeführt worden.«[48] Was von solchen Herkunftsnachweisen und Nach-haltigkeitsprüfungen zu halten ist, deckten journalistische Vor-Ort-Recherchen und mehrere Fernsehbeiträge dann Ende 2007 auf: Ihnen zufolge stammt das Uelzener Palmöl nicht von der angegebenen Plantage in Malaysia. Die Prüfer seien wohl an der Nase herumgeführt worden und von Nachhaltigkeit könne überhaupt keine Rede sein. Das betrügerisch umdeklarierte

---

47 PM mycity/Stadtwerke Uelzen v. 10. 05. 2007 »Uelzen verwendet nur nachhaltiges Pflanzenöl«
48 Ebd.

Palmöl komme hingegen zum größten Teil von mit Pestiziden vergifteten Kahlschlag-Monokulturen in Indonesien. Nun war genau der Imageschaden eingetreten, den die Uelzener Öffentlichkeitsarbeiter gefürchtet hatten: »Was nicht geschehen darf ist, dass Biokraftstoffe in einem Atemzug mit der Urwaldzerstörung genannt werden. Eine globale Diffamierung schadet dem positiven Image der Biokraftstoffe. Durch negative Pauschalurteile wird der wirtschaftlichen Entwicklung in den Schwellenländern ein hoher Schaden zugefügt«[49], schrieben sie im besagten Kundenbrief. Als aber deutlich wurde, dass nicht die kritische Hinterfragung des Palmölgeschäfts, sondern dieses selber der beschworenen Entwicklung schadet, zogen die Stadtwerke Anfang 2008 die Werbe-Notbremse. Seitdem setzen sie auf Wasserkraft aus den österreichischen Alpen. Sie versprechen nun »allen Haushaltskunden in Uelzen 100 Prozent Naturstrom – automatisch und ohne Mehrpreis. Damit stellen wir uns unserer Verantwortung für die Stadt Uelzen und machen Uelzen zur ersten Stadt in Niedersachsen, die auf 100 Prozent Naturstrom setzt.«[50] So schön so gut, aber was passiert nun mit dem Strom aus Palmöl, wenn alle Haushalte in Uelzen Wasser-Strom bekommen? Dieser Strom diene künftig »der Versorgung der Industriekunden« und wird ins »allgemeine Netz eingespeist«[51], so die Stadtwerke. Der nach wie vor produzierte Schmuddel-Strom wird also weiter verkauft und verschwindet im bundesweiten Energiemix. Aus den Augen, aus dem Sinn.

Dank des EEG kassieren die Kraftwerksbetreiber nach wie vor hohe Zuschüsse für die Verstromung von Palmöl. Neben der festgelegten Vergütung für Strom aus Biomasse von 8,4 bis 11,5 C/kWh kommen im Rahmen der »Nachwachsende Rohstoffe -Verordnung« zusätzlich vier bis sechs C/kWh für Strom

---

49 Ebd.
50 www.stadtwerke-uelzen.de/index.php
51 Erklärung des Pressesprechers der Stadtwerke Uelzen. Nach: *greenpeace magazin* Lügendetektor v. 18. 02. 2008

aus nachwachsenden Rohstoffen. Energie aus Palmöl gilt nach dem EEG als klima- und umweltfreundlich. Ein Gesetz mit solchen Vergünstigungen sorgte naturgemäß für Umwälzungen in der deutschen Kraftwerksbranche. Das Leipziger Institut für Energie und Umwelt berichtete, dass 2007 bundesweit etwa 1,3 Milliarden Kilowattstunden Strom aus Palmöl erzeugt wurden. Dafür erhielten die Kraftwerksbetreiber rund 200 Millionen Euro Zuwendungen über das EEG.

Brand und Blut im Regenwald

Während bei uns Palmöl dank EEG subventioniert wird, löst die »Kahlschlag-Energie« in den Tropen eine ökologische und soziale Katastrophe aus. »Der weltweite Palmölboom ist einer der größten Flüche für die Regenwälder und ihre Bewohner. Waldzerstörung, Vergiftung von Böden, Wasser und Luft durch Pestizide sowie Landkonflikte und Verarmung der betroffenen Menschen sind die Folgen«[52], so Feri Irawan von der indonesischen Umweltorganisation Walhi. Und er hat recht: Der agroindustrielle Anbau führt fast immer zu den gleichen Problemen, egal ob in Kamerun, Malaysia, Ecuador, Indonesien oder anderswo. Die Regierungen der Palmöl produzierenden Länder haben nichts dazugelernt. Erfahrungen mit anderen wirtschaftlich nutzbaren »Wunderpflanzen« wie Kaffee, Kakao oder Bananen haben gezeigt, dass jeder Boom im Endeffekt zu Überproduktion und Preisverfall geführt hat. Verlierer sind Kleinbauern und Tagelöhner, die in die Armut getrieben werden.

Wie bei anderen Früchten auch, ist natürlich nicht die ölhaltige Palme das Problem, sondern wie sie angebaut wird. Ursprünglich aus Afrika stammend, wird sie auch im tropischen Teil des amerikanischen Kontinents genutzt und insbesondere

52 *Regenwald Report* 01/2006. Interviewmanuskript v. Werner Paczian

in Südostasien kultiviert. Viele kleine Projektbeispiele vor allem aus Afrika belegen, dass Palmöl für lokale Märkte umweltschonend produziert werden kann und der lokalen Bevölkerung ein Einkommen sichert. Doch seit Beginn des ersten Palmöl-Booms vor etwa 20 Jahren wird die Frucht überwiegend in riesigen Monokulturen industriell für den Weltmarkt angebaut. Der großflächige Einsatz von Kunstdüngern und Pestiziden schadet der Umwelt, verseucht Wasser und Böden. Das Produkt landete bei uns bisher vor allem in Lebensmitteln und Kosmetika. Seit die Welt vor einigen Jahren begann, auf Agrarenergie zu setzen, kam es zu einem zweiten Palmöl-Boom.

Die vergangenen 15 Jahre haben gezeigt, dass praktisch für jede neue Palmölplantage Wald zerstört wird und die Branche gezielt Regenwald vernichtet, um neue Flächen zu gewinnen. Die auch von deutschen Banken finanzierte Palmölindustrie gehört zu den größten Regenwaldfressern. Eine ökologisch und sozial nachhaltige Produktion in großen Monokulturen ist praktisch nicht möglich. Jedes neue Palmölkraftwerk in Deutschland weckt Begehrlichkeiten bei der Palmölmafia in Südostasien. Das erhöht die Gefahr für die noch bestehenden Regenwälder.

Beispiel Malaysia

Malaysia war jahrelang der weltgrößte Produzent und Exporteur von Palmöl und deckt einen großen Teil seines Staatshaushaltes mit den Einnahmen aus dem weltweiten Verkauf. Im Jahr 2008 rechnet man mit einer Produktion von 17,4 Millionen Tonnen Palmöl. Der Devisenregen geht aber an der lokalen Bevölkerung in den Anbaugebieten vorbei. Stattdessen leiden sie unter starker Umweltzerstörung und sozialen Problemen, insbesondere im Bundesstaat Sarawak auf Borneo. Als die weltweite Nachfrage nach Palmöl kletterte, stiegen viele Holzkonzerne in das lukrative Geschäft ein. Die meisten Plantagen wurden auf den traditionellen Gebieten indigener Völker angelegt. Sie verloren ihre natürlichen Ressourcen: Wildtiere, Fische, Ackerland und den Wald. Einmal in die Armut getrieben, mussten sie auch ihre letzten Ländereien verkaufen und als schlecht bezahlte Saisonarbeiter bei den Palmölkonzernen anheuern. Wo immer es zu Protesten der Lokalbevölkerung kam, wurden diese von der Regierung brutal unterdrückt. Indonesien und Malaysia produzieren gemeinsam bereits rund achtzig Prozent des weltweiten Bedarfs an Palmöl. Die Landfläche von Malaysia ist jedoch begrenzt, lediglich in den Provinzen Sarawak und Sabah auf Borneo gibt es noch Entwicklungspotenzial für neue Plantagen. Die goldene Chance für das viel größere Nachbarland Indonesien, mit Volldampf ins Palmölgeschäft einzusteigen.

Beispiel Indonesien

In Indonesien haben seit Mitte der 1990er Jahre internationale Investoren die Palmölproduktion massiv ausgedehnt. Heute ist der Inselstaat noch vor Malaysia der größte Produzent der Welt mit für 2008 erwarteten 19,7 Millionen Tonnen. Vor allem die Wälder der Ureinwohner Sumatras mussten dafür den Plantagen weichen. Wasser, Luft und Böden sind vergiftet. Die Abfälle aus der Palmölproduktion werden direkt vor den Fabriktoren verbrannt. Beim Pressen der Früchte entstehen flüssige Giftstoffe, die einfach in die Natur abgelassen werden und in den Flüssen landen. Anfang des Jahres 2008 unterschrieben 59 internationale Energieunternehmen ein Abkommen, nach dem sie 12,4 Milliarden US-Dollar in die Palmölproduktion investieren wollen, dazu kommen weitere fünf Milliarden US-Dollar von inländischen Geldgebern. Neben einheimischen Firmen, die unter Präsident Suharto groß geworden sind, wie die Bakrie Group oder die Salim Group, steigen also vermehrt internationale Unternehmen in das Biodieselgeschäft ein. Darunter der größte Palmölproduzent der Welt, die malaysische IOI Corporation, außerdem Genting Biofuels aus Malaysia, die japanischen Unternehmen Mitsubishi und Mitsui, der Ölriese Petrobras aus Brasilien oder der Agrarkonzern Wilmar aus Singapur. Die höchste Einzelinvestition gilt der größten Biokraftstoffanlage der Welt in Kalimantan, dem indonesischen Teil von Borneo: In den kommenden acht Jahren will der chinesische Ölkonzern CNOOC gemeinsam mit der indonesischen Sinar Mas-Gruppe und Hong Kong Energy für insgesamt 5,5 Milliarden US-Dollar ein Werk aufbauen, das Biodiesel auf der Basis von Palmöl und Bioethanol aus Zuckerrohr und Maniok produzieren soll, vor allem für den wachsenden chinesischen Markt.

Weil in Indonesien Land und Arbeitskräfte billig zu haben sind und ein korrupter Machtapparat den illegalen Machenschaften tatenlos zuschaut oder sogar in sie verwickelt ist, kann das Land sein Palmöl günstiger anbieten als die malaysische Konkurrenz. Nach einer Studie der Umweltorganisation »Watch Indonesia« zum »Grünen Gold« wuchs die Fläche der Palmölplantagen von 600 000 Hektar (1985) über drei Millionen Hektar (1999) auf heute über 6,4 Millionen Hektar. Anträge für rund 20 Millionen Hektar weitere Anbauflächen bis zum Jahr 2025 sind gestellt – eine Fläche etwa so groß wie alle verbliebenen Wälder Indonesiens. Im Herzen Borneos, in Kalimantan, planen derweil indonesische Großunternehmen den Kahlschlag von zusätzlichen zwei Millionen Hektar Regenwald. Schon bisher gehen dort jedes Jahr 1,2 Millionen Hektar Wald für immer verloren. Bis heute sind bereits 60 Millionen Hektar zerstört, eine Fläche so groß wie Frankreich. Die Weltbank schätzt, dass bis 2010 sämtliche Tieflandwälder in Kalimantan vernichtet sein werden, wenn nicht endlich entschieden gegen die Zerstörung vorgegangen wird. Diese Wälder sind die Heimat der letzten frei lebenden Orang-Utans, von denen es noch 50 000 geben soll. Sie gelten bei den Holzfirmen als Plage und stören beim Fällen der zu Höchstpreisen gehandelten Tropenbäume – es geht also nicht nur um Öl. Daher werden die rothaarigen Menschenaffen systematisch gejagt und abgeschlachtet. Jedes Jahr werden nach Schätzungen 5000 Tiere getötet. Die Palmöl- und Holzfirmen bezahlen die lokale Bevölkerung dafür, sie in Treibjagden mit Macheten, Gewehren und Feuer aus den Waldgebieten zu vertreiben. Ausgezehrt irren entkommene

Jungtiere ziellos über baumlose Plantagen und kauen an frisch gepflanzten Palmenschösslingen, berichtete die Dokumentarfilmerin Inge Altemaier bereits im Februar 2008 in ihrem Film »Hier Bio – dort Tod«. Letzte Rettung für die Tiere sind Schutzstationen wie die der Organisation »Borneo Orangutan Survival Foundation« (BOS) im wieder aufgeforsteten 2000 Hektar großen Samoja-Urwald in der Nähe der Stadt Balikpapan. 800 Orang-Utans haben hier eine Zuflucht gefunden. Der Holländer Willie Smits, Gründer von BOS, prangert seit Jahren öffentlich den illegalen Holzeinschlag und die Vernichtung der Orang-Utans an, mit drohenden Folgen für die eigene Gesundheit: »Die Morddrohungen zähle ich schon gar nicht mehr«, so Smits lakonisch.[53]

Neben Tierschützern lebt auch die örtliche Bevölkerung in Angst. »Die Zahl an Landkonflikten hat dramatisch zugenommen, seit die Nachfrage nach Palmöl in die Höhe geschossen ist«, sagt Jefri Gideon von »Sawit Watch« (»Die Palmöl-Wächter«), einer unabhängigen indonesischen Umwelt- und Menschenrechtsgruppe, die sich auf Borneo für die Palmöl-Opfer einsetzt. »Seit 2005 sind allein in Westkalimantan 50 Dörfer betroffen, im ganzen Land sind es mindestens 400.«[54]

Etwa 100 Millionen Menschen sind in Indonesien auf Wälder und deren natürliche Ressourcen zum Überleben angewiesen, darunter rund 40 Millionen Indigene. Sie brauchen sie für den täglichen Bedarf, aber auch für das Überleben ihrer Kultur und Traditionen. Doch die riesigen grünen Wüsten der Monokulturen fressen sich immer tiefer in die Regenwälder.

53 *Kölner Stadtanzeiger* v. 14. 03. 2007 »Jagd auf die ›Leute aus dem Wald‹«
54 *Hintergrund* v. 24. 10. 2007, Beitrag v. Werner Paczian »Der ›Biosprit‹-Wahn«, überarbeitet Dezember 2007

Folter und Morde für Palmöl

*Interview von Werner Paczian mit Nur Hidayati,
Kampagnen-Beraterin von Sawit Watch*

Wieso boomt Palmöl in Indonesien?
Nur Hidayati: Die Fläche für Palmölplantagen ist von 1985 bis 2005 um 845 Prozent gestiegen. Die Gründe dafür sind die niedrigen Bodenpreise, Korruption, Vetternwirtschaft und das Ziel der Regierung, zum weltgrößten Produzenten aufzusteigen. Die Lizenzen werden meist zum Nachteil der lokalen Bevölkerung vergeben. Die Plantagen werden häufig mit Hilfe von paramilitärischen Gruppen, die sich für die Interessen der Konzerne einsetzen, gewaltsam realisiert. Seit 1998 haben wir über 500 Fälle von Folter dokumentiert im Zusammenhang mit Palmölplantagen. Opfer waren jeweils Menschen, die lokale Rechte verteidigt haben. Im selben Zeitraum wurden als Folge von Landkonflikten Dutzende von ihnen ermordet.

Könnte man die Plantagen nicht sozial gerecht anlegen und betreiben?
NH: Der Anteil der für den Anbau von Nahrungsmitteln zur Verfügung stehenden Flächen sinkt, den Bauern wird durch Palmölplantagen außerdem regelrecht das Wasser abgegraben. Die Menschen verlieren ihre Einkommensquelle und sind oft gezwungen, auf den Plantagen zu arbeiten. Dort haben sie keine Absicherung, arbeiten als billige Tagelöhner und sind rechtlos. Zudem verliert die lokale Bevölkerung ihr Land, da ihre traditionellen Landtitel nicht anerkannt werden. Wer als Kleinbauer Ölpalmen anbaut, hat keinen Marktzugang mehr und gerät in die Abhängigkeit der großen Konzerne. Und die Produk-

tivität der großen Monokulturen sinkt nach etwa zwanzig Jahren. Die Menschen haben dann ihre früheren Einkommensquellen verloren, die Armut der folgenden Generation ist programmiert. Das alles ist nicht besonders sozial.

Ist eine ökologisch nachhaltige Plantagenwirtschaft mit Palmöl möglich?
NH: So nicht. Die Palmen wachsen in Monokulturen. Eine Folge ist die Verarmung der Böden, was die Nährstoffe betrifft. Der großflächige Einsatz von Kunstdünger und Agrargiften schadet der Umwelt, er verseucht Wasser und Böden. Durch den enormen Wasserverbrauch der Plantagen werden die Trink- und Nutzwasserressourcen der Lokalbevölkerung zerstört. Außerdem sind die Sumpf- und Torfwälder von Borneo wichtige CO_2-Senken. Werden sie durch Brandrodung zerstört, wird CO_2 frei.

Quelle: Regenwaldreport 02/2006

Beispiel Kolumbien
Ähnlich ist die Situation in Kolumbien, dem mittlerweile viertgrößten Palmölproduzenten der Welt. Seit einer Gesetzesänderung von 2001 sind in dem südamerikanischen Land große Regenwaldflächen in Palmölplantagen verwandelt worden. Dieser Boom hat fatale Konsequenzen für Tausende kolumbianische Kleinbauern. Paramilitärische Gruppen würden im Auftrag von Palmölfirmen auf der Suche nach Land für neue Plantagen mit brutaler Gewalt vorgehen, berichtete Anfang 2007 der britische Entwicklungshelfer Dominic Nutt. »Sie sagen den Kleinbauern einfach: Wenn du nicht verkaufst, verhandeln wir morgen mit deiner Witwe.«[55] Der *Focus*-Redakteur Michael Odenwald

55 Ebd.

beschrieb im Juni 2007 einen solchen drastischen Fall, der auf Recherchen der britischen *Sunday Times* beruht: »Innocence Dias starb einen grausamen Tod. Die Mörder schnitten ihm die Kehle durch, und er hatte sieben Messerstiche im Körper. Sein Fehler war, dass er sein Land nicht an eine Gruppe von Paramilitärs verkaufen wollte, die eines Tages in seinem Dorf Llano Rico auftauchte. Nach dem Mord gab Dias' Familie auf und floh. Heute wachsen auf dem Land der Vertriebenen Ölpalmen der Biokraftstoff-Firma Urapalma, mit der die Paramilitärs zusammengearbeitet haben.«[56] Die *Sunday Times* kommentierte: »Dias starb, weil die Welt ökologisiert wird«.[57] Menschenrechtsorganisationen haben in der kolumbianischen Chocó-Region inzwischen 113 Morde durch paramilitärische Gruppen dokumentiert.

Beispiel Kamerun

In Kamerun wurde beim Anbau großer Plantagen häufig Land benachbarter Dörfer ohne angemessene Entschädigung enteignet. Die Praxis ist ein Relikt aus der Kolonialzeit. Damals profitierten weiße Siedler von dem Landdiebstahl, heute sind es die großen Konzerne. Neben den Landkonflikten ist der Palmölboom auch in Kamerun für den Verlust der Artenvielfalt durch Waldzerstörung verantwortlich, in dessen Folge es verstärkt zu Überschwemmungen und Erdrutschen kommt. Zudem klagt die Landbevölkerung über die Verseuchung ihrer natürlichen Ressourcen durch den intensiven Einsatz von Agrargiften. Dabei werden auch Pestizide verwendet, die wegen ihrer Gefährlichkeit in den Industrieländern längst verboten sind. Weil die Palmölproduzenten auch noch giftige Abfälle unbehandelt in die Natur kippen, werden Böden und Flüsse verseucht, die damit von den Einheimischen nicht mehr genutzt werden können.

56 Focus Online v. 26. 06. 07 »Tödlicher Sprit«
57 *The Sunday Times*, London, June 3, 2007

Beispiel Ecuador

In Ecuador wurden Ölpalmen erstmals 1954 angepflanzt, damals auf weniger als 1000 Hektar. 1995 waren es schon 97 000 Hektar, heute sind es mindestens 150 000. Mit drei verschiedenen Strategien haben sich die Palmölkonzerne in Ecuador breit gemacht. Im ecuadorianischen Amazonas warben sie um Konzessionen beim Staat, finanziert durch die Interamerikanische Entwicklungsbank. Daneben kauften sie selber Land oder schoben Tochterfirmen vor. Außerdem erwarben sie Anbauflächen in traditionellen indigenen Lebensräumen, die sie nach dem Gesetz gar nicht hätten kaufen dürfen. Doch die Forstbehörden sahen tatenlos zu, zum Teil waren sie geschmiert worden. Durch die Expansion von Palmölplantagen wurden große Regenwaldgebiete im Amazonasgebiet für immer vernichtet. An der Pazifikküste von Ecuador in der Provinz Esmeraldas wurden allein 15 Baumarten ausgerottet. Durch den Einsatz von hochgiftigen Pestiziden zerstörte die Branche die Mangrovengürtel, die Nahrungsquelle für die lokale Bevölkerung. Die beklagt noch weitere Umweltschäden: Erosion, Vergiftung von Flüssen und eine regionale Klimaänderung als Folge der Waldvernichtung.

Beispiel Thailand

Bis 2006 wuchsen in Thailand auf 400 000 Hektar Ölpalmen. Dann begann die Regierung, neue Plantagen als Allheilmittel zu bewerben: als erneuerbare Energiequelle, zur Aufforstung, als Windschutz-Zonen und als Rettung für erodierte, ausgelaugte Reisfelder. Um die Regierungsziele, die Produktion von täglich 8,5 Millionen Liter Agrardiesel, zu erreichen, müssen bis 2009 800 000 zusätzliche Hektar angelegt werden. Techniken, den Ertrag der Monokulturen zu maximieren, wurden inzwischen reichlich erforscht. Aber die Regierung hat sich niemals um die Umweltschäden gekümmert, die diese Pflanze anrichten kann, allein schon durch den intensiven Einsatz von Chemie und seine negativen Auswirkungen auf die Bodenqualität. Stattdessen versorgte sie Bauern mit Krediten und Setzlingen im großen Stil. Das Ergebnis ist eine rasche Expansion von Ölpalmen-Monokulturen in Kommunalwäldern, Feuchtgebieten und Wäldern, die als Wasserspeicher dienen.

Beispiel Elfenbeinküste

Im Südosten des Landes geht es dem letzten zusammenhängenden Waldgebiet an den Kragen: Der Tanoé-Wald soll fallen, um Platz für Palmölplantagen zu schaffen, die das einheimische Unternehmen PALMCI dort anlegen will. Anteilseigner ist der britisch-niederländische Nahrungsmittel- und Kosmetika-Konzern Unilever. Weil dessen bisherige Plantagen in Südostasien den wachsenden Palmölbedarf nicht mehr decken könnten, sei es notwendig geworden, neue Flächen zu erschließen, rechtfertigt sich der Multi. Die Regierung des westafrikanischen Landes erteilte PALMCI eine Konzession für 6000 Hektar Plantagenfläche, eine Fläche so groß wie der gesamte Tanoé-Wald. Im Februar 2008 begannen die Rodungsarbeiten. Nach Recherchen der Hamburger Umweltorganisation »Rettet den Regenwald« wurden daraufhin täglich 20 Hektar Urwald gerodet. Dagegen protestierten Naturschützer in der ganzen Welt, denn der Wald ist eines der letzten Rückzugsgebiete bedrohter westafrikanischer Affen- und Meerkatzenarten. Besonders bedroht ist eine Affenart mit dem ausgefallenen Namen »Miss Waldrons Roter Stummelaffe«. Seit dem Jahr 2000 galt sie als ausgestorben. Doch im März 2008 gab es Anzeichen, dass im Tanoé-Wald einige Exemplare des Primaten überlebt hatten. Geht der Kahlschlag weiter, ist es um diese Art wohl endgültig geschehen. »Von den Toten wiederauferstanden, nur um kurz danach für Margarine sein Leben erneut zu verlieren«, schrieb dazu das *Hamburger Abendblatt*.[58]

Nach zahlreichen internationalen Protesten kündigte

---

58 *Hamburger Abendblatt* v. 28. 06. 2008; Roland Knauer: »Affen oder Margarine?«

PALMCI im Juni 2008 an, die Rodungen zu stoppen und eine Umweltverträglichkeitsprüfung einzuleiten. Davon soll nun abhängen, ob sie und Unilever ihre Konzessionsrechte weiter in Anspruch nehmen. Die Konzerne würden alles tun, um sicherzustellen, dass die Biodiversität des Waldes nicht geschädigt wird und bedrohte Tierarten geschützt werden, versprach Henning Rehder, Chef der deutschen Unilever-Tochter in Hamburg, in einem Schreiben an die Naturschützer. »Rettet den Regenwald« traut der Zusicherung Unilevers allerdings nicht. »Die Mär von einer nachhaltigen Palmölproduktion ist nichts als Etikettenschwindel«, meint deren Vorsitzender Reinhard Behrend.[59] Zweifel bestehen auch, weil der Konzern angekündigt hatte, seine PALMCI-Beteiligung zu verkaufen. Nach Informationen der Umweltorganisation sollen die Firmen Wilmar International sowie Olam International die Unilever-Anteile übernehmen. Diese Unternehmen sind einschlägig bekannt für den illegalen Einschlag und Handel von Holz, für Korruption und die Missachtung nationaler Forstgesetze sowie der Rechte indigener Völker. Dessen ungeachtet will Unilever aber Endabnehmer des Palmöls bleiben. »Statt die zerstörerische Abholzung endlich zu stoppen, versucht sich der Konzern jetzt lediglich aus der Verantwortung zu stehlen«, urteilt Reinhard Behrend.[60]

Torffeuer in Indonesien

Nicht weniger dramatisch als die Abholzung des Regenwalds ist die Umwandlung von Torfgebieten in Palmölplantagen wie auf Borneo. Zum Klimagipfel im Dezember 2007 in Bali legte die Umweltorganisation Wetlands International einen alarmierenden Bericht vor. Danach wurden acht Prozent aller malaysischen

59 *Focus* v. 01. 09. 2008, Michael Odenwald »Tank oder intakte Natur«
60 Ebd.

und 20 bis 25 Prozent aller indonesischen Palmölplantagen auf Torfböden angelegt. Und mehr als die Hälfte der in Indonesien geplanten neuen Plantagen lägen ebenfalls in solchen Sumpf- und Torfregenwald-Gebieten. Nach Schätzungen von Wetlands International emittiert Indonesien jährlich rund 150 Millionen Tonnen CO_2 allein durch auf Torfgebieten angelegte Plantagen. Das ist so viel, wie in Deutschland in zwei Monaten insgesamt durch Verkehr, Industrie und privates Heizen ausgestoßen wird. Aufgrund der Rodungen steht Indonesien bei den CO_2-Emissionen weltweit an dritter Stelle hinter China und den USA. Torf ist selbst ein fossiler Kohlenstoffspeicher, der bei seiner Verbrennung ungeheure Mengen an Kohlendioxid freisetzt. Ein Team von Wissenschaftlern, darunter Professor Florian Siegert von der Universität München, hat die klimatischen Folgen solcher Brände erforscht. Die Experten stellten fest, dass die brennenden Torfregenwälder, die im Untersuchungsgebiet auf Borneo auf bis zu acht Metern dicken Torfschichten wachsen, hauptverantwortlich für den Ausstoß des Treibhausgases waren: »Wir konnten nachweisen, dass durch das Abbrennen der Regenwälder und der Torfgebiete ein Vieltausendfaches an CO_2 freigesetzt wird, als wir bei uns durch die Verbrennung von Palmöl zur Energiegewinnung einsparen können. Damit ist die Klimabilanz desaströs«, so Florian Siegert in der Fernsehsendung *report München* im März 2007.[61] Jeder abgebrannte Hektar Regenwald setzt 702 Tonnen Kohlendioxid frei, bei Wald mit Torfmooren sind es sogar 1652 Tonnen. Hinzu kommen noch 55 Tonnen pro Jahr an fortgesetzter Freisetzung durch Oxidation des ausgetrockneten Torfbodens. Solche Erkenntnisse führen die angeblich neutrale Klimabilanz von Energie aus Palmöl ad absurdum. Die von der Bundesregierung erhoffte CO_2-Einsparung lässt sich damit auf gar keinen Fall erreichen, jedenfalls nicht unter diesen Bedingungen. Erdöl durch so-

61 *report München* v. 12. 03. 2007. Siehe auch: *Robin Wood Magazin* 93 v. 02/2007

genannte Biotreibstoffe aus Pflanzenöl, Zucker oder Holz zu ersetzen ist eine gute Idee und grundsätzlich eine umwelt- und menschenfreundliche Alternative. Praktisch ist sie aber kontraproduktiv, weil sie – vor allem in tropischen Ländern – zu neuen sozialen und ökologischen Katastrophen führt. Dies gilt ebenso für die Ölfrucht Jatropha, die neuerdings als Wunderpflanze und Entwicklungsmotor für die Landwirtschaft Afrikas und Indiens gepriesen wird.

Die Jatropha-Täuschung

Die Straße nach Pipalkhura im indischen Bundesstaat Madhya Pradesh ist holprig und staubig. Dann tauchen in der Ferne weiße Zelte auf. Das ist alles, was vom einstigen Dorf Pipalkhura geblieben ist – weiße Zelte und ein paar Decken. »Ein großes Team der Forstbehörde hat hier am 11. Januar 2008 alle 55 Häuser zerstört, mit Bulldozern, und dann haben sie die Reste angezündet«, erzählt Shankar Bahadur. »Sie haben alles vernichtet. Unsere Felder, unser Vieh, unsere Haushaltswaren und unsere Betten. Sie haben uns nackt in der Kälte zurückgelassen.«[62] Als die Dorfsprecher sich bei der Provinzregierung beschwerten, wurden ihnen Zelte und Decken geschickt. Nicht viel in einer Gegend, in der die Nachttemperaturen auf fast null Grad sinken.

Schicksale wie das von Shankar Bahadur gibt es in Indien viele. Wenn die Ärmsten der Armen ein Stück Wald besetzen, müssen sie mit Vertreibung rechnen. Unternehmen, die den Wald »entwickeln«, werden von der Forstbehörde hingegen nicht behindert. Insbesondere, wenn sie die neue »Wunderpflanze« Jatropha anbauen. Befürworter loben ihre Vorteile in höchsten Tönen. Jatropha, die Purgiernuss, stammt ursprüng-

---

62 Manuskript v. Werner Paczian v. 22. 04. 2008 »Mit der Wunderpflanze Jatropha ein blaues Wunder erleben«

lich aus Südamerika und ist ein Strauch aus der Familie der giftigen Wolfsmilchgewächse mit tennisballgroßen grünen Kapsel-
früchten. Aus dem Öl der enthaltenen eiförmigen Samen kann
Agrardiesel oder Brennstoff für Kraftwerke hergestellt werden.
Der Samen hat einen Ölanteil von über 30 Prozent. Das Öl
selbst ist mit einer Cetanzahl von etwa 60 (Raps hat etwa 54) eines der effektivsten technisch nutzbaren Pflanzenöle der Welt.
Jatropha wächst auch in trockenen Gegenden auf nährstoffarmen Böden und hält Trockenzeiten von bis zu acht Monaten
aus. Deswegen und weil die Pflanze für Menschen und Tiere
ungenießbar ist, so die Verfechter, stelle ihr Anbau keine Konkurrenz zur Nahrungsmittelproduktion dar.

Auch die Bayer AG investiert in den indischen Jatropha-Anbau und kooperiert hier mit Daimler. Der deutsche Autobauer
hat in Indien bereits Fahrversuche mit Jatropha-Diesel durchgeführt und darf dort auf einen riesigen Markt hoffen. Das
»Agrardiesel«-Programm der indischen Regierung läuft auf
Hochtouren. Auf elf Millionen Hektar sollen Energiepflanzen,
überwiegend Jatropha, angebaut werden. Dieses Land wird von
der Regierung als Ödland (wasteland) bezeichnet, und es wird
suggeriert, dass es zur freien Verfügung stünde. Tatsächlich
werden diese Flächen von der lokalen Bevölkerung zwar kaum
zum Nahrungsmittelanbau, auf andere Weise jedoch ebenso
intensiv genutzt. Es ist Gemeinschaftseigentum, auf dem Vieh
weidet und die Menschen Früchte, Nüsse, Blätter und andere
Naturprodukte sammeln. Diese Ressourcen sind für Ernährung
und Gesundheit der ärmsten Teile der Dorfbevölkerung lebens-
notwendig, betont die Ernährungs- und Landwirtschaftsorga-
nisation der Vereinten Nationen FAO.

Aktuelle Berichte der unabhängigen Landwirtschaftsorga-
nisation GRAIN von April 2008 belegen, dass der Jatropha-
Boom eindeutig zu Lasten der armen Landbevölkerung geht.[63]
Sie wird von Feldern vertrieben, die sie bis dahin zur Eigen-

---

63 www.grain.org/seedling/?id=543

versorgung mit Nahrung genutzt hat. Obwohl der Jatropha-Boom gerade erst beginnt, wird die Ölfrucht schon jetzt auch auf fruchtbaren Böden angebaut, weil dort die Erträge der Unternehmen höher sind. Ein Hektar Jatropha kann rund zehn Tankfüllungen Sprit pro Jahr liefern – ein Hektar Weideland und Acker sichert aber ebenfalls einer Großfamilie dauerhaft ihre Ernährung. Auch um Wasser hat bereits eine Konkurrenz zwischen Energiekonzernen und Landbevölkerung eingesetzt.

Und wie so oft in Entwicklungsländern kann man auch hier folgende Entwicklung beobachten: Konzerne drängen Kleinbauern dazu, selber Jatropha anzubauen. Die lokalen Farmer erhalten das Saatgut aber nur dann von der Abnehmerfirma, wenn sie dieser auch das Produkt abliefern, natürlich zum Festpreis. Bei steigenden Weltmarktpreisen macht das Unternehmen zusätzlichen Gewinn. Mithilfe von Krediten werden die Kleinbauern häufig in Verschuldung und noch mehr Abhängigkeit getrieben. Bauern, die bisher ihre Nahrung selbst angebaut haben und nun Monokulturen anlegen sollen, müssen in Zukunft industriell hergestellte Lebensmittel im Supermarkt kaufen, wenn sie denn genug Geld dafür haben.

Jatropha-Anbau in Afrika

Die Entwicklung in Indien ist kein Einzelfall. In Kusawgu im Norden von Ghana will das norwegische Agrarenergie-Unternehmen Bio Fuel Africa die mit 38 000 Hektar »größte Jatropha-Plantage der Welt« anlegen. Dabei bedroht es das traditionelle afrikanische System des kommunalen Landbesitzes. Unabhängige ghanaische Organisationen berichten, der Konzern arbeite mit Bestechung von Behördenvertretern und Methoden, die an finsterste Kolonialzeiten erinnern. Firmenvertreter behaupteten gegenüber einem Stammesführer im Dorf Alipe, der nicht lesen und schreiben kann, das Unternehmen habe die Besitzrechte für 38 000 Hektar auf seinem Gebiet. Per

Fingerabdruck stimmte der Stammesführer einem Vertrag zur Nutzung des Landes zu. Das norwegische Unternehmen rückte mit schwerem Räumgerät an und fällte vor allem die Sheanussbäume, die von den Einheimischen zu vielen Zwecken genutzt werden und ihnen ein bescheidenes Einkommen sichern.[64]

Als die Dorfbewohner schließlich erkannten, dass versprochene Jobs und neue Einkommensquellen ausblieben und ihre Lebensgrundlage in Gefahr war, setzten sie sich erfolgreich zur Wehr. Da waren allerdings bereits 2600 Hektar gerodet. Es stellte sich heraus, dass das Projekt von einem Regierungsmitglied genehmigt, aber die Bevölkerung nicht wie vorgeschrieben angehört worden war. Jetzt wollen die betroffenen Menschen, dass zumindest andere afrikanische Kommunen aus ihren Erfahrungen lernen können. Glaubt nicht an die Versprechungen der Agrarenergie-Investoren, lautet der Kern ihrer Warnung.

Wissenschaftler warnen

Da Jatropha im Gegensatz zu Soja, Ölpalmen und Zuckerrohr ein nicht zum Verzehr geeignetes Unkraut ist und auf kargem, trockenem Brachland gedeiht, tritt die Pflanze nicht in Konkurrenz zum Nahrungspflanzenanbau. Das kann sie tatsächlich zu einer Einkommen fördernden Alternative machen. Das beweisen zahlreiche gute Beispiele deutscher Projekte und Forschungen in der staatlichen und nichtstaatlichen Entwicklungszusammenarbeit. Wird Jatropha allerdings auf nährstoffreichen Böden angebaut, wächst die Nuss wesentlich besser und erbringt höhere Erträge. Dann verdrängt sie andere Pflanzen und tritt in Konkurrenz zum Anbau von Nahrungsmitteln. Investoren haben kein Interesse an vereinzelten Anbauflächen an Wegesrändern und in unzugänglichen Bergregionen. Sie wollen

64 Schattenblick.de v. 28. 04. 2008 »Die Jatropha-Täuschung«

einfach zu erschließende, zusammenhängende und möglichst maschinell zu bearbeitende Flächen erwerben.

Eine Forschergruppe des Instituts für Energie- und Umweltforschung (IfEU) in Heidelberg hat die ökologischen Auswirkungen beim Indien-Projekt von Daimler untersucht. Das Ergebnis: Jatropha spart Erdöl ein und mindert die Treibhausgase, wenn es auf vorher wenig bewachsenen und unfruchtbaren Böden angepflanzt wird. Ifeu-Experte Guido Reinhardt warnt aber: »Wird eine Jatropha-Plantage angepflanzt, wo vorher eine dichte Vegetation war, die mit ihrer Biomasse sozusagen als CO_2-Speicher fungierte, dann kann die Bilanz auch negativ ausfallen.«[65] Reinhardt sieht noch andere Risiken: »Die größte Gefahr ist, dass Jatropha auch auf fruchtbaren Böden angebaut wird, die eigentlich für die Nahrungs- und Futtermittelproduktion reserviert sein sollten. Ich warne vor einer überschnellen Einführung. Wenn jetzt, wie in Tansania und Ghana geschehen, eine Million Hektar Fläche dafür umgewidmet oder Tausende Kleinbauern für den Jatropha-Anbau von ihren Kleinfeldern vertrieben werden, so ist das nicht hinzunehmen. Die Investoren sind in Goldrauschstimmung und glauben, damit zukünftig die Märkte in Europa bedienen zu können.«[66]

Auch Bayer CropScience forscht intensiv am Saatgut der Pflanze und an dazu passenden Herbiziden, um sie für sich so profitabel wie möglich zu machen und die Erträge zu steigern. Der Verlierer beim Wettrennen im Jatropha-Boom wird einmal mehr der indische und afrikanische Bauer sein.

65 G. A. Reinhardt, S. Gärtner, N. Rettenmaier, J. Münch, E. v. Falkenstein: Screening Life Cycle Assessment of Jatropha Biodiesel. Final Report, 2007
66 Ebd.

Ethanol-Hype in Brasilien

Der Klassiker unter den Agrartreibstoffen ist Ethanol. Es gilt im Vergleich zu Palmöl und Soja noch am ehesten als umweltverträglich. Der Alkohol wird durch Destillation stärkehaltiger Pflanzen gewonnen, in Brasilien aus Zuckerrohr, in den USA und Europa vor allem aus Mais und Getreide. Kein Land jedoch ist so gut gerüstet für den Bio-Boom mit Ethanol wie das Flächenland Brasilien: Es ist Weltmarktführer und im technologischen Prozess am weitesten fortgeschritten. Schon während der Ölkrise in den 1970er Jahren hatte die damalige Militärregierung ein Ethanol-Programm namens »Proalcool« aufgelegt. Mit Steueranreizen versuchte sie, die Autoindustrie und die Konsumenten für den Zucker im Tank zu gewinnen. Die Erfolge waren allerdings nicht durchschlagend: Es gab technische Probleme bei Pkw-Motoren, der Verbrauch war hoch und der neue Kraftstoff zu teuer. Bis Ende der 1990er Jahre ging der Anteil von alkoholgetriebenen Autos in Brasilien stetig zurück. Das änderte sich erst wieder nach dem rasanten Anstieg der Ölpreise. Der machte Alkohol wieder wettbewerbsfähig und beförderte die Entwicklung neuer »Flex-Fuel«-Hybridmotoren in Brasilien, insbesondere durch Ford und VW. Diese laufen wahlweise mit Benzin, Alkohol oder einem Gemisch aus beidem, und das deutlich schadstoffärmer als mit herkömmlichem Benzin. Über 80 Prozent aller in Brasilien gefertigten Autos werden inzwischen mit solch flexiblen Motoren ausgeliefert. 2007 produzierten die Zuckerrohrfabriken im Land erstmals sogar mehr Alkohol als Zucker. Ein Grund dafür liegt darin, dass die Fabriken technologisch in der Lage sind, je nach Bedarf in kurzer Zeit von der Alkohol- auf die Zuckerproduktion umzustellen. Das Land besitze die Anbaufläche, das Klima und das Know-how, um sich zu einem »grünen Saudi-Arabien« zu entwickeln, schwärmen brasilianische Politiker und die Lobbyisten des mächtigen Zuckerverbandes UNICA in São Paulo. Firmen aus den USA und Japan investieren bereits Milliarden in Brasiliens Zuckerrohrindustrie. In den kommenden Jahren sollen fast hundert neue Zuckerfabriken mit einem Investitionsvolumen von 14 Milliarden US-Dollar entstehen.

Umweltschützer hingegen fürchten, dass die enorme Ausweitung der Anbauflächen für Zuckerrohr den Regenwald in Amazonien und weitere wichtige Naturlandschaften des Landes bedroht. Auch die Arbeitsbedingungen der Zuckerrohrschneider seien oft katastrophal. Vor allem im armen Nordosten herrschten immer noch Verhältnisse wie zu Zeiten der Sklaverei. Viele Arbeiter müssten in einer Art Leibeigenschaftsverhältnis zu den Usineiros, den Besitzern der Zuckermühlen, leben. Menschenrechtsorganisationen und Gewerkschaften drängen darauf, dass die Europäische Union nur Ethanol von solchen Zuckerrohrfabriken importiert, die bei den Arbeitsbedingungen soziale Mindeststandards einhalten.

Regenwald in Gefahr

Nirgendwo auf der Welt wird jährlich so viel Wald abgeholzt wie in Brasilien. Trotz allerlei Versprechen, Moratorien und der Ausweisung von Schutzgebieten geht die Abholzung der Tropenwälder ungebremst weiter. In den Jahren 2000 bis 2005 verschwanden weltweit 27 Millionen Hektar Regenwald von der Erdoberfläche, eine Fläche größer als Großbritannien. Fast 48 Prozent der neu abgeholzten Flächen entfielen auf Brasilien, viermal so viel wie auf Indonesien, das den zweiten Platz auf der Liste belegt. Damit ist die Abholzungsrate zu Beginn des 21. Jahrhunderts genauso hoch wie in den 1990er Jahren, besagen Publikationen von Tagungsbeiträgen der US-Akademie der Wissenschaften, in denen neueste Satellitendaten ausgewertet wurden. Der Amazonasregenwald ist zwar immer noch riesig und erstreckt sich über 6,2 Millionen Quadratkilometer, aber rund 20 Prozent sind bereits unwiederbringlich zerstört. 63 Prozent des amazonischen Regenwaldes liegen in Brasilien.

Entgegen den bisherigen Verlautbarungen der brasilianischen Regierung stammt jeder fünfte dort gefällte Baum aus Schutzzonen, in denen Rodungen illegal oder nur stark eingeschränkt erlaubt sind. Das ergaben neuere Untersuchungen der brasilianischen Umweltbehörde. Demnach nahmen 2007 die Rodungen in Indianerreservaten und anderen Schutzgebieten um 6,4 Prozent zu. Was nicht als Tropenholz vermarktet werden kann, wird abgebrannt. Anfang September 2007 meldeten brasilianische Medien in Mato Grosso die größten Brände in der Geschichte dieser Region. Die Tageszeitung *Folha de São Paulo* berichtete, dass sich die Abholzungsrate in Mato Grosso von Mai bis Juli gegenüber derselben Periode in 2006 um 200 Prozent erhöhte. Der Wissenschaftler Alberto Setzer vom Instituto Nacional de Pesquisas Espaciais schrieb in der Zeitung *Estado de São Paulo*, dass sich die Anzahl der per Satellit registrierten Brände im August 2007 gegenüber August 2006 auf 16 592 erhöht und damit mehr als verdoppelt habe. Die Situation sei am schlimmsten in den Amazonasstaaten Pará (5020 Feuer), Mato Grosso (4665 Feuer) und Rondônia (1663 Feuer). Das sind alles Bundesstaaten, die direkt an das Amazonasgebiet grenzen oder an den Zuflüssen des Stroms liegen. Diese Brandrodungen dienen der Schaffung neuer Anbauflächen für Soja und Zuckerrohr, auch wenn die Regierung das nicht wahrhaben will. Brasilien plant eine Verfünffachung der Zuckerrohrflächen bis 2025, weil es dann mit Ethanol ehrgeizige zehn Prozent des Weltbenzinverbrauchs decken will. Noch sind nur zwei Prozent der riesigen Landfläche Brasiliens mit Zuckerrohrfeldern bedeckt, bei der Einbehaltung der ambitionierten Ziele wird sich das ganz schnell ändern. Präsident Lula hat zwar versprochen, dass nur degenerierte Böden für den Anbau von Zuckerrohr und Soja verwendet werden sollen, aber wie die Regierung das überprüfen will, ist unklar. Ebenso, wo diese immer wieder genannten 100 bis 150 Millionen Hektar »degradierten« Landes oder »untergenutzter« Rinderweiden liegen sollen. In erster Linie handelt es sich wohl um sogenannte Cerrado oder

Caatinga-Gebiete, die traditionell von Kleinbauern genutzt werden, oder um nicht geschützte Gebiete, in denen indigene Menschen leben. Denn nicht nur die Amazonaswälder, sondern auch die an Arten reichen Trockenwälder und Savannen in den Bundesstaaten Mato Grosso, Goias oder Mato Grosso do Sul sind die Heimat von vielen indigenen Völkern. Für den Anbau von Zuckerrohr braucht man allerdings fruchtbare Böden, ausreichend Wasser sowie Dünger und Pestizide. Auf wenig nährstoffreichen Flächen kann man Zuckerrohr nicht gewinnbringend anbauen. Die Zuckerrohrplantagen im Bundesstaat São Paulo – dem Zentrum der modernen Ethanolproduktion – liegen alle auf guten Böden und in einst dicht bewaldeten Indianergebieten.

Im Juli 2007 versicherte Lula vor dem EU-Parlament in Brüssel, dass es im Bundesstaat Amazonien keine Ethanol-Plantagen gebe und Zuckerrohr dort niemals angebaut werden würde. Auch wenn das bislang noch stimmen mag, blendet es das große Problem der Verdrängung bereits genutzter Böden in Richtung Amazonien völlig aus. Regenwälder sterben für Bioalkohol aus Zuckerrohr nur indirekt. Das erledigen dorthin verschobene Sojafelder und abwandernde Viehzucht.

Aber es ist verkürzt, nur die Regenwälder am Amazonas zu betrachten. Brasilien besitzt weitere ökologisch wichtige Ökosysteme und Kulturlandschaften, die durch den Zuckerrohranbau bedroht sind: vor allem das Pantanal im Staat Mato Grosso do Sul, das größte und artenreichste Süßwasserfeuchtgebiet der Erde. Hier gibt es billige, relativ fruchtbare Böden, gute klimatische Bedingungen und vor allem ausreichend Wasser für den Zuckerrohranbau. Laut Angaben des Zuckerverbandes UNICA wird sich die Zahl der Ethanolfabriken in Mato Grosso do Sul noch im Jahr 2008 von zehn auf 20 bis 25 erhöhen. Das bleibt nicht ohne Folgen für die Umwelt. Abwässer von den mit Pestiziden vergifteten Feldern fließen ungeklärt in die vielen kleinen Flüsse und Seen des Gebietes. Auch hier geht es um Profite und neue Marktchancen, die natürliche Umwelt interessiert nicht. Im Mai 2007 kündigte das Industriekonglomerat von der brasilianischen Gruppe Votorantim und dem US-amerikanischen Pestizid- und Gen-Konzern Monsanto an, gemeinsam gentechnisch manipuliertes Zuckerrohr zu entwickeln. Ihr Ziel ist es, bis 2009, wie bereits erfolgreich bei Soja praktiziert, eine gegenüber dem sehr aggressiven Monsanto-Pflanzengift Roundup resistente Zuckerrohrsorte zu entwickeln. Ein eingepflanztes Gen soll vor dem Produkt aus dem eigenen Haus schützen, während rundum alles abstirbt. Votorantim habe in Brasilien seine Finger in fast allen großen Geschäften, berichten Nichtregierungsorganisationen: Der Konzern besitzt Zementwerke, investiert in Groß-Staudämme, ist Miteigentümer von Aracruz Zellulose, Besitzer der größten Orangenplantagen in Brasilien und gleichzeitig einer der größten Bio-Orangensaft-Exporteure der Welt, Besitzer von CanaVialis, dem weltweit größten Zuckerrohr-Saatgut-Unternehmen sowie von Allelyx, der wichtigsten Zuckerrohr-Gentechnikfirma Brasiliens.

Der Ethanol-Boom in Brasilien forderte bereits erste Opfer: Am 12. November 2005 übergoss sich der 65-jährige Francisco Anselmo de Barros mit Benzin und verbrannte sich selbst. Die Empörung über die skrupellose Naturzerstörung in seiner Heimat war größer als sein Wille, weiterzuleben: Der verzweifelte Protest in der Stadt Campo Grande in Mato Grosso do Sul richtete sich gegen den Bau von neuen Zuckerrohrplantagen und Alkoholfabriken im Becken des Flusses Alto Paraguai. Barros war Präsident der 1980 gegründeten Stiftung für Naturschutz in Mato Grosso do Sul. In seinem Abschiedsbrief schrieb er: »Ich muss es tun, um die Menschen wachzurütteln, damit sie die ökologische Bedrohung begreifen.«[67]

67 *Regenwald Report* 01/2006, S. 6

Das Biosprit-Geschäft

Der ganz normale Energie-Wahnsinn lässt sich an einem einfachen Beispiel verdeutlichen: Die jährliche US-Ethanol-Pro-
duktion von rund zwanzig Milliarden Litern entspricht ziemlich
genau der Menge an Treibstoff, die US-Bürger pro Jahr verpulvern, während sie im Verkehrsstau stehen. Doch anstatt eine
intelligente und energiearme Verkehrspolitik zu befördern, hat
die US-Regierung Ende 2007 einen Masterplan verabschiedet,
nach dem das Land bis zum Jahr 2022 rund 136 Milliarden
Liter Agrarsprit jährlich produzieren soll. Der Erdölverbrauch
der Vereinigten Staaten soll bis 2017 bereits zu 20 Prozent
durch Ethanolalkohol und andere alternative Treibstoffe ersetzt
werden. Die EU verfolgt ähnliche Ziele und will den Agrar-
sprit-Anteil bis 2020 auf zehn Prozent steigern. Die Bundesregierung plante sogar auf bis zu 20 Prozent zu gehen. Dann
kam jedoch das Ethanol-Desaster: Die bereits beschlossene von
fünf auf zehn Prozent erhöhte Beimischung von »Bio«-Ethanol
zu Normal- und Superbenzin (E 10 genannt) musste wieder gestoppt werden, da rund 3,2 Millionen deutsche PKW-Motoren
und Dichtungen den aggressiven Stoff nicht vertragen. Der
Proteststurm des Automobilclubs ADAC hatte gewirkt und un-
gewollt zum Klimaschutz beigetragen. Während sich Umweltminister Gabriel weiter hinter die Ziele der EU stellt, bekam
EU-Umweltkommissar Stavros Dimas nun kalte Füße. In einem Interview mit der BBC räumte er im Januar 2008 erstmals
ein, man habe bei den Agrarsprit-Zielen der EU die Folgen für
den Regenwald und die Nahrungsmittelpreise unterschätzt. Die
Probleme für Menschen und Umwelt seien größer als gedacht
und man müsse vorsichtiger vorgehen.[68] Der Umweltkommis-
sar hatte zuvor von Brüsseler Beamten einen brisanten internen
Bericht erhalten. Der stellt den europäischen Agrarsprit-Plä-

---

68 Greenpeace-Artikel v. 18. 01. 2008 »Agrosprit – Wunschdenken und
    Wirklichkeit«

nen ein vernichtendes Zeugnis aus und warnt vor ökologischen und sozialen Problemen. Europäische Autofahrer spielten eine Schlüsselrolle bei der Vernichtung von Feuchtgebieten, Wäldern und Savannen in Südostasien und Lateinamerika, schlicht dadurch, dass sie ihre Autotanks mit Agrarsprit füllten, heißt es in dem Bericht.[69]

Die Hoffnung, Energie aus nachwachsenden Rohstoffen könnte die Macht der Öl-, Energie- und Autoindustrie brechen, hat sich als naiv herausgestellt. Auch trägt der Anbau der Pflanzen in Entwicklungsländern nicht zu einer Verbesserung der Lebensbedingungen dortiger Bauern bei. Dennoch ist der Einsatz von Pflanzenöl zur Energiegewinnung in Deutschland gesetzlich gewollt. Gemäß einer Stellungnahme des Bundesministeriums für Umwelt, Naturschutz und Reaktorsicherheit vom 2. März 2007 sei der Einsatz von Biomasse zur Energiegewinnung alternativlos. Auch der energiepolitische Sprecher der Grünen, Hans-Josef Fell, unterstützte diese Auffassung: »Ich halte es für unsere Aufgabe, die Chancen der Palmöle zu nutzen und die Risiken zu minimieren. [...] Es gibt dereinst gerodete Flächen, die mittlerweile erodieren, bei denen es eine deutliche ökologische Verbesserung bedeutete, würde dort wieder aufgeforstet werden. Palmöl kann dann die entscheidenden ökonomischen Anreize zur Wiederaufforstung geben.«[70] Es müssten Bemühungen unterstützt werden, über den Anbau von Ölpalmen landlosen Bauern eine Verdienstmöglichkeit zu schaffen, so Fell. Er kommt zu dem Schluss: »Wir werden in Zukunft eine Vielfalt von Pflanzenölen aus heimischem und auch aus internationalem Anbau nutzen müssen, um unsere Abhängigkeit von fossilen Energieträgern zu verringern.«[71]

---

69 *Regenwald Report* 01/2008
70 Zitiert nach PM Stadtwerke Uelzen v. 10. 05. 2007; »Uelzen verwendet nur nachhaltiges Pflanzenöl«
71 Ebd.

Raubbau mit grünem Siegel

Interview mit Klaus Schenck, Waldexperte der deutschen Umweltorganisation »Rettet den Regenwald e.V.« (RdR)

Die Soja- und Palmölproduktion soll in Zukunft durch Zertifizierungen geregelt werden. Ökologische Verträglichkeit und nachhaltige Produktion seien dann gesichert. Was ist nach Meinung von RdR von den Zertifizierungsbemühungen zu halten?

Klaus Schenck: Soja- und Palmöl aus Südamerika und Südostasien sind das Gegenteil von ökologisch und sozial verträglich. Das ist agroindustrieller Anbau auf riesigen Monokulturen. Mit nachhaltiger Produktion hat das nichts zu tun. Deshalb ist an deren Zertifizierung nicht zu denken. Wenn es doch gemacht wird, dann ist das Etikettenschwindel und Betrug am Verbraucher. Die Runden Tische für Nachhaltiges Palmöl (RSPO) und für Verantwortliche Soja (RTRS) sind von Wirtschaftinteressen dominierte Propagandavorstellungen, die das Unmögliche vollbringen sollen: den katastrophalen Raubbau an Mensch und Natur mit einem grünen Siegel zu versehen, um weiterhin ungehindert Geschäfte betreiben und billige Rohstoffe kaufen zu können. Das Sagen haben bei RSPO und RTRS Industrie- und Finanzkonzerne wie Unilever sowie diesen nahe stehende Organisationen wie der WWF. Die Behauptung, es handele sich um Multistakeholderprozesse, entspricht nicht der Realität: Bei RSPO steht elf Umweltorganisationen (davon viermal WWF) und neun Sozialverbänden eine erdrückende Übermacht von 234 Mitgliedern aus Wirtschaft und Finanzsektor gegenüber. Bei RTRS beträgt das Verhältnis 48 Wirtschaftsvertreter zu zwölf aus Umwelt- und Sozialverbänden.

Können sich die Zertifizierungen positiv zum Schutz des Regenwaldes auswirken?

KS: Die Regenwaldzerstörung wird dadurch nicht gestoppt. Von der Rodung für Plantagen ausgeschlossen sind bei RSPO nur Gebiete mit hohem Schutzwert zum Stichtag November 2005. Alles was vorher gerodet oder nicht als besonders schützenswert eingestuft wurde, darf umgewandelt werden. Was ist, wenn eine Holzfirma in 2007 in einem Primärwald die Bäume eingeschlagen hat? Ist das dann ein degradierter Sekundärwald, der in 2008 für eine Plantage gerodet werden darf? Kann ein Zertifizierer das auf einer kurzen Stippvisite vor Ort überhaupt überprüfen? Der im Aufbau befindliche RTRS schließt gentechnisch verändertes Soja nicht aus. Mit Roundup Ready-Gen-Soja von Monsanto sind allein 99 Prozent der 17 Millionen Hektar Sojaanbaufläche in Argentinien bebaut. Ein generell unlösbares Problem sind die indirekten Landnutzungsänderungen, das heißt die Verdrängung bereits bestehender Acker- oder Weideflächen hinein in die Regenwaldgebiete. Ein vom Sojaanbau verdrängter Viehzüchter gibt in der Regel nicht auf und zieht in die Stadt, er rodet neue Weideflächen im Wald.

Big Business

Der Agrarsprit-Boom wurde leider nicht von Umweltaktivisten oder Politikern ausgelöst, die ein echtes Interesse daran haben, die Klimakatastrophe und Umweltzerstörung zu verhindern. Agrartreibstoffe sind längst zu einem Teil des weltweiten Big Business geworden. Ihre Produktion wird mit werbenden Versprechen angepriesen. Sie würden uns unabhängiger vom Erdöl machen, den armen Ländern der Welt Wohlstand bringen und vor allem: den Klimawandel stoppen. Die Erwartungsblase, mit

Hilfe von Pflanzenenergie den Klimaschutz voranzutreiben, ist allerdings geplatzt. Mittlerweile geht es in erster Linie um Profite. Hector Huergo, Agrarexperte und Präsident des argentinischen »Biosprit- und Wasserstoff-Verbandes« bringt es auf den Punkt, wenn er sagt: »Freunde, das Einzige was zählt, ist das Geschäft. In Zukunft werden die größten Profite mit Biokraftstoffen gemacht. Und wieder einmal steht hinter dem Versprechen, die Probleme des Klimawandels zu lösen, das einzige Ziel, sich eine dicke Scheibe dieses Zukunftsgeschäfts abzuschneiden.«[72] Die weltweite Nachfrage nach Biokraftstoffen hat in Brasilien und Argentinien einen Agrarboom eingeleitet. »Wir erleben den Big Bang der erneuerbaren Energien auf landwirtschaftlicher Basis«[73], so Huergo. In dem seit zehn Jahren höchsten Stand der Weltmarktpreise für Mais sieht Huergo eine strukturelle Tendenz: »Die Preise von Agrarrohstoffen werden sich immer stärker im Gleichschritt mit den Energiekosten entwickeln«[74], folgert er. Gemäß den Ankündigungen von George Bush würden die Vereinigten Staaten im Jahr 2017 rund 130 Milliarden Liter Ethanol benötigen, berichtete die *FAZ* Anfang Februar 2007: »Das entspräche etwa dem Drei- bis Vierfachen der bis dahin erwarteten Produktion von Zuckeralkohol in Brasilien, kalkulieren Fachleute. Alternativ wären rund 300 Millionen Tonnen Maiskorn erforderlich, mehr als die gesamte derzeitige Ernte der Vereinigten Staaten und mehr als das Fünfzehnfache der Erzeugung Argentiniens, des zweitgrößten Produzenten des Globus.«[75]

Die Akteure und Profiteure des »Big Bang« der Agrarkraftstoffe sind weltweit agierende Konzerne aus der Öl-, Auto-, Chemie- und Gentechnikindustrie und globale Investment-Fonds, die sich alle ein großes Stück des Kuchens sichern wol-

---

72 GM Watch Nr. 44 v. April/Mai 2007. Rede auf einer Konferenz in Buenos Aires im Februar 2007
73 *FAZ* v. 10. 02. 2007, Nr. 35, S. 12
74 Ebd.
75 Ebd.

len. Nahrungsmittel-Multis wie Cargill und Archer Daniels Midland Company kontrollieren schon heute die Lebensmittelproduktion in weiten Teilen der Erde. Die Agrarenergie eröffnet ihnen zusätzliche Märkte. Großkonzerne wie Monsanto, Syngenta, Bayer und BASF investieren in Saatgut, Pestizide, Dünger und die Erforschung neuer Agrarpflanzen wie Jatropha. Die Gentechnikindustrie verspricht dabei noch höhere Erträge. Für die Erdölkonzerne ist der Bioboom auch keine Gefahr. Einerseits können sie ihre Petrodollars in die Zukunftsbranche Agrarsprit investieren, andererseits können sie ihr ursprüngliches Geschäft weiter betreiben, weil auch die Nachfrage nach fossilen Rohstoffen in der globalisierten Welt aller Voraussicht nach weiter steigen wird. Für die Automobilindustrie schließlich ist der Agrarsprit-Boom eine gefundene Ablenkung von Forderungen, endlich spritarme Autos zu produzieren und wirkungsvolle Filtersysteme zu verwenden.

Der Run auf Bioenergie ist wie eine Hochzeit zwischen dem Agrar-Business und der Erdölindustrie, mit der Gentechnik und den Autokonzernen als Trauzeugen. Ein gutes Beispiel hierfür ist die Zusammenarbeit von BP und dem Biotech-Konzern DuPont. Gemeinsam wollen sie eine neue Generation von Biotreibstoffen entwickeln und vermarkten. Die beiden Unternehmen kooperieren seit 2003 und wollen ihr neues Produkt zunächst auf dem britischen Markt platzieren: Biobutanol. Das Projekt profitiert von DuPonts Erfahrungen mit Biotechnologie und BPs Know-how bei der Ölproduktion. Gemeinsam planen die beiden Konzerne, zum Weltmarktführer hochentwickelter Biotreibstoffe zu werden.

Hinter Biobutanol steckt ein genetisch manipulierter Rohstoff, zum Beispiel Zuckerrohr, als Ausgangsstoff für Biosprit. BP steckt eine halbe Milliarde Dollar in die Erforschung genetisch manipulierter Pflanzen, die letztlich zu Bioenergie verarbeitet werden sollen. Die Gentechnik-Branche sieht hier einen neuen Markt, nachdem viele Verbraucher die Produktion von »Frankenstein-Nahrung« abgelehnt haben. Gentechnisch behandelte Energiepflanzen, so die Kalkulation, lassen sich leichter verkaufen, weil sie nicht durch den Magen gehen. Die Branche folgt dabei dem Muster der Atomindustrie, die sich angesichts des Klimawandels wieder als Alternative anbietet. Die Produktion von genetisch veränderten Pflanzen als erneuerbare Quelle für Treibstoffe könne die Technologie hoffähig machen und die Hysterie beenden, die oft mit Gen-Food verbunden gewesen sei, so der Agricultural Biotechnology Council, die Dachorganisation der wichtigsten Gentechnik-Konzerne.

Das Schweizer Unternehmen Syngenta vermarktet bereits genmanipuliertes Korn zur Ethanol-Herstellung, das nicht darauf geprüft wurde, ob es für den menschlichen Verzehr oder als Tierfutter geeignet ist. Syngenta hat für sein Produkt – mit britischer Unterstützung – die Zulassung für die EU beantragt, obwohl der Konzern nicht ausschließen kann, dass Teile des Korns auch in solchem Getreide landen, das für Mensch und Tier bestimmt ist.

Privatunternehmen planen den Anbau von genmanipuliertem Zuckerrohr in Brasilien ab 2010. Monokulturen genmanipulierten Sojas bedecken bereits heute große Flächen in Argentinien, Paraguay, Uruguay und Brasilien. Gewinner sind die Konzerne, die die entsprechenden Patente besitzen und Lizenzen beim Verkauf des transgenen Saatguts kassieren: Monsanto, Syngenta, Bayer und DuPont. Und die Gewinne können sich sehen lassen. Anfang Oktober 2008 berichtete die dpa zum abgeschlossenen Geschäftsjahr von Monsanto. Dank des Agrar-Booms und der hohen Lebensmittelpreise verzeichnete der weltweit größte Agrar- und Biotechkonzern eine Gewinnverdopplung auf zwei Milliarden Dollar. Der Umsatz stieg um 36 Prozent auf 11,4 Milliarden Dollar. Im laufenden Geschäftsjahr soll der Gewinn noch einmal um bis zu 20 Prozent zulegen, kündigte Monsanto an. Und das trotz der Weltwirtschaftskrise.

In den USA wird bald der Großteil des Mais, der bei der Ethanolproduktion eingesetzt wird, ebenfalls genmanipuliert sein. Inzwischen sind auch Techniken entwickelt worden, mit

Hilfe genetisch manipulierter Organismen aus Holz Ethanol zu gewinnen. Die Industrie wird versuchen, noch mehr Primärwälder und Savannen in Monokulturen mit schnell wachsenden Hölzern zu verwandeln, die mit Wäldern nichts zu tun haben, sondern ökologisch arme Holzacker sind. Schon durch die Verwandlung von Urwäldern in Holz-, Palmöl- oder Sojaplantagen entweichen gigantische Mengen CO_2 in die Atmosphäre, die vorher in der Biomasse gebunden waren. Die Zerstörung der tropischen Regenwälder ist für rund 20 Prozent der weltweiten Treibhausgasemissionen verantwortlich, mehr als alle Autos, Lastwagen und Flugzeuge auf der Welt zusammen. Der Einsatz von Kunstdünger, hergestellt auf Erdölbasis, die Produktion der benötigten Landmaschinen und Motorsägen zur Bewirtschaftung der Plantagen, der Transport der Agrartreibstoffe in Lkw und auf Schiffen – all das verschlingt weitere fossile Energieträger und produziert zusätzliche Mengen CO_2. Unterm Strich fällt die Netto-CO_2-Bilanz von Bioenergie so schlecht aus, dass sie den Klimawandel nicht bremst, sondern vielmehr anheizt. David Pimentel, US-Professor für Ökologie und Landwirtschaft an der Universität Berkeley, bringt es auf den Punkt, wenn er sagt, dass bei der Herstellung von Agrartreibstoffen mehr Energie verbraucht wird als am Ende Ethanol oder Biodiesel liefern. Trotz der Reformbemühungen sogenannter Runder Tische für eine nachhaltige Produktion von Palmöl und Soja[76] ist eins klar: Will man Treibhausgase wirklich schnell und effektiv reduzieren, muss der Abholzung des Regenwaldes sofort Einhalt geboten werden.

76 Roundtable on Sustainable Palm Oil (RSPO) und Roundtable for Responsible Soy (RTRS). RSPO ist ein Zusammenschluss von Palmölherstellern, Plantagenbesitzern, Händlern, Investoren sowie Verbraucher- und Umweltschutzorganisationen (WWF) unter dem Vorsitz des Konzerns Unilever. Sie haben sich zum Ziel gesetzt, die Palmölproduktion zu zertifizieren, und vergeben ein Ökosiegel. Viele Umweltorganisationen stehen dem Vorhaben kritisch gegenüber und reden von Etikettenschwindel.

Unter dem Einfluss öffentlicher Kritik lehnte die EU-Kommission im Herbst 2011 die Zulassung des »GreenPalm«-Siegels des Runden Tisches ab. Die Standards sollten schärfer gefasst und kompatibel mit der EU-Richtlinie »Regenerative Energien« sein. Dies erfüllt nun ein maßgeblich vom WWF initiiertes neues Siegel mit dem Namen »International Sustainability and Carbon Certification« (ISCC). Es soll für alle Biomasse-Produkte anwendbar sein, aus denen Treibstoff hergestellt werden kann. Das ISCC-System wurde im Juli 2010 in Deutschland anerkannt, ein Jahr später von der EU-Kommission weltweit. Träger ist der ISCC-Verein in Köln, in dem neben der internationalen Agrar- und Palmölindustrie und einigen Verbänden nur der WWF vertreten ist. Über die Zusammenarbeit des WWF mit der Industrie hat sich Wilfried Huismann in seinem »Schwarzbuch WWF« ausführlich geäußert.

Die unbequeme Wahrheit:
Biosprit hilft nicht beim Klimaschutz

Immer lauter wird deswegen die Empörung der Agrarenergie-Opfer. Im Juli 2007 protestierten Indigenenvertreter in Paris auf einer Tagung der »Convention on Biodiversity« gegen die aggressive Vermarktung von Agrarenergie. Durch die riesigen Monokulturen würden systematisch indigene Rechte verletzt, die Armut verstärkt, die Artenvielfalt zerstört und traditionelle Kulturen vernichtet. Anfang 2007 schrieben lateinamerikanische Umweltgruppen in einem offenen Brief an die Europäische Union: »Wir wollen keine Agrarenergie. Der durch die Länder des Nordens verursachte Klimawandel lässt sich nicht dadurch aufhalten, dass nun neue Probleme in unserer Region geschaffen werden.«[77] Unter dem Titel »Wir wollen Nahrungsmittel-Souveränität, keine Biotreibstoffe«, erklären die Organisationen, es sei absolut unwahrscheinlich, dass Europa sich aus

77 *Regenwald Report* 01/2008

eigener Produktion mit Bioenergie versorgen könne. »Deswegen wird dies auf Kosten landwirtschaftlicher Flächen passieren, von der die Nahrungsmittel-Souveränität in unseren Ländern abhängt.«[78] Während die Europäer ihre Autokultur festigten, hätten die Menschen in den südlichen Ländern immer weniger Fläche zum Anbau von Nahrung. »Wir werden darauf angewiesen sein, unsere Ernährung über Importe zu sichern«, heißt es in dem Brief weiter.[79] Die Umweltorganisationen warnen davor, dass Energiepflanzen natürliche Ökosysteme zerstören werden. Sojaplantagen seien ein Hauptgrund für die Zerstörung des Amazonasgebiets und damit auch von Indianergebieten. Das Volk der Enwene Nawe im brasilianischen Bundesstaat Matto Grosso erklärte beispielsweise: »Sojabohnen rotten uns aus.« Durch die Plantagen sei ihr Lebensraum halbiert worden.

Solche Proteste und Aktionen in aller Welt haben dafür gesorgt, dass inzwischen immer mehr Medien, aber auch Regierungsorganisationen und Politiker Agrarenergie kritisch bis ablehnend beurteilen. In Europa hatten bereits Mitte 2007 über hundert Umweltgruppen von der EU ein sofortiges Moratorium für Agrarenergie verlangt und »volle Teller statt volle Tanks«[80] gefordert. Die Herstellung von Agrartreibstoffen aus Nahrungsmitteln sollte auch nach Ansicht des UN-Experten Jean Ziegler für fünf Jahre verboten werden. Der Sonderberichterstatter der Vereinten Nationen für das Recht auf Nahrung erklärte vor dem UN-Menschenrechtsrat in Genf, diese Zeit sollte zur Suche nach alternativen Technologien genutzt werden. Die bisherige Produktion von Agrarsprit habe zu massiven Kostensteigerungen bei Nahrungsmitteln geführt. Die Auswirkungen, die Agrartreibstoff auf den Hunger habe, seien Grund zu großer Besorgnis, was das Menschenrecht auf Nahrung betreffe, schrieb Ziegler in seinem Bericht. So reich-

78 Ebd.
79 Ebd.
80 Rettet den Regenwald News vom 26. 07. 2007

ten etwa 200 Kilogramm Mais aus, die in 50 Liter Agrartreib-stoff umgewandelt den Tank eines Autos füllen könnten, einen Menschen ein Jahr lang zu ernähren. Es bestehe die Gefahr, dass es zu einer Konkurrenz zwischen Nahrungsmitteln und Treibstoff komme. Dabei wären die Armen und Hungrigen in den Entwicklungsländern den rasant steigenden Preisen für Nahrung, Land und Wasser hilflos ausgeliefert, so der Schwei-zer Soziologieprofessor.[81] Anfang September 2007 legte die internationale Organisation für Wirtschaftliche Zusammen-arbeit und Entwicklung (OECD) in Paris eine wachrüttelnde Studie vor: Biosprit sei zu teuer, treibe die Lebensmittelprei-se in die Höhe und könne der Umwelt schaden. Die Orga-nisation der Industriestaaten appellierte an ihre Regierungen, teure Subventionen zu streichen und das Geld stattdessen in die Forschung zu stecken. An Stelle von Zuschüssen solle eine CO_2-Steuer eingeführt werden. Auch der europäische Raps geriet dabei in die Schusslinie. Da der Anbau viel Wasser und Energie verbraucht, erzeuge der schon jede Menge Kohlen-dioxid und sei viel zu teuer. Einer im Endeffekt eingesparten Tonne CO_2 stünden beispielsweise in den USA Kosten von 545 Dollar gegenüber, berechnete die Studie. In Europa könne eine Tonne eingesparter Treibhausgase sogar bis zu zehnmal mehr kosten. Nur wenige Formen des Biosprits seien über-haupt noch umweltverträglich, heißt es im OECD-Papier. Dazu gehöre Ethanol, wenn es aus Zuckerrohr gewonnen wird und dafür keine Wälder abgeholzt würden.[82] Nach dem welt-weiten dramatischen Anstieg der Preise für Grundnahrungs-mittel und der folgenden Hungerkrise im Sommer 2008 über-arbeitete die OECD diese Studie Mitte Juli. Mit dem Satz »Es gibt sehr viel effizientere Wege, etwas für den Klimaschutz zu tun als die Förderung von Biokraftstoffen«, räumte Stefan

81 Bericht von Jean Ziegler zum Abschluss seiner achtjährigen Amtszeit vor dem UN-Menschenrechtsrat v. 11. 03. 2008
82 *Süddeutsche Zeitung* v. 12. 09. 2007, S. 10

Tangermann, Direktor für Handel und Landwirtschaft der Organisation, endgültig mit der Mär vom klimafreundlichen »Bio«-Sprit auf.[83] Im Jahr 2015 würden die Treibhausgasemissionen durch die Verwendung von Biosprit im Verkehrssektor bestenfalls um 0,8 Prozent geringer ausfallen als ohne eine bis dahin gleichbleibende Förderung. Schlimmer noch: Bei Fortsetzung der Förderung von derzeit 15 Milliarden US-Dollar durch die Industrieländer würden zwischen 2013 und 2017 fast zwölf bis 14 Prozent der weltweiten Getreide- und Pflanzenölproduktion für Kraftstoffe verwendet. Bei dem geplanten Ausbau der Förderung in den USA und der EU wären es sogar knapp 20 Prozent. Die Preise für Weizen, Mais und Pflanzenöl würden dann um fünf bis 19 Prozent höher liegen als ohne Förderung von Agrosprit. Das klingt harmlos, doch die Auswirkungen sind äußerst drastisch.

Energieerzeugung aus Lebensmitteln ist ein Skandal

Interview (Auszüge) mit Werner Paczian, ehemaliger Sprecher der Umweltorganisation »Rettet den Regenwald«, veröffentlicht am 11.04.2007 in der Neuen Rheinischen Zeitung.

Dieter Lilie: *Herr Paczian, seit wenigen Jahren sind sich auch die Zweifler darüber einig, dass die augenblicklichen Hauptenergieträger Öl und Gas in wenigen Jahrzehnten knapp bzw. ganz ausfallen werden. Wie viel Zeit wird uns noch bleiben, diese fossilen Brennstoffe aus den Urzeiten zu nutzen?*
Werner Paczian: Wir vergeuden unsere Zeit nicht damit, Prognosen abzugeben über fossile Energieträger, deren

---

83 *taz* v. 16.07.2008

Verschwendung zur Klimakatastrophe geführt hat. Wir fordern, Energie einzusparen und effizienter zu nutzen. Durch den Einsatz optimierter Elektrogeräte und die Nutzung energiesparender Lösungen bei Neubauten und bei der Renovierung von Gebäuden und Anlagen könnte Deutschland in den nächsten zehn Jahren seine Treibhausgasemissionen um 160 Millionen Tonnen reduzieren. Mindestens 120 Millionen Tonnen an CO_2-Emissionen könnten dabei mit Gewinn vermieden werden – die Einsparungen für Verbraucher und für die Gesamtwirtschaft wären deutlich höher als die Investitionen. Zu diesem Ergebnis kommt eine Studie des Wuppertaler Instituts für Klima, Umwelt und Energie. Die EU hat beschlossen, in neun Jahren – beginnend 2008 – neun Prozent der Energie einzusparen. Bis 2020 sollen es insgesamt 20 Prozent sein. Laut Ernst Ulrich von Weizsäcker, dem früheren Präsidenten des Wuppertaler Klimainstituts, sind 40 Prozent drin. Es sei ein Kinderspiel, Autos zu bauen, die weniger als zwei Liter pro hundert Kilometer brauchen, und man könne Häuser so bauen, dass sie praktisch keine externe Energie mehr brauchen. (...)

Wären alle deutschen Heizungsanlagen hydraulisch abgeglichen, könnten rund eine Milliarde Kubikmeter Erdgas, gut 600 Millionen Liter Heizöl und dazu einige Tonnen Kohle eingespart werden. (...) Mit ein paar Handgriffen können pro Anlage gut zehn Prozent Energie gespart werden. Jede Heizung verbraucht zudem sogenannten Pumpenstrom. Heizungspumpen sind in vielen Haushalten sogar der gefräßigste Stromverbraucher. Etwa 20 Millionen gibt es in Deutschland, die zusammen den Strom aus zwei Großkraftwerken fressen. Eines könnte abgeschaltet werden, weil es inzwischen Pumpen gibt, die weniger als die Hälfte der alten Modelle benötigen. Die Anschaffungskosten sind nach zwei bis drei Jahren wieder drin. Obwohl Deutschland bei der Energieeffizienz weltweit schon in der Spitzengruppe liegt, befindet es sich immer noch in der Energie-Steinzeit. Maschinen, Lampen, Motoren und Heizungen verschlingen im Schnitt zwei Drittel der eingesetzten Energie selbst – nur ein Drittel kommt etwa als Wärme oder Licht beim Verbraucher an. Nach Angaben des Zentralverbandes Elektrotechnik und Elektronikindustrie wären sieben Kohle- oder Gaskraftwerke überflüssig, wenn nicht nur jeder zwanzigste Motor in den Betrieben, sondern jeder dritte mit einer elektronischen Drehzahlregulierung ausgerüstet wäre. Hätten alle in Supermärkten stehenden Kühl- und Tiefkühlbehälter einen Deckel, könnte ein weiteres Kraftwerk abgeschaltet werden. Wären alle Wohnhäuser besser gedämmt, kämen sie mit zehn Litern Heizöl pro Quadratmeter und Jahr aus – derzeit sind es 20. Und die deutschen Autofahrer könnten ihren Spritverbrauch um 20 Prozent allein durch sparsames Fahren senken und dabei gemeinsam rund neun Milliarden Euro weniger ausgeben.

Welche alternativen Energieträger wären in der Lage, die zur Neige gehenden zu ersetzen? Sogenannte »erneuerbare Energien« sind in aller Munde. Sind sie die Lösung, um die Klimakatastrophe noch steuerbar zu machen?
WP: Ich glaube, dass die Menschheit vor allem auf mehr qualitatives Wachstum statt auf immer mehr quantitatives setzen muss. Das obere Drittel muss deutlich weniger Rohstoffe verbrauchen, damit das untere Drittel eine Chance hat. Wir müssen Wind- und Sonnenkraft nutzen, aber wir dürfen erneuerbare Energien nicht für die Produktion von Aluminium, Gold und anderen energieintensiven Rohstoffen verpulvern. Windkraft und Solarenergie

müssen für die Grundbedürfnisse genutzt werden. Gleichzeitig müssen wir aufhören, mit 300 PS starken Autos zu fahren und ständig mit dem Flugzeug zu reisen. Jede Energieerzeugung hat Nebenwirkungen. Das Verbrennen von Holz liegt im Moment voll im Trend, was die privaten Haushalte betrifft. Die Industrie setzt zunehmend auf nachwachsende Rohstoffe wie Mais, Raps und andere Pflanzen, die in den gemäßigten Zonen angebaut werden. In den Tropen hat man die Ölpalme als herausragenden flüssigen Energieträger entdeckt, während sie sonst nur als Öllieferant vor allem in der Kosmetik- und Lebensmittelindustrie genutzt wurde. Palmöl, Sojabohnen, Mais und Zuckerrohr sind aber Lebensmittel. Sie als Brennmaterial der Reichen zu nutzen in einer Zeit, in der immer noch Millionen Menschen verhungern, weil sie nichts zu essen haben, ist ein Skandal.

Ist die Palmölnutzung der Versuch der reichen Länder, ihren Lebensstandard zu erhalten?
WP: Ich bin entsetzt, dass Energieexperten auf die Idee gekommen sind, Nahrungsmittel zu verbrennen. Ich hätte solch einen Irrsinn nie für möglich gehalten. Palmöl zum Beispiel ist eine Hauptursache für die Abholzung der Regenwälder in Asien und zunehmend auch in Südamerika und Afrika. Es ist als Grundnahrungsmittel unersetzlich und da muss man versuchen, es ökologisch verträglich herzustellen. In der Praxis sind wir aber von so einer ökologischen Erzeugung immer weiter entfernt. Ein Großteil der Energiepflanzen wird aus Lateinamerika, Asien und Afrika kommen. Dort werden sowohl der Anbau von Nahrungsmitteln verdrängt als auch natürliche Ökosysteme dem Bioenergie-Boom zum Opfer fallen. Dadurch werden die sozialen und ökologischen Probleme dramatisch ver-

schärft, die Soja-, Palmöl- oder Zuckerrohranbau schon jetzt verursachen. Palmölplantagen bringen gigantische Gewinne auf Kosten der Bevölkerung. Die Menschen werden durch einflussreiche Plantagengesellschaften von ihrem Land vertrieben. Erst werden die Bäume verscherbelt, dann riesige Palmölwüsten angepflanzt. Es sieht sehr grün aus, aber es ist alles mit Giften verseucht. Es entstehen nur minimal Arbeitsplätze, aber der ganze Reichtum an Tieren und Pflanzen ist verschwunden. Eben Energiewüsten, nur in grün. Natürlich ist das alles der Versuch, unseren Lebensstandard zu erhalten.

Wie sollen wir uns künftig fortbewegen?
WP: Der liebe Gott hat dem Menschen zwei Füße gegeben, und wenn er nett war, auch noch zwei Pedale. Wir können nicht eine Verkehrspolitik für 800 Millionen Autofahrer auf Kosten von Millionen hungernder Menschen fortsetzen. Die Diskussion um Biomasse ist ein gutes Beispiel dafür, wie absurde grüne Politikinteressen, Automobillobby, Agrarabzocke und Kriegsvorbereitungen ineinander greifen. Manche grüne Energiepolitiker interessiert es nicht, welche Wirkungen ihre Klimapolitik hat, Hauptsache, es steht Bio drauf.

Eine weitere unbequeme Wahrheit: Biosprit treibt Millionen Menschen in Hunger und Armut

Die international tätige Hilfsorganisation Oxfam hatte bereits Ende Juni 2008 einen Bericht mit dem Titel »Eine weitere unbequeme Wahrheit« vorgelegt. Die Agrartreibstoff-Politik der Industrieländer sei zu gut 30 Prozent am aktuellen weltweiten Anstieg der Nahrungsmittelpreise beteiligt und hätte dadurch mindestens 30 Millionen Menschen in die Armut getrieben. »Die Bundesregierung verharmlost die negativen Auswirkungen dieser Politik. Bundesumweltminister Sigmar Gabriel muss sich in Brüssel für die Zurücknahme des EU-weiten Zehn-Prozent-Ziels für Agrosprit einsetzen. Bleibt das Ziel, wird sich die Nahrungsmittelkrise noch deutlich verschlimmern. Das wäre verantwortungslose Politik auf dem Rücken hungernder Menschen«, sagte Jan Kowalzig, Klima-Experte bei Oxfam Deutschland.[84]

Der Protest hatte zumindest einen kleinen Erfolg. Mitte Juli 2008 reagierten die EU-Minister und räumten ein, dass der zehnprozentige Anteil erneuerbarer Energien im Verkehrsbereich zukünftig nicht mehr nur durch Agrarsprit allein, sondern auch durch Elektroautos erreicht werden solle.

Keine vierzehn Tage später platzte dann die Bombe. Ausgerechnet die Weltbank setzte der Diskussion über die Folgen von Agrarsprit die Krone auf. Weltbank-Ökonom Don Mitchell hatte die Entwicklung der Lebensmittelpreise erstmalig über einen längeren Zeitraum, genau seit dem Jahr 2002, untersucht und kam zu einem vernichtenden Ergebnis: Der Anteil des Anbaus der Agrarspritpflanzen an den hohen Nahrungsmittelpreisen betrage mittelbar oder unmittelbar sogar 70 bis 75 Prozent. Nur ein Viertel des Anstiegs ginge auf das Konto des schwächeren Dollars, von Spekulationen, höheren Energie- und gestiegenen Dünger- und Transportkosten. Er widersprach damit energisch der von US-Präsident George W. Bush aufgestellten und von Bundeskanzlerin Merkel übernommenen Behauptung, dass die Ursache für die Krise auf die wachsende Nachfrage, insbesondere nach Fleisch, in Indien und China zurückzuführen sei. Die Studie vermerkt ausdrücklich, dass das Wachstum des Einkommens in den Entwicklungsländern nicht zu einer Erhöhung des Getreidekonsums geführt habe und damit auch nicht für den Preisanstieg verantwortlich ge-

84 PM Oxfam v. 25. 06. 2008

macht werden könne. In den letzten zwei Jahren hätten die weltweiten Weizen- und Maisbestände abgenommen, sich die Preise für Grundnahrungsmittel verdoppelt und die Ölsaatpreise verdreifacht. Haupteinflussfaktor sei die starke Zunahme der Biotreibstoffproduktion, die auch indirekt für den Anstieg des Reispreises verantwortlich sei.[85] Die Forschungsergebnisse lösten in den USA heftige Diskussionen aus. Brisant an der Studie ist auch, dass sie bereits im April des Jahres fertiggestellt war und wohl aus Rücksicht auf die auslaufende Amtszeit des US-Präsidenten nicht gleich veröffentlicht wurde, berichtete die *taz*.[86]

Der Anbau von Energiepflanzen verdrängt weltweit den Nahrungsmittelanbau und verschlingt gigantische Mengen Wasser. Deswegen sind die Preise für viele Grundnahrungsmittel explodiert. Die UN-Organisation für Ernährung und Landwirtschaft, FAO, berichtete Anfang 2008, die indexierten Nahrungsmittelpreise seien bereits 2007 um mehr als 40 Prozent gestiegen, 2006 hatten sie sich lediglich um neun Prozent erhöht. »Die Gefahr nimmt zu, dass immer weniger Menschen in der Lage sind, Nahrungsmittel zu bezahlen«, sagte FAO-Chef Jacques Diouf.[87] Die Kosten für Nahrungsmittelimporte in den ärmsten Ländern seien 2007 um 25 Prozent gestiegen. In 20 afrikanischen Ländern drohe genauso eine Hungerkatastrophe wie in Afghanistan, Nepal, Pakistan, Mexiko oder Usbekistan. Der bekannte brasilianische Befreiungstheologe Frei Betto bezeichnet Agrartreibstoffe angesichts dieser Entwicklung sogar als »Todessprit«.[88] Auch in Deutschland mehren sich die kritischen Stimmen aus Kirchenkreisen. Im Dezember 2007 kritisierten die evangelischen Hilfsorganisationen »Brot für die Welt«

---

85 Donald Mitchell: »A note on Rising Food Prices«, Policy Research Working Paper 4682, The World Bank July 2008
86 *taz* v. 30. 07. 2008
87 Rettet den Regenwald News v. 27. 12. 2007
88 Rettet den Regenwald News v. 26. 07. 2007

und die Diakonie Katastrophenhilfe die Subventionierung von Agrarkraftstoffen durch die Industrieländer. »Investitionen im Bereich Agrosprit werden häufig mit dem Klimaschutz gerechtfertigt, leisten dazu aber wenig Beitrag oder haben sogar einen negativen Effekt«, so die Direktorin Cornelia Füllkrug-Weitzel.[89] Auch das katholische Hilfswerk Misereor hat gemeinsam mit der Menschenrechtsorganisation FIAN eine »Politik gegen Hunger« gefordert und die Bundesregierung ermahnt, den Bekenntnissen zu Menschenrechten und Umweltschutz müssten Taten folgen. »Die Bundesregierung hat auf Druck der Industrie und entgegen massiven Einwänden vieler Umwelt-, Entwicklungs- und Menschenrechtsorganisationen selbst minimale Sozialstandards aus der Nachhaltigkeitsverordnung für Agrartreibstoffe gestrichen«, kritisieren die beiden Organisationen.[90] »Ein Hauptgrund für Armut und Hunger im ländlichen Brasilien ist die aggressive Ausweitung riesiger Soja- und Zuckerplantagen auf Kosten von Kleinbauern«, so Flavio Valente, Generalsekretär von FIAN International. »Mit Steuervergünstigungen steigern Deutschland und die EU künstlich die Nachfrage für Agrartreibstoffe und drohen Verletzungen des Rechts auf Nahrung zu subventionieren.«[91]

Was der Boom für die Menschen im Süden bedeutet, erlebt Rukaiyah Rofiq jeden Tag. Er arbeitet für SETARA Jambi, eine Nichtregierungsorganisation, die in der Jambi-Provinz Indonesiens auf Sumatra gegen den Ölpalmenanbau agitiert. »Indonesien lebt mit einem Paradox«, erzählt er. »Indonesien ist ein Palmöl-Exporteur, doch seine Bevölkerung erlebt gerade eine ernste Verknappung an Koch- und Bratöl. In quasi jeder Stadt in Indonesien stehen die Menschen für Pflanzenöl an, und wenn es welches zu kaufen gibt, dann ist es jedes Mal teurer als zuvor.

89 PM bei Entwicklungspolitik Online v. 07. 12. 2007 »Hungerbekämpfung ohne Klimaschutz nicht möglich«
90 PM v. FIAN und Misereor v. 17. 12. 2007
91 Ebd.

Was wir jetzt erleben, ist ein Kampf zwischen denjenigen, die Palmöl als Nahrungsmittel für einfache Leute nutzen möchten und denjenigen, die es ins Ausland schicken möchten als Treibstoff für Fahrzeuge. Und dieser Kampf zwischen Mensch und Maschine wurde gerade von der Maschine gewonnen.«[92]

Unverständlich bleibt vor diesem Hintergrund die Haltung der Grünen-Politikerin Bärbel Höhn, die noch im November 2007 in einem Kommentar »Biosprit muss nicht schädlich sein« in der *taz* den »behutsamen Ausbau der Bioenergien bis 2020« forderte. »Die Preissteigerungen in Deutschland und auf dem Weltmarkt sind nur zum Teil durch den zunehmenden Anbau von Energiepflanzen bedingt. Schlechte Ernten, neue Abnehmerländer, wegfallende EU-Exportsubventionen und Gewinnmitnahmen sind die ausschlaggebenden Faktoren«[93], erläuterte die grüne Expertin, die es eigentlich besser wissen sollte, hatte sie doch auf einer Studienexkursion im Jahr 2007 zusammen mit weiteren Bundestagsabgeordneten und Experten die Palmölplantagen in Indonesien bereist. »Die Ursachen (des Hungers) liegen nach wie vor hauptsächlich in einer ungerechten Landverteilung, Konflikten oder bei Problemen in der Lieferkette – und nicht bei den Bioenergien«, behauptete sie trotzig.[94] Damit hat sie zwar nicht Unrecht, doch es kommt eben auf die Gewichtung an.

Auf einer Tagung an der Universität Hohenheim Ende Februar 2008 beschäftigte sich auch die Gesellschaft für Tropenökologie mit den Agrarkraftstoffen. Die führenden Tropenforscher zogen das Fazit: »Der Agrokraftstoff-Boom gefährdet lebenswichtige Ressourcen.«[95] Zum Abschluss ihrer Untersuchungen verabschiedeten die 200 Wissenschaftler aus aller Welt eine

---

92 Zitiert nach: Almuth Ernsting, Agrartreibstoffe in Asien, im Auftrag v. Grain u. Rettet den Regenwald. www.regenwald.org/pdf/Asien_T3.pdf
93 *taz* v. 12. 11. 2007
94 Ebd.
95 PM Gesellschaft für Tropenökologie/Universität Hohenheim v. 25. 02. 2008

Resolution an die Bundesregierung, die EU sowie am Klimaschutz beteiligte Organisationen. Darin appellierten sie, »sich für eine umfassendere, objektive Analyse der Biotreibstoffthematik einzusetzen und nur die Entwicklung von solchen Nutzungskonzepten (inklusive des Anbaus von Energiepflanzen) zu fördern, bei denen kein weiterer Raubbau an den natürlichen Ökosystemen der Tropen stattfindet, die für die gesamte Erde lebenswichtige Leistungen erbringen.«[96]

Dass die Produktion angeblichen »Biosprits« aus Palmöl und Soja verantwortlich für die Zerstörung zahlreicher Ökosysteme ist, den Klimawandel beschleunigt und den Hunger in der Welt befördert, ist mittlerweile auch der Bundesregierung klar geworden. Diese Erkenntnis bewegte sie dann auch zu einem beachtenswerten Schritt. Die Nachhaltigkeitsbedingungen, auf die sich die EU noch im Dezember 2008 geeinigt hatte, gingen ihr nicht weit genug. Direkt im Anschluss brachte sie eine Gesetzesnovelle in den Bundestag ein, die den Beimischungsanteil für Agrokraftstoffe für 2009 auf 5,25 und bis 2014 auf 6,25 Prozent begrenzt. Zudem sollen nur noch nachhaltig produzierte Kraftstoffe angerechnet werden. Da es bislang noch keine entsprechende Verordnung dazu gibt, bedeutet das faktisch einen Importstopp für Soja- und Palmöl.

96 Ebd.

Tanz auf dem Vulkan

Kurz vor dem Kollaps

Die Erdatmosphäre enthält unter anderem die sogenannten Treibhausgase (THG) Kohlendioxid (CO_2), Methan und Lachgas, die den Erdball wie ein Schutzschild umgeben. Sie verhindern, dass die sichtbaren kurzwelligen Sonnenstrahlen wieder als langwellige Wärmestrahlen ins All entweichen. Ohne diesen Schutzschild wäre es auf der Erde, genau wie im Weltraum, bitterkalt. So aber herrscht bei uns eine konstante globale Mitteltemperatur von 15 Grad Celsius. So weit, so gut. Aber unser heutiges Problem ist, dass die Konzentration der Gase – allen voran des CO_2 – seit der Industrialisierung stark angestiegen ist. Das Verbrennen fossiler Energieträger wie Öl, Kohle und Gas ist daran zu über 50 Prozent schuld, denn es setzt das in ihnen über Jahrmillionen gebundene CO_2 schlagartig wieder frei. Durch Industrie, Haushalte und Verkehr erhöht sich der Anteil fortlaufend und unsere Atmosphäre heizt sich in der Folge überdurchschnittlich stark auf. Es sind vor allem die Industriestaaten, die für diesen zusätzlichen, unnatürlichen Treibhauseffekt verantwortlich sind. Die großen natürlichen Speicherorte für CO_2 auf der Erde – Senken genannt – wie Wälder, Moore und das Meer können die zusätzliche Belastung nicht mehr auffangen. Verstärkt wird dieses Problem durch die gleichzeitige Abholzung großer Waldflächen in Asien, Süd- und Mittelamerika, der »grünen Lunge« unseres Planeten. Dieser von Menschen gemachte Treibhauseffekt vollzieht sich viel schneller, als selbst pessimistische Hochrechnungen voraussehen wollten. In den letzten hundert Jahren ist die mittlere Temperatur weltweit um 0,8 Grad Celsius gestiegen. Eine Erwärmung um zwei Grad gegenüber der vorindustriellen Zeit in den nächsten fünfzig Jahren ist bereits unumkehrbar. Das erklärte Ziel aller Klimaschützer ist nun, keinen weiteren Anstieg zuzulassen. Um das Zwei-Grad-Ziel zu erreichen, muss der Anstieg der globalen Emissionen innerhalb der nächsten anderthalb Jahrzehnte gestoppt sein. Danach ist eine massive Reduzierung notwendig. Mitte des Jahrhunderts dürfen jährlich nur noch halb so viel Treibhausgase ausgestoßen werden wie 1990. Denn sollte der steigenden Erwärmung in Zukunft nicht Einhalt geboten werden, hat das katastrophale Folgen. Bei einem weiteren ungebremsten Ausstoß von Treibhausgasen ist zu erwarten, dass die globale Mitteltemperatur bis Ende des Jahrhunderts um sogar knapp sechs Grad Celsius und der Meeresspiegel um bis zu 90 Zentimeter steigen könnten. Überflutung von Küstenregionen und tief gelegenen Inselstaaten, die Zunahme von Wirbelstürmen sowie die Ausbreitung von Wüstenregionen und das Abschmelzen von Gletschern sind die Folgen. Da sogenannte klimatische »Kipp-Punkte« damit überschritten werden, ist ein rasanter Klimawandel nicht mehr aufzuhalten. Meeresströmungen und Vegetationszonen verändern sich weltweit mit kaum abschätzbaren Konsequenzen. Bereits heute ist der Klimawandel eine der Hauptursachen von Naturkatastrophen, wie beispielsweise zunehmend auftretende Hochwasser und Trockenperioden in Afrika. Einige Inselstaaten sind sogar in ihrer Existenz bedroht: Während der Weltklimakonferenz in Posen Anfang Dezember 2008 appellierte der Premierminister des Pazifikstaates Tuvalu, das Grundrecht der Menschen auf »ein Überleben der Nation« zu respektieren. Er forderte die Industrieländer wie auch die Schwellenländer auf, energisch zum Klimaschutz beizutragen. Sonst sei Tuvalu im wahrsten Sinne des Wortes vom Untergang bedroht. Wenn der Meeresspiegel im Tempo der vergangenen Jahre ansteigt, könnte das pazifische Insel-Atoll bereits in 25 Jahren unbewohnbar sein.[97]

97 PM von Brot für die Welt u. EED v. 12. 12. 2008

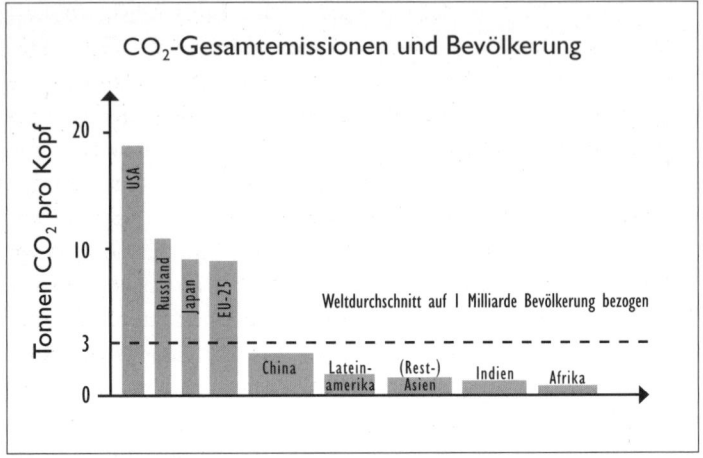

Quelle: Deutsches Institut für Wirtschaftsforschung/Vereinte Nationen, 2005

Flexible Nullsummenspiele

Angesichts dieser seit Jahren bekannten Szenarien hatten sich die Industrieländer im Dezember 1997 im japanischen Kyoto verpflichtet, ihren Ausstoß der Treibhausgase in den Jahren 2008 bis 2012 um zusammen insgesamt fünf Prozent gegenüber 1990 zu verringern. Nach der Ratifikation Russlands konnte das sogenannte Kyoto-Protokoll im Jahr 2005 endlich in Kraft treten. Für die einzelnen Staaten gelten dabei unterschiedliche Einsparverpflichtungen. Die EU muss zusammengenommen acht Prozent einsparen, Deutschland allein 21 Prozent. Es ist auf einem guten Weg, dieses Ziel auch tatsächlich zu erreichen, während andere Länder stark zurückgefallen sind. Es fragt sich nun, welche konkreten Maßnahmen zur Erreichung der Ziele zu ergreifen sind. Neben der Ökosteuer und der Förderung der erneuerbaren Energien bietet das Kyoto-Protokoll hierzu drei sogenannte flexible Mechanismen an, die eine moderne Energieinfrastruktur antreiben und den Technologietransfer in Entwicklungsländer befördern sollen. 1. Der Emissionshandel als Markt für Kohlenstoff-Verschmutzungsrechte; 2. Clean Development Mechanism (CDM), mit dem Industrieländer ihre Emissionsbilanz verbessern können, indem sie Klimaschutzprojekte und alternative Energieproduktion in Entwicklungsländern finanzieren; 3. Joint Implementation (JI), bei dem Industriestaaten gemeinsam Klimaschutzprojekte durchführen. Alle diese Maßnahmen basieren auf einem Ausgleichsprinzip: Was hier zu viel ist, kann an anderer Stelle ausgeglichen werden. Beim geregelten Emissionsrechtehandel legt der Staat eine Gesamtmenge an Emissionen fest, die innerhalb eines festgelegten Zeitraums im Rahmen des Systems freigesetzt werden darf. Diese Gesamtmenge wird den verpflichteten Emittenten vom Staat in der sogenannten Anfangsallokation zugeteilt. In Deutschland sind das zunächst die Strom-, Zement-, Eisen- und Stahlindustrie mit mehr als 20 MW thermischer Leistung sowie große Papierwerke, die die Zertifikate zum größten Teil kostenfrei zugeteilt bekamen. Nach einem Vorschlag der EU-Kommission würden von 2013 an alle Industriezweige bis 2020 nach und nach dazu verpflichtet, für ihre Verschmutzungsrechte zu bezahlen. Um die Industrie vor Kosten in Milliardenhöhe zu bewahren, fordert die Bundesregierung, energieintensive Branchen wie Stahl-, Chemie- oder Zementproduktion so lange von der Pflicht zum Erwerb der CO_2-Zertifikate freizustellen, bis auch die Konkurrenz im europäischen Ausland Klimaschutzauflagen erfüllen muss. Ab 2013 sollen die Energieunternehmen für ihre CO_2-Emissionen dann vollständig bezahlen. Seit Beginn des EU-Emissionshandels im Jahr 2005 erhielten gerade die Kohlekraftwerke die Zertifikate gratis, die Stromkonzerne verlangten von ihren Kunden dennoch einen Aufschlag für die Verschmutzungsrechte.

Entscheidend beim Emissionshandel ist, dass die Emittenten über ihre anfangs zugeteilte Emissionsmenge hinaus emittieren dürfen, wenn sie eine entsprechende Anzahl an Emissionsberechtigungen (EUA) von Emittenten, die unter ihrem

Limit bleiben, erwerben: Durch ein EUA erhält der Anlagen-betreiber das Recht, eine Tonne CO_2 zu emittieren. Liegen die tatsächlichen Emissionen eines Unternehmens unterhalb dieser zugewiesenen Menge, so kann das Unternehmen die EUA am Markt verkaufen, bei Fehlmengen müssen hingegen Zertifikate am Markt erworben werden. In der Theorie bewirkt der Emissionshandel unter Ausnutzung der Marktmechanis-men, dass die zur Erreichung des Umweltziels erforderlichen Emissionsminderungen dort realisiert werden können, wo sie mit den geringsten Kosten verbunden sind, und schafft Anrei-ze, durch Forschung, Entwicklung und Innovationen weitere Minderungspotenziale zu erschließen. Eine tatsächliche Emis-sionsminderung erfolgt aber zunächst nicht. Ohne die eigene Produktion und den CO_2-Ausstoß auch nur im Geringsten zu minimieren, können sich Deutschlands größte Dreckschleudern über den Emissionshandel »grün« kaufen.

Schwindel mit sauberer Entwicklung

Die auf einem vergleichbaren Ausgleichsprinzip basierenden CDM-Maßnahmen hören sich auf dem Papier ebenfalls gut an. Es hat sich bereits ein milliardenschwerer internationaler Markt gebildet, über den der Handel von Rechten und der Aus-gleich zwischen Industriestaaten und Projekten in Entwick-lungsländern abgewickelt wird.[98] In der Realität gleicht diese Form des Emissionshandels aber einem großen Nullsummen-spiel für die Atmosphäre. Der Handel damit spart selbst kein Gramm CO_2 ein, entscheidend bleiben die staatlich festgesetz-ten Verschmutzungsobergrenzen. Kritiker vermuten hinter den Kulissen des Geschäfts mit den angeblich umweltverträglichen CDM-Projekten internationale Korruption, Verschwendung

98 Siehe auch: PM RWE Power AG v. 10. 05. 2006 »JI/CDM-Maßnah-men spielen wesentliche Rolle in der Klimaschutzstrategie von RWE«

von Geldern in Milliardenhöhe und sogar steigende Treibhaus-gasemissionen. Zum Verständnis muss man zunächst die physikalische Besonderheit von Treibhausgasen beachten und sich das System genauer anschauen: Sie tragen nämlich unabhängig von ihrem Entstehungsort zur Klimaerwärmung bei. Für den Klimaschutz ist es daher irrelevant, an welchem Ort Emissionen entstehen und damit auch, wo diese vermieden werden. Entscheidend ist die Gesamtmenge der weltweit ausgestoßenen Gase. Somit können Emissionen in Deutschland beispielsweise durch zusätzliche Klimaschutzmaßnahmen in Indien neutralisiert werden. Industrieländern eröffnet das die Möglichkeit, einen Teil ihrer Verpflichtungen nicht zu Hause, sondern via Investitionen in Entwicklungsländern zu erfüllen. Es ist zudem günstiger, wenn die CO_2-Einsparung nicht mit teurer Technik und Arbeitskraft in Europa realisiert werden muss, sondern billig in Schwellen- und Entwicklungsländern eingekauft werden kann. Für eine Tonne CO_2, die in einem Entwicklungsland eingespart wird, erhält ein Industriestaat oder ein Unternehmen eine Emissionsgutschrift, die es erlaubt, eine Tonne CO_2 mehr auszustoßen. So weit ist alles nur eine Rechenschieberei. An der CO_2-Belastung ändert sich nichts. Damit die Bemühungen zum Klimaschutz nicht ad absurdum geführt werden, muss also gewährleistet sein, dass CDM-Projekte zusätzlich zu bestehenden Kraftwerken errichtet werden und dass sie ohne die Einnahme aus dem Verkauf der Emissionsgutschrift nicht verwirklicht worden wären. Zur Anerkennung muss ein Projekt einen langen Weg durch verschiedene Instanzen nehmen. Der Projektentwickler muss in einem Antragsdokument erläutern, mit welcher Technologie er Emissionen einsparen will, und das Gastland muss bestätigen, dass das Projekt zu einer nachhaltigen Entwicklung beiträgt. Anschließend wird das Dokument von einem unabhängigen Zertifizierer geprüft. Fällt diese Validierung positiv aus, wird das Projekt dem CDM-Exekutivrat vorgelegt, einem UN-Gremium mit Sitz in Bonn. Nach seiner Zustimmung werden die Emissionen des Projekts mit einem vorher definierten Referenzszenario verglichen. Auf Grundlages dieses Vergleichs kann schließlich die mögliche Emissionsminderung berechnet werden. Damit werden nun Gutschriften in Form von Zertifikaten für »eingespartes« CO_2 ausgestellt. Ein Zertifikat (Certified Emission Reduction – CER) steht für eine Tonne CO_2, das nicht in die Luft ausgestoßen wurde. Die Gutschriften werden in einem elektronischen Register der UN geführt und können an Industriestaaten oder Unternehmen aus diesen Ländern verkauft werden. Der Markt wächst schnell, und es geht um viel Geld. Bis Ende 2012 sollen bereits Gutschriften im Wert von 30 Milliarden Dollar ausgegeben worden sein. Käufer sind in erster Linie Regierungen, aber auch große Unternehmen. Großbritannien steht an erster Stelle, gefolgt von der Schweiz, den Niederlanden und Japan. Deutschland liegt zusammen mit Schweden an fünfter Stelle.

Det Norske Veritas (DNV), eine unabhängige Stiftung mit Sitz in Oslo, hat fast die Hälfte aller weltweiten CDM-Projekte zertifiziert. Nach ihren Angaben seien seit Inkrafttreten des Kyoto-Protokolls 135 Millionen Tonnen CO_2 durch CDM-Projekte eingespart worden. Bis zum Jahr 2012 sollen es insgesamt 2,7 Milliarden Tonnen sein. Diese Einsparungen hätte es zu einem großen Teil jedoch auch ohne CDM gegeben. Schlimmer noch: Dadurch, dass das Industrieland die Einsparung auf dem eigenen Konto gutschreiben kann, entstehen in der Folge sogar mehr Emissionen als ohne das Projekt, behaupten zumindest Kritiker des Systems. Denn gerade an den Nachweisen der Zusätzlichkeit mangelt es in der Regel. Das Öko-Institut in Freiburg schätzt in einer Studie im Auftrag des WWF, dass die Zusätzlichkeit bei etwa 40 Prozent der bis Mitte 2007 zugelassenen Projekte nicht wahrscheinlich oder zumindest fragwürdig ist.[99] Anfang 2008 nahmen dann zwei Professoren der Universität Stanford 3000 solcher Projekte genauer

---

99 Lambert Schneider u. Manuel Bogner: »Nullsummenspiel fürs Klima«, in *Weltsichten* 10/2008, S. 22 ff.

unter die Lupe.[100] Das erschreckende Ergebnis: Es sieht ganz so aus, als ob bei einem bis zu zwei Drittel der Projekte faktisch gar keine CO_2-Ersparnis vorliegt. Die Mehrheit der Projekte wäre sowieso realisiert worden, also auch ohne Hilfe durch die CDM-Finanzierung. Beinahe jedes neue Wind- oder Wasserkraftwerk in China wolle heute in das CDM-Programm aufgenommen werden, obwohl es Aufgabe des chinesischen Staates sei, solche Unternehmungen zu fördern. Das UN-Programm würde von geschickten Geschäftsleuten unterwandert, die sich einfach zusätzliche Gelder beschaffen wollen. Nach Informationen der US-amerikanischen NGO International Rivers waren ungefähr drei Viertel aller registrierten CDM-Projekte zur Zeit ihrer Bewilligung bereits fertiggestellt. Dies belege, dass das CDM-Geld für die Finanzierung nicht nötig gewesen sei. Die Voraussetzung der Zusätzlichkeit ist damit nicht gegeben. Die Reduktionsleistung eines CDM-Projekts ist ja immer nur hypothetisch, da die tatsächlichen Emissionen mit einem Referenzszenario verglichen werden, das ausdrückt, wie viele Emissionen mehr ohne das Projekt ausgestoßen worden wären. Somit werden hypothetische Einsparungen im Entwicklungsland gegen reale Emissionen im Industrieland gehandelt. Jedes Projekt, das überbewertet oder eben nicht zusätzlich ist, bedeutet daher reale Mehremissionen. Zusätzlich kann es zu paradoxen Anreizen kommen: Um möglichst viele CER zu verkaufen, ist es für den Projektträger von Vorteil, wenn das angenommene Referenzszenario möglichst emissionsintensiv ist. Ein Entwicklungsland könnte daher aus finanziellen Gründen weniger motiviert sein, strengere Umweltvorschriften einzuführen: ein genau gegenteiliger Effekt zum eigentlichen Sinn des CDM!

Ein Blick auf die bewilligten oder zur Genehmigung vorliegenden Projekte macht auch deutlich, dass es sich in vielen Fällen gar nicht um kleine alternative Energieprojekte handelt,

---

100 Abhandlung v. Michael Wara u. David G. Victor. http://iis-db.stanford.edu/pubs/22157/WP74_final_final.pdf

sondern um massiv in den Natur- und Sozialraum eingreifende Großprojekte. International Rivers führt in seiner Studie fünf besonders fragwürdige Wasserkraftwerke an[101]: Allain Duhangan in Indien, das den Duhangan-Fluss umleitet, mit 192 MW, Jorethang Loop mit 96 MW, Campos Novos in Brasilien, das eine Umsiedlung von 3000 Menschen erforderlich machte, mit 880 MW und Sondu Miriu in Kenia mit 60 MW. Dieses Kraftwerk ist seit 1999 in Bau und führte zur Umsiedelung von 1000 Menschen. Der Bau des 1020-MW-Kraftwerks Tala in Bhutan startete bereits im Jahr 1996, lange bevor der CDM-Mechanismus überhaupt auf dem Papier stand. Als es bereits seit acht Monaten Strom lieferte, beantragte der Projektträger im Dezember 2007 die Zulassung zum CDM und wurde von der DNV positiv validiert. Laut International Rivers seien »betrügerische Behauptungen« in CDM-Anträgen Standard. Bis Mitte 2008 waren weltweit 1023 CDM-Projekte zugelassen. Weitere 2000 Projekte werden derzeit von Zertifizierungsinstituten geprüft und warten auf ihre Genehmigung. Die häufigsten Projekttypen sind erneuerbare Energien, vor allem Wind- und Wasserkraft sowie Biomasse. Die meisten Projekte sind in Indien und China angesiedelt, die allein zwei Drittel der Emissionsgutschriften auf sich vereinigen, gefolgt von Brasilien. Nur 2,3 Prozent aller Projekte finden in Afrika statt. Das macht auch deutlich, dass nur ein geringer Teil der CDM-Projekte zum Kampf gegen Armut beiträgt oder zu einer verbesserten Umweltsituation. Im Gegenteil: Biomasse-Projekte führen beispielsweise oftmals zu großem Kahlschlag, um genügend Holz für die Stromerzeugung zur Verfügung zu haben.

Beim UN-Klimagipfel in Posen Anfang Dezember 2008 wurde auch über die Zukunft des CDM verhandelt. Doch nichts hat sich geändert. Nach wie vor kann ein viel zu großer Anteil

---

101 International Rivers: »Bad Deal for the Planet. Why Carbon Offsets aren't working ... and how to create a fair Global Climate Accord«, Berkeley 2008. www.internationalrivers.org

der CO_2-Reduktionen im Ausland über CDM und JI (Joint Implementation) getätigt werden. Allenfalls die Hälfte des Klimaschutzes muss in den EU-Staaten selbst angegangen werden. Die Staats- und Regierungschefs der Europäischen Union einigten sich zur gleichen Zeit auf ein Klimapaket, das von allen Umweltschutzorganisationen als völlig unzureichend kritisiert wird. Es beinhaltet zahlreiche Ausnahmen vom kostenpflichtigen Erwerb von Emissionsrechten, gerade für die besonders klimaschädlichen Kohlekraftwerke. Auch für das produzierende Gewerbe ist die Frist zur vollständigen Einbeziehung in den Emissionshandel bis 2025 verlängert worden. Zahlreiche Branchen bleiben davon gleich ganz ausgenommen.

CO_2-Ausstoß bei Verbrennung fossiler Energieträger

Braunkohle	452 g/kWh (nach Trocknung)
Steinkohle	439 g/kWh
Heizöl	311 g/kWh
Erdgas	247 g/kWh

Moderner Ablasshandel

Was für Regierungen und Unternehmen gilt, kann für den privaten Verbraucher nicht schlecht sein, dachten sich findige Werbestrategen und Zertifizierungsbüros und entsannen analog zu staatlich geregeltem Emissionshandel und CDM die »freiwillige Kompensation«. Stelle deinen eigenen Verbrauch »klimaneutral«, lautet die Botschaft.

Dass sich mit Bäumen und der Kompensation von schlechtem Gewissen erfolgreiche Werbekampagnen führen lassen, belegen die Beispiele eines großen deutschen Bierbrauers und einer Luxusauto-Leasingfirma. Es handelt sich hierbei zwar nicht um klassisches Greenwash, da diese Unternehmen nicht direkt die Umwelt belasten, aber die Methoden sind vergleichbar und der Verbraucher wird auf ähnliche Weise an der Nase herumgeführt.

Saufen für den Regenwald

Damit auch die Mehrheit der männlichen deutschen Bevölkerung mit eigenem Körpereinsatz etwas gegen den Klimawandel tun kann, gibt es die Bierbrauerei Krombacher (»Eine Perle der Natur«) im Siegerland. Denn die will sich um den Schutz des Regenwaldes in Afrika kümmern. Von Anfang April bis Ende Juni 2008 führte sie »Das Krombacher Regenwald-Projekt 2008« durch. Pro verkauftem Kasten »Pils, Weizen, Radler und Alkoholfrei« fließt eine Spende in die eigens dafür eingerichtete Regenwaldstiftung des »World Wide Fund For Nature« (WWF). Die internationale Umweltschutzorganisation soll damit für den Schutz vor Wilderei und illegalem Holzeinschlag im Kongo-Becken, dem zweitgrößten Regenwaldgebiet der Erde, sorgen: Im zentralafrikanischen Nationalpark Dzanga-Sangha werden Park-Ranger ausgebildet und ausgerüstet und der Aufbau einer ökologischen Forstwirtschaft betrieben. Nach Angaben von Krombacher wurden im Zeitraum der Aktion im Jahr 2008 über elf Millionen Kästen Bier verkauft »und damit ebenso viele Quadratmeter Regenwald unter Schutz gestellt«.[102] Denn die eingängige Werberechnung besagt, dass ein Kasten Bier genau einen Quadratmeter Regenwald schützt. Eine tolle Sache, denkt man. Sie hat aber einen Haken: Nirgendwo bei Krombacher findet man eine absolute Angabe, wie viel Geld oder auch Prozent des Ladenverkaufspreises von rund 15 Euro für den Kasten nun nach Afrika fließt. Auch erfährt man nicht,

102 www.krombacher.de/regenwald/projekt/index.php

was denn der Schutz eines bekanntermaßen enorm artenreichen Quadratmeters Regenwald tatsächlich kostet. Niemand soll das genau wissen, das gehört zur Werbestrategie. »Sind es vielleicht 50 Cent oder sogar ein Euro, die man mit einem Kasten zum Schutz des Regenwaldes beisteuert?«, mutmaßt der deutsche Bierkonsument und greift beherzt zur Flasche. Weit gefehlt: Es sind gerade mal viereinhalb Cent pro Kasten und das mit dem einen Quadratmeter Wald ist auch nur abstrakt zu sehen. »Wir bemühen uns schon seit mehreren Jahrzehnten um den Erhalt dieser Ökoregion in Zentralafrika«, sagt Jörn Ehlers, Leiter der Pressestelle des WWF-Deutschland. »Die Spenden von Krombacher fließen Ende des Jahres in das Stiftungskapital und erhöhen dies. Aus den Erträgen, rund 120000 Euro im Jahr, finanzieren wir zu einem guten Teil die Arbeit in Dzanga-Sangha.«[103] Und so sieht der Projektalltag von Hilfsorganisationen dann häufig wirklich aus: Das Geld fließt in die Ausrüstung der Ranger und einheimischen Führer, um den Tourismus weiter auszubauen. Drei Geländefahrzeuge und ein Boot mit zwei Außenbordmotoren müssen angeschafft, Funkgeräte und Computer gekauft und Videokameras besorgt werden. Damit versucht man das riesige Gebiet besser zu überwachen. Auf die Nachfrage, wie viel Spendengelder pro verkauftem Kasten es nun seien, wollte auch Ehlers keine Angaben machen und verwies darauf, dass »man sich das selber ausrechnen« müsse.

Die Werbeaktion läuft nach gleichem Strickmuster nunmehr zum fünften Mal ab. Die Kampagnen in den Jahren 2002 bis 2004 und 2006 erbrachten insgesamt 3,35 Millionen Euro als Stiftungsvermögen, erfährt man versteckt auf der Internetseite von Krombacher. Damit könne der WWF »eine Fläche von rund 83 Millionen Quadratmetern schützen«. Das sind 83 Quadratkilometer. Welche Schutzfläche gemeint ist und wie man zu dieser Angabe kommt, bleibt weiterhin ein Rätsel. Der Nationalpark ist über 4000 Quadratkilometer groß. Die Kampa-

103 Telefoninterview v. 19. 06. 2008

gne 2008 erbrachte laut Krombacher noch einmal »683 459,35 Euro« für die Stiftung ein und erhöhte das Vermögen auf über vier Millionen Euro, aber die Aussage zur geschützten Fläche blieb gleich. Dabei liegt die Vermutung nahe, dass es sich bei dem vom Bierkonsumenten geschützten Regenwald von Anfang an um ein ausgewiesenes und feststehendes Einsatzgebiet der WWF-Ranger in einem Teil des Nationalparks handelte. Aber die Gleichsetzung eines Kastens Bier mit einem geretteten Quadratmeter Regenwald hört sich einfach besser an als eine Unterstützung zum Erwerb eines Geländewagens oder Funkgeräts.

Hans-Jürgen Grabias, Marketing-Geschäftsführer der Krombacher Brauerei, meint dazu: »Klar wollen wir mehr Bier verkaufen, der Markt ist hart umkämpft. (…) Wir wussten damals, dass wir hier neues Terrain in der Bierwerbung beschreiten und sind mit den Ergebnissen dieses ›Quantensprungs‹ mehr als zufrieden.«[104]

Zufrieden ist auch der WWF, der sich in seiner Arbeitsweise stark von anderen Umweltschutzorganisationen unterscheidet. Er legt seinen Fokus nämlich auf klassische Lobbyarbeit, »Ökosponsoring« durch Wirtschaftsunternehmen und die finanzielle und personelle Unterstützung groß angelegter Schutzprojekte.[105]

Ein Porsche im Urwald

Ein Porsche steht im Walde ganz still und stumm, er hat von lauter Grünzeug ein Mäntlein um. Sagt, wer mag der Porsche sein, der da steht im Wald allein mit dem grünen Mäntelein?

---

104 PM Krombacher v. 08. 04. 2008 »Das Krombacher Regenwald-Projekt 2008 am Start«

105 Die Fördereranzahl des WWF Deutschland stieg bis Ende 2007 im Vergleich zum Vorjahr um 6,5 Prozent auf 345 000 Menschen, die Einnahmen erhöhten sich um 17 Prozent auf 31,9 Millionen Euro.

Eine alte Volksweise von Hoffmann von Fallersleben aus dem 18. Jahrhundert scheint der X-Leasing GmbH aus München Ansporn zu ihrer Aktion »CO$_2$-neutral leasen« gewesen zu sein. Jedenfalls parkt auf ihrer animierten Internetseite ein Porsche im Urwald. An Stelle der silbernen Lackierung erscheinen nach und nach Blätter und Äste und der Luxuswagen wird schließlich eins mit dem Dickicht. »Für mich wachsen 225 Bäume«, lautet die Botschaft. So stellt sich eine im Juli 2007 gestartete Aktion der auf Oberklassewagen spezialisierten Leasing-Firma dar. Getreu dem Motto »Ich will Spaß, ich geb Gas« koppeln sie an das Leasing der nur für die Upperclass erschwinglichen und enorm Sprit fressenden Luxusschlitten eine einmalige Mini-Spende zur Anpflanzung von Bäumen. Ganz ohne schlechtes Gewissen werben die Autounternehmer: »Seit Ihrer Kindheit haben Sie von einem Sportwagen geträumt. Nun ist es endlich so weit – Sie können sich Ihren Traum erfüllen. Aber was ist mit dem CO$_2$-Ausstoß? Die X-Leasing ermöglicht Ihnen, Ihren Jugendtraum ohne Reue Wirklichkeit werden zu lassen. Über den CO$_2$-neutralen Leasingvertrag können Sie die Emissionen Ihres Traumwagens durch Waldanpflanzung komplett entsorgen.«[106] Über den Verein PrimaKlima-weltweit soll so viel Wald angepflanzt werden, dass die CO$_2$-Emissionen des Fahrzeuges während der Vertragslaufzeit innerhalb von zehn Jahren in Wald gebunden werden. Da diese Waldprojekte auf fünfzig Jahre angelegt sind, soll über die Projektlaufzeit die fünffache Menge CO$_2$ kompensiert und somit ein »Erfüllungsfaktor 5« erreicht sein. X-Leasing »belohnt« das Engagement ihrer Kunden für die Umwelt durch eine Erhöhung des Beitrags um dreißig Prozent auf den Erfüllungsfaktor 6,5, denn »so können Sie Ihren Traum unbeschwerter genießen.«[107] Feuchte Jugendträume ohne Reue und ein mehrfacher ökologischer »Erfüllungsfaktor« sind hier die Verkaufsmasche von Spielzeug für Reiche.

106 www.x-leasing.de/service_leasing/co2-neutral-leasen.php
107 Ebd.

Und das ganze gute Gewissen kostet gerade mal so viel wie ein neuer Winterreifen. Die dahinsteckende Berechnung ist genauso simpel wie die seichte Konsum-Botschaft selbst: Um eine Tonne CO_2 in Biomasse von Bäumen zu speichern, benötige es nur eine einmalige Investition von zehn Euro in neue Anpflanzungen. Diese Ansicht vertritt zumindest der gemeinnützige Düsseldorfer Umweltverein und ist damit unangefochten der preiswerteste Baumpflanzer der Republik. Seit Gründung des Vereins im Jahr 1991 wurden weltweit 115 Einzelprojekte zur »biotischen Kohlenstoffbindung« auf insgesamt knapp 41 Quadratkilometer Projektfläche realisiert – davon 2196 Hektar in Deutschland und 1922 Hektar in weiteren Ländern der Welt mit Schwerpunkten in Argentinien, USA, Kongo und Madagaskar. Um das Ziel der weltweiten Neuanpflanzungen zu erreichen, sammelt die Organisation finanzielle Mittel und, so heißt es in Artikel 2 der Vereinssatzung, »vergibt sie zuvörderst an inländische wie ausländische nicht-gewinnorientierte Organisationen und Körperschaften, deren nicht-kommerzielle Aufgabe es ist, kohlenstoffbindende, biotische Maßnahmen durchzuführen, insbesondere für Walderhalt zu sorgen, selbst Anpflanzungen vorzunehmen oder Finanzmittel bzw. Pflänzlinge an geeignete, erfahrene, freiwillige, nicht-kommerzielle Gruppen weiterzugeben«.[108] Zur Berechnung des Kompensationseffektes dient PrimaKlima eine »Faustformel«, wonach ein Hektar Wald während seines Wachstums (»linearisiert betrachtet«) in jeweils zehn Jahren hundert Tonnen CO_2 binden soll. Für einen Hektar neu angepflanzten Waldes im Ausland bedürfe es nur einer Investition von rund 1000 Euro. Wohlgemerkt im Ausland, in Deutschland würde sich wegen deutlich höherer Kosten der Ansatz ungefähr verdoppeln, heißt es in einer Fußnote.

108 www.prima-klima-weltweit.de

Das Zauberwort »Klimaneutralität«

Jede Tonne gebundene CO_2-Emission kostet den forschen Porschefahrer dank der ehrenamtlichen und nicht-kommerziellen Arbeit des Vereins im Ausland demnach nicht mehr als zehn Euro. Somit ist die Rechnung von X-Leasing ganz einfach: Ein gebrauchter Porsche 997 S Coupé kostet den Kunden bei einer Mietsonderzahlung von 19999 Euro und einer Laufzeit von 42 Monaten monatlich 1179 Euro Leasinggebühren. So weit das einträgliche Geschäft. Bei äußerst niedrig angesetzten 11 Litern Verbrauch im Schnitt und einer geringen jährlichen Laufleistung von 18500 Kilometern soll der Wagen in dem Zeitraum 17,16 Tonnen CO_2 ausstoßen. Für die minimale einmalige Zuzahlung von 171,60 Euro und einen Zusatzbeitrag von 51 Euro durch X-Leasing soll der Wagen dann sogar mehrfach klimaneutral sein. Für den überraschten Kunden macht das nur 0,2 Prozent der Gesamtkosten aus. »Es ist skandalös billig und eigentlich eine Schande, es nicht zu machen«, moralisiert dazu X-Leasing-Geschäftsführer Stefan Kumpfmüller.[109] Ein kleiner Teil seiner Neukunden nahm bisher das Angebot an und zahlt die Gewissenberuhigungs-Pauschale, wenn sie eine der Luxus-Karossen least. Die übliche Klientel von X-Leasing kann dies natürlich noch von der Steuer absetzen. Ein Knöllchen für das Überschreiten der vorgeschriebenen Höchstgeschwindigkeit mit einem Porsche ist oftmals teurer.

Typisch für eine Greenwash-Aktion ist die überdimensional starke Gewichtung des möglichen Umwelteffektes in der Werbeansprache. Nach eigenen Angaben von X-Leasing fahren »sechs Prozent der verleasten Autos im Gesamtbestand CO_2-neutral«, es haben im Jahr 2007 zehn Prozent der Neuverträge an der Aktion teilgenommen und so für die Anpflanzung von 23 Hektar Wald gesorgt. Nach der »Faustformel« entspricht dies einer biotischen Entsorgung von 230 Tonnen CO_2 im Jahr zu

109 *Schrot&Korn* 07/2008 »Gas geben für das Klima?«

einem gesamten Spendenbeitrag von 23 000 Euro. Der so groß herausgestellte dreißigprozentige Zusatzbeitrag von X-Leasing belief sich demnach auf 6900 Euro: eine sehr preiswerte Werbemaßnahme. Ein Jahr später nutzten zusammengenommen zwanzig Prozent der X-Leasing-Kunden das Angebot und ermöglichten die Aufforstung »von insgesamt 40 Hektar Wald mit ungefähr 40 000 Bäumen«.[110] Die Betriebsausgaben dieser bundesweit für Aufsehen sorgenden Werbeaktion liegen daher im Jahr nicht viel höher als 6000 Euro plus Kosten für die extra eingerichtete Internetseite: clever eingesetzte Peanuts. Zusammen mit dem Umstieg auf ein Ökostromangebot bekam die Firma dafür das »PrimaKlima-Siegel« des honorigen Vereins verliehen. Der Gründer und Vorsitzende Dr. Karl-Peter Hasenkamp war bis Dezember 2004 stellvertretender Vorsitzender der Stiftung Wald für Sachsen in Leipzig. 1998 wurde ihm von der Universität München für seine anhaltenden Bemühungen, die Bedeutung des Waldes in der Klimadiskussion zu erhöhen, die Ehrendoktorwürde verliehen. Im September 2007 erhielt er für sein Engagement auch noch das Bundesverdienstkreuz am Bande.

Geschickt versteht es Kumpfmüller, sich diesen angesehenen Verein vor den Wagen zu spannen. So gewappnet trat er dann in einen öffentlichkeitswirksamen Streit mit Greenpeace ein und entfachte eine grüne Grundsatzdiskussion zwischen den beiden Umweltschutzorganisationen: »Der Mythos Auto als Ausdrucksmittel für Individualität, Status und Lebensfreude mag zwar nicht von allen geteilt werden, ist aber eine Tatsache, die sich nicht von heute auf morgen ändern wird«, argumentiert der überzeugte Autonarr.[111] Den Vorwurf, er betreibe einen billigen Ablasshandel, lässt Kumpfmüller nicht gelten. »Natürlich ist es ökologischer, nicht Porsche zu fahren«, gibt er zu. »Aber bei uns ist das Auto nun mal ein Statussymbol. Unsere Kunden

110 www.co2-neutral-leasen.de
111 www.co2-neutral-leasen.de/co2-neutral-leasen/presse.php

wollen sich einen lang gehegten Traum erfüllen. Die fahren keinen Lexus Hybrid.«[112] Deshalb sei es sinnvoll und gut, diesen Autofahrern eine Möglichkeit anzubieten, die klimatischen Folgen ihres Tun auszugleichen, lobt sich Kumpfmüller in Zeitungsinterviews selbst. Weil es so gut passt, macht er sich gleich den biotischen Entsorgungsansatz von PrimaKlima zu eigen und argumentiert mit ihm: Die notwendigen Klimaziele zu erreichen, sei allein durch eine Reduktion der CO_2-Emission illusionär, da die nötigen Maßnahmen viel zu langsam griffen und dafür ein hohes Investitionsvolumen nötig sei. Gerne verweist er dabei auf eine Studie der Universität von Helsinki von Ende 2007. Die Hochrechnungen der finnischen Forscher kämen nämlich zu dem Schluss, dass die positiven Effekte europäischer Aufforstungsmaßnahmen einen doppelt so hohen Anteil an der Reduktion von Treibhausgasen in der Atmosphäre haben wie die Nutzung regenerativer Energiequellen. Daraus folge, dass der technische Weg zu CO_2-neutralem Agieren bei einer Kompensationszeit von zehn Jahren mehr als doppelt so teuer sei wie der Weg über PrimaKlima.[113] Dazu machen die Düsseldorfer Klimaschützer ebenfalls eine interessante Rechnung auf: »Angenommen, jemand emittiert von 2005 bis 2054 Jahr für Jahr unverändert zehn Tonnen CO_2, dann hätte er die Atmosphäre nach fünfzig Jahren mit 500 Tonnen CO_2 angereichert. Würde er von 2006 an die jährliche Emissionsrate jeweils um 5 Prozent gegenüber dem Vorjahr absenken, bis – cirka im Jahr 2035 – die Jahresemissionsmenge nur noch zwanzig Prozent gegenüber 2005 beträgt, und würde er die restlichen zwanzig Jahre kontinuierlich jährlich noch zwei Tonnen CO_2 emittieren, hätte er in den 50 Jahren insgesamt noch 197 Tonnen in die Luft gepustet ... Angenommen, der betreffende CO_2-Emittent würde sich entschließen, statt der Reduktionsbemühungen (...) ab 2005

112 *Schrot&Korn* 07/2008 »Gas geben für das Klima?«
113 www.co2-neutral-leasen.de/klimaschutz-aufforstung/aufforstung-klimaschutz.php

zehn Jahre lang jährlich 0,1 Hektar aufzuforsten, so würden die neuen Bäume ab 2006 pro Aufforstungspartie jährlich eine Tonne CO_2 der Luft entziehen (linearisierte Betrachtung), ab 2015 also insgesamt zehn Tonnen. Ab 2015 wäre der Emittent CO_2-neutral gestellt; die gesamte zusätzliche Belastung der Luft läge in 2055 bei circa 55 Tonnen CO_2.« Und weiter: »Die Kosten für Aufforstungen und andere waldbauliche Maßnahmen zur biotischen Kohlenstoffbindung betragen nur einen Bruchteil dessen, was die vielleicht in 15 bis zwanzig Jahren großtechnisch einsetzbare Methode der technischen Sequestrierung (z. B. bei Kohlekraftwerken) an Geldern verschlingen wird.«[114] Bei den Kosten hat PrimaKlima sicherlich recht. Die Neuanpflanzung von Bäumen ist neben dem Vermeiden und Vermindern von CO_2-Emissionen eine wichtige und effiziente Maßnahme. Der Verein sieht dies sogar als die schnellste und preiswerteste Methode an, den Klimawandel in den Griff zu bekommen. Die dafür verfügbaren Aufforstungsflächen (»750 Millionen Hektar«) liegen in Entwicklungsländern. Ihre Kohlenstoffbindung solle ausreichen, »den jährlichen Anstieg der atmosphärischen CO_2-Äquivalente (also CO_2 und anderer Treibhausgase) fast vollständig auf Null zu bringen«.[115] Angesichts dieser großen Vision ist für PrimaKlima jeder noch so kleine Einsatz förderungswürdig, auch das Geschäft der Münchener Leasingfirma. Die »biotische Entsorgung« sei zwar kein Freibrief zu unbekümmerter Emission, aber »andererseits kann der mögliche Missbrauch dieser Option im Sinne eines Ablassgedankens kein Argument dafür sein, auf eine angemessene Nutzung dieser Option zu verzichten«, stellt PrimaKlima fest.[116] Der Klima-Verein geht aber noch weiter und stellt sich schützend vor das Leasingunternehmen, indem er die geschickte Frage aufwirft: »Wie ist die 6,5-fache

114 www.prima-klima-weltweit.de/dokumente/nachteile.pdf
115 Ebd.
116 www.co2-neutral-leasen.de/co2-neutral-leasen/presse180908.php?
   more=co2_all#co2_all

Kompensation eines Cayenne zu gewichten im Vergleich zur einfachen Kompensation oder zur unterlassenen Kompensation der CO_2-Emissionen eines Polo?«[117]

Die X-Leasing-Kampagne war zwischenzeitlich als Greenwash im Klima-Lügendetektor des Greenpeace-Magazins gebrandmarkt worden. Daraufhin kam es zu einem erregten Briefwechsel zwischen X-Leasing, PrimaKlima und dem Greenpeace-Autoren Toralf Staud. Spannend macht die Diskussion, dass die Umweltschutzorganisationen beide Mitglieder des bundesweiten Bündnisses »Klima-Allianz« sind und eigentlich an einem Strang ziehen sollten. Zu groß sind aber die Differenzen im Ansatz und das jeweilige Politikverständnis. Staud schrieb als Replik an PrimaKlima: »Ich habe überhaupt nichts gegen Aufforstungen und Waldschutz. Im Gegenteil. Sie haben meine Kritik immer noch nicht verstanden: Diese Dinge sind wichtig – man sollte sie nur nicht als Alibi an Menschen verkaufen, die nicht zuvor ihren eigenen Treibhausgas-Ausstoß gemindert haben. Alle Experten sind sich einig, dass Kompensation erst der dritte Schritt ist. (…) X-Leasing aber propagiert die Kompensation (von Halbsätzen abgesehen) als einzigen Schritt – um weiter Geschäfte mit Porsche Cayenne & Co. zu machen. Dagegen habe ich etwas.« Und weiter: »Ich sage, es braucht alle drei bzw. vier Schritte in der Klimapolitik und kritisiere, wenn jemand aus anscheinend kommerziellem Kalkül nur den letzten tun mag.«[118]

Greenpeace bezweifelt in der auf der X-Leasing-Website dokumentierten Auseinandersetzung, dass jung angepflanzte Bäume in den ersten Jahren überhaupt relevante CO_2-Speicher sein können, und führt die Problematik von Monokulturen in Entwicklungsländern und von späteren Brandrodungen an, die das CO_2 schlagartig wieder freisetzen können. PrimaKlima kontert mit einer zehnjährigen Durchschnittsbetrachtung und

117 Ebd.
118 Ebd.

der erfolgreichen Bilanz seit Jahren arbeitender Projekte und langfristiger Überkompensierung. Wie auch immer: Im Endeffekt wurden sich die Umweltaktivisten einig, dass derjenige, der nicht nur reden, sondern verantwortungsvollen Klimaschutz in seinem Leben praktizieren will, sein Handeln schnell klimaneutral stellen muss, und das durch die möglichst gleichzeitige Nutzung aller Wege: die Verminderung des Energieverbrauchs, die Nutzung erneuerbarer umweltverträglicher Energie und die Kompensation durch biotische Entsorgung, sprich Bäume pflanzen.

Zu ergänzen bleibt das politische und juristische Eintreten für den Erhalt noch bestehender Wälder. Die Nichtregierungsorganisation Eco-Forestry Forum in Papua–Neuguinea hat beispielsweise Anfang November 2008 durch eine erfolgreiche Klage vor dem obersten Gericht des Landes erreicht, dass 800 000 Hektar des Waldes in Kamula Doso nicht abgeholzt werden dürfen. Diesem Sieg war ein langer politischer Kampf gegen den Holzeinschlag vorausgegangen. Zum Vergleich: PrimaKlima hat es geschafft, in 17 Jahren Vereinsarbeit knapp 4200 Hektar Wald neu anzupflanzen.

Außer Acht blieb bei der Diskussion auch die Frage nach der Berechnung der Pflanz- und Pflegekosten der neuen Bäume. PrimaKlima-Projekte arbeiten preiswert, da ehrenamtlich und können nicht mit groß angelegten kommerziellen Aufforstungen verglichen werden. Da kostet eine Tonne CO_2-Kompensation mal schnell das Doppelte bis Dreifache. Die kommerzielle Konkurrenz zu PrimaKlima ist schon aus den Startlöchern und der Markt für Kompensationsgeschäfte wächst stetig: Da kann man klimaneutral fliegen, klimaneutral Auto fahren und klimaneutral seine Post versenden. Mit einigen Angeboten soll man sogar Geld verdienen und seine Altersversorgung aufbessern können. Für den Verbraucher wird es dabei immer schwieriger, seriöse Anbieter zu finden und den Überblick zu bewahren.

Ablasshandel leicht gemacht

Wenn sich jemand richtig mit Ablasshandel auskennt, dann ist das die katholische Kirche. Der Vatikan verkündete Ende 2007, von nun an klimaneutral zu sein. Die täglichen CO_2-Sünden soll ein neuer paradiesischer Wald ausgleichen. Ein ungarisches Unternehmen ist damit beauftragt, so viele Bäume zu pflanzen, dass damit der gesamte CO_2-Ausstoß des himmlischen Stadtstaates absorbiert wird. Was die Papstgetreuen können, wird immer mehr zum Vorbild für die unterschiedlichsten Firmen und Branchen. Das Prinzip des modernen Ablass-Fetisch »Klimaneutralität« ist die Kompensation: Anstatt selbst zu verzichten oder kürzer zu treten, bezahlt man jemand anderen dafür. Dieses so einfache und auch preiswerte Instrument könnte schon bald »zu einem der wichtigsten Marketing-Argumente der Zukunft werden«, schrieb die *taz* Ende 2007 unter dem Titel »Ablasshandel mit Ökosünden blüht«. »Wenn die Kundschaft klimabewusster wird, lassen sich Bücher, DVDs, Flüge, Konferenzen, Unternehmen, gar Autos unter diesem Label besser verkaufen. Nicht zuletzt deshalb wächst der Markt für freiwillige Klimakompensation rasant. Einheitliche Zahlen gibt es nicht. Für 2006 wird er jedoch auf mindestens 100 Millionen Euro geschätzt. Dieses Jahr dürfte es bereits ein Vielfaches davon sein.«[119]

Die Zahl der Anbieter ist groß: Sie sind entweder gemeinnützig organisiert wie die Schweizer Stiftung MyClimate oder kommerziell ausgerichtet wie die Berliner Climate Company. Atmosfair kompensiert Flüge, die Allianz-Ausgründung 3C Emissionen von Unternehmen. Einheitliche und vergleichbare Standards zur Überprüfung gibt es nicht. Die Angebote erwecken den Eindruck, als könnten wir alle klimaneutral werden und trotzdem genauso weiter konsumieren, fliegen und fahren

119 *taz* v. 15. 10. 2007 »Ablasshandel mit Ökosünden blüht«

wie bisher. Das Strickmuster ist dabei immer das Gleiche: Über einen »Klimarechner« im Internet soll man seinen individuellen CO_2-Verbrauch ermitteln und dann eine auf schwer nachvollziehbare Art berechnete Summe Geldes überweisen. Wohin das Geld genau fließt und zu welchen Anteilen, bleibt in der Regel unklar. Die Bostoner Tufts-Universität untersuchte Anfang 2007 dreizehn Anbieter und hat nur vier empfohlen: Atmosfair, MyClimate, die US-Firma NativeEnergy und ClimateFriendly aus Australien. Von anderen riet sie explizit ab. Die Gründe: zu hohe Verwaltungskosten, falsche CO_2-Berechnungen und keine effizienten Projekte.[120]

Bei der Berechnung des CO_2-Ausstoßes kommt es zu enormen Unterschieden. Ein Flug von Berlin nach Barcelona kommt beispielsweise beim »CO_2-Ausgleich« von Easyjet auf 124 Kilogramm, bei Atmosfair ergibt sich hingegen eine Klimawirkung von 400 Kilogramm CO_2. Das liegt daran, dass Atmosfair seriöser vorgeht und nicht nur den Treibstoffverbrauch, sondern auch die in CO_2-Äquivalente umgerechnete Klimawirkung von ausgestoßenen Stickoxiden und kondensierendem Wasser einberechnet. Ebenso berücksichtigt der Verein den Flugzeugtyp, die Auslastung und die Flughöhe. Das macht die Berechnung ziemlich kompliziert. Aber selbst wenn der CO_2-Ausstoß einheitlich berechnet würde, unterschieden sich die geforderten Preise deutlich: Bei Atmosfair kostet die Kompensation einer Tonne CO_2 ungefähr zwanzig Euro, bei PrimaKlima-weltweit dagegen nur zehn Euro. CO_2OL berechnet 25,90 Euro und die Climate Company verlangt sogar 59,90 Euro für ihr »Klima-Zertifikat«. Wie kommt es zu solchen Unterschieden? PrimaKlima investiert mit ehrenamtlicher Hilfe in Neuanpflanzungen von Bäumen und ist daher sehr preiswert. Atmosfair pflanzt hingegen gar keine Bäume, sondern unterstützt sechs CDM-Klimaprojekte in Entwicklungsländern unter Beachtung des »Gold-Stan-

120 Ebd.

dards«[121], beispielsweise ein Solarküchen-Projekt in Indien, aber auch Energiesparprogramme an deutschen Schulen. 88 Prozent der Gelder fließen in solche Projekte, deren genaue Kompensationswirkung man aber nur annähernd ermitteln kann. Das Atmosfair-Angebot ist daher eher ein gut gemachtes Spendenprojekt für die Arbeit von Nichtregierungsorganisationen mit Einnahmen von 1,3 Millionen Euro im Jahr 2007. Atmosfair benutzt auch nicht den irreführenden Begriff »Klimaneutralität« und weiß den Nutzen eines Kompensationsprojektes vernünftig einzuordnen: »Zwar lässt sich der Schaden, der für die Umwelt durch einen Flug entsteht, nicht ungeschehen machen – genauso wenig wie eine Plombe einen kranken Zahn heilen kann. Doch in beiden Fällen ist ein Reparaturversuch ohne Zweifel besser als die Hoffnung, durch Aussitzen werde sich das Problem schon irgendwie von selbst lösen«, schreiben die Klimaschützer auf ihrer Homepage.[122]

Die Climate Company kauft hingegen bloß CER-Zertifikate im CDM-Handel ein. Nur knapp 27 Prozent ihrer Investitionen fließen in nicht näher bestimmte Klimaprojekte ein. Der größte Teil geht für Verwaltung, Werbung, Gewinne und den Druck der hübschen »Klima-Zertifikate« ab.

Den cleversten Rundumschlag im Kompensationsmarkt landet der kommerzielle Anbieter CO_2OL in Bonn mit seinem angehängten gemeinnützigen Verein COOL e.V., der auch Mitglied des Bündnisses Klima-Allianz ist. CO_2OL setzt wie PrimaKlima ganz auf Baumpflanzungen und wirbt gezielt mit Klimaneutralität. Geschickt arbeitet die Marke dabei mit Partnern in der Wirtschaft zusammen. Über deren Website

---

121 In der Fülle der Klimasiegel, die sich die Anbieter meist selbst geben, ragt der Gold Standard heraus, den Umweltorganisationen als Gütesiegel entwickelt haben. Ausgezeichnet werden nur Projekte, die zum Umbau in eine kohlenstofffreie Wirtschaft beitragen und die die lokale Bevölkerung einbeziehen.

122 www.atmosfair.de

gelangen Verbraucher auf die Seiten von über fünfzig On-line-Shops von Tchibo oder dem Ottoversand. Wenn ein von CO_2OL auf ihre Website gelangter User einen Einkauf tätigt, gibt der jeweilige Online-Shop dem Ablasshändler Meldung und honoriert den Umsatz mit einer Provision. Neben diesen Links zu Online-Shops bietet CO_2OL weiterhin klimaneutrales Reisen an: Mietwagen, Bahn- und Flugtickets kann man über die Website von CO_2OL gleich mitbestellen. Mehrkosten fallen nicht an. Die Verkaufsprovisionen investiert CO_2OL zu einem nicht näher bestimmten Teil in die Aufforstung brach-liegender Flächen in Panama. Der Forstpartner des Vereins ist das deutsch-panamaische Unternehmen Futuro Forestal, das nach den Richtlinien des Weltforstrates Forest Steward-ship Council (FSC) sowie weiteren Standards aufforstet. Unter gleicher Adresse und Telefonnummer wie CO_2OL arbeitet in Bonn auch die Firma ForestFinance. Sie bietet für die Pflan-zungen in Panama gleich noch einen »Baumsparvertrag« und ein »Waldsparbuch« mit einer »Renditeprognose von ca. 8,4 bis 9,4 Prozent« an.[123] Wer hätte das gedacht: Ohne das eigene Verhalten zu ändern, kann man das Klima schützen, dabei reich werden und zudem sein schlechtes Gewissen beruhigen. Zu schön, um wahr zu sein.

Kriterien zur Beurteilung

Der für den Emissionshandel zuständigen Stelle des Umwelt-bundesamtes (UBA), der Deutschen Emissionshandelsstelle (DEHSt), geht der Wildwuchs der vielfältigen Kompensations-Angebote und -Standards nun zu weit. Sie veröffentlichte Ende Oktober 2008 einen Leitfaden, der Verbrauchern, die ihre per-sönlichen Treibhausgasemissionen kompensieren möchten, eine Hilfestellung für die Auswahl des Anbieters an die Hand gibt.

123 www.forestfinance.de/WaldSparBuch.50.0.html

Der Kriterienkatalog soll sich zu einem Standard entwickeln, an dem sich seriöse Anbieter zukünftig orientieren.[124]
Die vier Kriterien lauten:

1. Die Vermeidung von Treibhausgasemissionen hat Vorrang vor deren Kompensation

Das UBA fordert, dass die Anbieter von Kompensationsleistungen den Verbraucher informieren müssen, wo Emissionen in welcher Höhe entstehen und welche Einsparpotenziale im Einzelfall vorhanden sind. Die Kompensation für hohe Emissionen, die relativ leicht vermeidbar sind (angeführt werden hoch motorisierte Kraftfahrzeuge), sei nicht im Sinne des Erfinders. Die Anbieter »klimaneutraler« Waren sowie von Veranstaltungen oder Dienstleistungen fordert das Amt auf, dass sie vor der Kompensation alle Möglichkeiten zur Vermeidung und Reduktion ausgeschöpft haben sollten. Den Begriff »klimaneutral« hält das UBA für irreführend, da er suggeriere, der Ausstoß klimaschädlicher Gase sei folgenlos. Angemessener wären die Bezeichnungen »klimafreundlich« oder »klimabewusst«.

2. Realitätsnahe Emissionsberechnung

Der Leitfaden fordert, dass ein Mindestmaß an konkreten Einzeldaten abgefragt wird und der Anbieter nicht nur von Durchschnittswerten ausgehen darf. Je pauschaler die Emissionsberechnung erfolge, desto weniger aussagekräftig sei das Ergebnis. Darin sei die Ursache zu suchen, dass verschiedene Rechner für denselben Vorgang zu stark abweichenden Ergebnissen kommen. Man habe elf Rechner daraufhin überprüft, welche Ergebnisse für einen Flug von Berlin nach Brüssel an-

124 DEHSt: Leitfaden zur freiwilligen Kompensation von Treibhausgasemissionen. www.dehst.de/nn_477442/SharedDocs/Downloads/Publikationen/JI-CDM__Leitfaden__freiwillige__CO2-Kompensation. html

gezeigt werden. Dabei sei der höchste Wert siebenmal höher gewesen als der niedrigste. Das UBA empfiehlt daher seinen eigenen CO_2-Emissionsrechner, den es zusammen mit dem IFEU Heidelberg und der avantTime / KlimAktiv in Tübingen entwickelt hat.[125] Als Durchschnittswert zur Bestimmung der höheren Klimawirksamkeit von Langstreckenflügen in großer Höhe empfiehlt das UBA einen sogenannten RFI-Faktor 3. Das bedeutet, dass in der Summe die verschiedenen Emissionen eines Flugzeugs in Flughöhen von mehr als neun Kilometern etwa dreimal so stark wirken wie in niedrigeren Höhen.

3. Anspruchsvolle und nachvollziehbare Kompensation

Das UBA empfiehlt besonders den »Gold-Standard«. Bei der Qualität der geförderten Klimaschutzprojekte fordert das Amt, dass die Zusätzlichkeit sichergestellt und durch Dritte überprüft sein muss, die Emissionsreduktionen realistisch und laufend verifiziert sein sollen, bei Aufforstungen die Dauerhaftigkeit sichergestellt ist und die Löschung der Zertifikate sofort erfolgt und nachgewiesen wird. Zusätzlichkeit bedeutet hierbei, dass nur dann Gutschriften vergeben werden sollen, wenn es sich um Projekte handelt, die zu zusätzlichen Emissionsminderungen führen, die ohne das Projekt nicht stattgefunden hätten.

4. Transparenz des Kompensationsangebotes

Der Verbraucher muss darüber informiert werden, wie Kompensation und Klimaschutzprojekte funktionieren, auf welchen Grundlagen die Emissionsberechnung erfolgt und durch welche Art von Zertifikaten der Treibhausgas-Ausgleich vorgenommen werden soll. Die einzelnen Kompensationsprojekte sollten vorgestellt und neben den Angaben von Standort und Maßnahme auch Erläuterungen über Menge und Zeitraum der erzielten Emissionsreduktionen beinhalten. Preis und Leistung des An-

125 www.umweltbundesamt.de/klimaschutz/index.htm

gebotes müssen transparent sein und der Verbraucher muss wissen können, welcher Anteil des Preises direkt dem Projekt und welcher der notwendigen Verwaltung zufließt, fordert das UBA.

Verbrauchertipp

1. Reduzieren Sie Ihren CO_2-Verbrauch

Kompensation kann nur der zweite Schritt des klimabewussten Handelns sein. Der erste heißt: selber Kohlendioxid einsparen – durch Ökostrom, energieeffiziente Haushaltsgeräte, sinnvolle Wärmedämmung und Benutzung des öffentlichen Nahverkehrs.

2. Schaffen Sie einen Ausgleich zu unvermeidbarem Verbrauch

Emissionen, die sich nicht vermeiden lassen, können Sie darüber hinaus durch die finanzielle Unterstützung von Baumpflanzprojekten kompensieren. Achten Sie dabei auf seriöse Angebote und Organisationen, die das Gütesiegel des Gold-Standard tragen und einhalten. Zur Berechnung des individuellen CO_2-Ausstoßes verwenden Sie den Emissionsrechner vom Umweltbundesamt. Im Internet zu finden unter www.umweltbundesamt.de/klimaschutz/index.htm.

3. Reisen Sie umweltbewusst

Das Beste fürs Klima ist es, gar nicht zu fliegen. Dass lässt sich zwar nicht immer realisieren, aber es gibt anregende Alternative zum Fliegen: Nach China kann man beispielsweise von Berlin aus über Moskau in sieben Tagen mit der Transsibirischen Eisenbahn fahren. Der Verein »forum anders reisen« bietet Ihnen umweltbewusste Urlaubs- und Erlebnismöglichkeiten in oder nahe der Heimat. Weitere Infos: www.forumanders-reisen.de.

4.Werden Sie aktiv gegen Kahlschlag

Engagieren Sie sich politisch im Kampf gegen das Abholzen tropischer Regenwälder und unterstützen Sie engagierte Nichtregierungsorganisationen mit Ihrer Spende. Jeder nicht gefällte Baum speichert CO_2 sofort und beugt am effektivsten den Auswirkungen des Klimawandels vor. Weitere Infos: www.regenwald.org.

5.Verringern Sie Ihren Fleischkonsum

Fleischproduktion ist aufgrund des hohen Futtermittelbedarfs und der Methanausdünstung der Tiere klimabelastend. Sie verursacht pro Kilogramm etwa zehnmal mehr Treibhausgase als die gleiche Menge Gemüse. Weniger Fleisch, nicht zu viele Milchprodukte, viel Teigwaren und Kartoffeln und ein hoher Anteil an Obst und Gemüse auf dem Teller tragen zu mehr Klimaschutz bei.

Bayers Lügen haben kurze Beine

Bayers Klima-Lüge

Um mehr als sechzig Prozent habe Bayer in den letzten 15 Jahren seine Emissionen von Treibhausgasen vermindert, behauptete Bayer-Chef Werner Wenning in einer Rede im März 2006.[126] Auf der Hauptversammlung des Konzerns Ende April sollten

126 Bilanz-Pressekonferenz der Bayer AG v. 06. 03. 2006

es bereits über siebzig Prozent sein – nachzulesen im Nachhaltigkeitsbericht 2005 des Konzerns.[127] Hiermit sei bewiesen, dass die Chemieindustrie freiwillig die Umwelt schütze. Das Unternehmen spiele eine Vorreiterrolle und habe damit seinen Beitrag zum Klimaschutz geleistet und dürfe daher durch Ökosteuer und andere Umweltgesetze nicht länger in seiner Wettbewerbsfähigkeit benachteiligt werden, argumentierte der Konzern. Bayer erhielt von Politikern, den Vereinten Nationen und selbst der grünen Partei viel Lob für sein anscheinend vorbildliches Umwelt-Engagement. Diese ganzen angeblichen Einsparungen seien aber eine »Klima-Lüge« und eine »schamlose Augenwischerei«, meldete sich daraufhin die Düsseldorfer Umweltschutzorganisation »Coordination gegen Bayer-Gefahren« (CBG) zu Wort.[128] Die den Konzern seit Jahren kritisch begleitenden Kleinaktionäre erklärten, dass der Rückgang der Emissionen zum großen Teil auf Bilanztricks nach Umstrukturierungen und Ausgliederungen im Konzern selbst beruhten und mit Klimaschutz nicht viel zu tun hätten. So sei die eigene Energieerzeugung zur Deckung des kaum geänderten Energiebedarfs seit 1992 von 83 Prozent auf etwa die Hälfte heruntergefahren und ausgelagert worden. Die CO_2-Emissionen von externen Energielieferanten wurden aber in der Bayer-Klimabilanz nicht mitgerechnet. Im Jahr 2001 verkaufte Bayer seine Tochter Erdölchemie an BP. Diese Firma war allein für einen CO_2-Ausstoß von jährlich 3,1 Millionen Tonnen verantwortlich. Diese Schadstoffmenge wurde nicht reduziert, sondern einfach umgebucht. Rechne man diese buchhalterischen Tricks aus der Bilanz, so ergäbe sich ein völlig anderes Bild. Nämlich »dass der CO_2-Ausstoß bei Bayer fast unverändert blieb«, so die CBG. Die chemische Industrie bleibe im produzierenden Gewerbe einer der größten Klimakiller in Deutschland, auch wenn sie versuche, sich ein grünes Mäntelchen umzuhängen.

---

127 Bayer-Nachhaltigkeitsbericht 2005 v. Juni 2006, S. 37
128 Stichwort Bayer extra 2/2006 »Klimalüge«

»In der gesamten Produktionskette liegen die Emissionen bei etwa zehn Millionen Tonnen jährlich – dies ist so viel, wie vier Millionen Bundesbürger im Schnitt verbrauchen«[129], schrieb die CBG über Bayer in einem Protestflugblatt und forderte: »Schluss mit der Klima-Lüge bei Bayer!« Die öffentlich geäußerte Kritik und die angeführten Argumente ließen sich nicht einfach zur Seite schieben. Im Juli 2007 erschien der Nachhaltigkeitsbericht 2006 des Konzerns. Darin veröffentlichte Bayer erstmalig neben den sogenannten »direkten« Emissionen seiner Werke auch den Ausstoß seiner Energiezulieferer. Der bislang angegebene CO_2-Ausstoß von jährlich vier Millionen Tonnen erhöhte sich dadurch mit 7,9 Millionen auf fast das Doppelte. Zudem wolle Bayer von nun an darauf verzichten, Emissionsminderungen, die allein aus dem Verkauf von Unternehmensteilen resultieren, als Umweltschutz-Maßnahme zu deklarieren. Ende August 2007 ruderte auch Wenning zurück und änderte seine umstrittene Prozent-Aussage: »Wir haben uns zum Ziel gesetzt, die direkten Treibhausgasemissionen bis 2010 um fünfzig Prozent im Vergleich zum Ausgangsjahr 1990 zu reduzieren, 46 Prozent haben wir bereits erreicht.«[130] Am 19. November 2007 stellte Bayer dann sein neues »Bayer Climate Program« vor. In seiner Rede sagte Wenning nun: »So haben wir zwischen 1990 und 2006 die weltweiten absoluten Treibhausgasemissionen des Bayer-Konzerns in der heutigen Portfolio-Struktur erheblich reduziert – um insgesamt 36 Prozent.«[131] Ein schöner Absturz: Erst sechzig, dann sogar siebzig, dann 46 und nun 36 Prozent. Nach diesem PR-Desaster blieb Bayer dann ehrlich: Im Juni 2008 hieß es bei der Vorstellung des Nachhaltigkeitsberichts 2007: »Zwischen 1990 und 2007 hatte das Unternehmen seine absoluten Emissionen bereits

129 Ebd.
130 Rede v. 30. 08. 2007
131 Aus der Rede zur Vorstellung des »Bayer Climate Program« v. 19. 11. 2007

um 37 Prozent reduziert.«[132] Vorstandsmitglied Dr. Wolfgang Plischke versicherte denn auch das Bekenntnis des Konzerns zum Klimaschutz und stellte heraus, dass Bayer als einziges europäisches Unternehmen der Chemie-Branche im ersten globalen Klimaschutz-Index, dem »Carbon Disclosure Leadership Index«, vertreten sei. »Unser Ziel ist es, weiter deutlich zu wachsen, ohne dabei das globale Klima zusätzlich zu belasten«, versprach Plischke.[133] Wie das gelingen soll, steht aber noch in den Sternen. Die nahe Zukunft sieht eher düster aus, und das liegt an zwei Mega-Kohlekraftwerken, die in Bayer-Werken errichtet werden sollen. Das gemeinsam mit der Firma Trianel geplante Kraftwerk auf dem Werksgelände in Krefeld-Uerdingen soll von der Bayer-Tochter BIS betrieben werden. Bayer wird einen großen Teil des erzeugten Stroms direkt abnehmen. Das Kraftwerk würde jährlich 4,4 Millionen Tonnen CO_2 und jeweils 4000 Tonnen Schwefeldioxid und Stickoxide emittieren. Es soll mit Steinkohle aus Südamerika und Australien befeuert werden, die erst einmal hierhin gebracht werden muss. Das im Bayer-Werk Antwerpen geplante Kraftwerk würde von E.ON betrieben werden. Der jährliche CO_2-Ausstoß hier: sechs Millionen Tonnen. Von einer geplanten Abschaltung älterer Anlagen war bislang nicht die Rede.

Angesichts dieser Mega-Emissionen und der aufgedeckten Klima-Lügen von Bayer meint CBG-Vorstandsmitglied Philipp Mimkes: »Das Bayer Klima-Programm ist das Papier nicht wert, auf dem es steht, solange Bayer auf schmutzige Zulieferer setzt und sich am Bau eines Klima-Killers beteiligt. Das Steinkohlekraftwerk würde Klima und Umwelt mindestens bis zur Mitte des Jahrhunderts schwer belasten.«[134] Bayer belastet die Umwelt aber nicht nur mit Kohlendioxid, sondern auch

---

132 Presseinformation Bayer v. 09. 06. 2008 »Klimaschutz-Programm von Bayer macht große Fortschritte«
133 Ebd.
134 Interview v. 09. 07. 2008

mit krebserregenden Stoffen. In den USA gilt Bayer als viertgrößter Luftverschmutzer des Landes. Im April 2008 legte die Universität von Massachusetts eine Liste der hundert größten industriellen Dreckschleuder-Unternehmen vor. Bayer USA steht weit oben.[135] Vor ihm liegen nur noch das Chemie-Unternehmen Du Pont, der Autohersteller Nissan und der Agrar-Konzern Archer Daniels Midland. Die negative Platzierung von Bayer beruht wohl in erster Linie auf der Verbrennung von 1500 Tonnen Produktionsrückständen des krebserregenden Stoffes Toluylen-Diamin (TDA), das Bestandteil von Haarfärbemitteln ist, berichtete CBG. Der Sondermüll würde aus dem Bayer-Werk Baytown in Texas stammen und in einer Anlage des Unternehmens Clean Harbors verbrannt. TDA wird von Bayer auch im Werk Dormagen hergestellt. Das Unternehmen verbrennt nach Angaben von CBG in seinen deutschen Verbrennungsanlagen Sondermüll von rund 300 Firmen aus dem In- und Ausland. Die Umweltschützer hatten bereits Ende der 1980er Jahre gegen den Bau des Dormagener Müllofens protestiert und einen Giftmüll-Tourismus prognostiziert.

Giftige Versprechen

Es herrschte schwere See und der Sturm heulte, als die Fähre »Princess of the Stars« nach einem Maschinenschaden kenterte und auf ein Riff vor der Insel Sibuyan lief. Gut 200 von den 850 Menschen an Bord starben in den Fluten, nur wenige konnten sich retten und viele hundert werden bis heute vermisst. Nach dem schweren Unglück am 21. Juni 2008 auf den Philippinen konnte das Schiff wochenlang nicht gehoben werden, weil sich in den Laderäumen zehn Tonnen des giftigen Pflanzenschutzmittels Endosulfan und etwa 500 Kilogramm

---

135 Political Economy Research Institute (PERI) der Universität von Massachusetts. www.peri.umass.edu/toxic-100-index.421.0.html

weiterer höchstgefährlicher Pestizide befanden. Eine gezielte
Bergung der Giftcontainer war nicht möglich, da die Behörden befürchteten, dass dadurch die Stoffe ins Wasser gelangen
und die Taucher gefährden könnten. Nach Angaben des phi-
lippinischen Senders ABS-CBN waren die Pestizide für eine
Ananasplantage des Obst- und Gemüsemultis Del Monte bestimmt und die Lieferung durch Bayer Philippines beauftragt,
obwohl es verboten sei, giftige Stoffe auf einer Personenfähre
zu transportieren. Der Leverkusener Chemie-Konzern Bayer
bestätigte zwar den Vorgang, widersprach aber der Meldung,
das Endosulfan stamme aus seiner Produktion. »Wir vertreiben
dieses Mittel schon seit 1991 nicht mehr auf den Philippinen
und haben das überprüft: Das Endosulfan ist definitiv nicht von
uns«, sagte Hermann-Josef Baaken, Sprecher der Bayer Crop-
Science AG der *Frankfurter Rundschau*.[136] Die anderen Stoffe
mit den Namen Antracol, Trap, Fuerza und Tamaron seien allerdings Bayer-Produkte. Das Bayer-Mittel Tamaron ist noch
viel giftiger als Endosulfan. Der Wirkstoff Methamidophos
wird von der Weltgesundheitsorganisation WHO mit dem
Hinweis »äußerst gesundheitsschädlich« in die höchste Gefahrenklasse Ia eingestuft. Endosulfan gilt unter Fachleuten ebenfalls als hochgefährlich, wird allerdings von der WHO noch
in der Gefahrengruppe II, moderat gefährlich, geführt. Es ist
ein universell einsetzbares Mittel mit Breitbandwirkung gegen
Insekten und Milben als Kontakt- und Fraßgift. Endosulfan
ist in Deutschland seit Mitte der 1990er Jahre nicht mehr zugelassen. Unter Auflagen darf Bayer es jedoch herstellen und
in Entwicklungsländer exportieren. Hier wird es gerne auf
Baumwollplantagen gegen den Baumwollkapselwurm und auf
Tee- und Kaffeefeldern eingesetzt. Zum sachgerechten Gebrauch beim Einsatz empfehlen die Hersteller Handschuhe,
Brille, lange Kleidung und Atemmaske als Schutzkleidung. Das
geht in Entwicklungsländern allerdings völlig an der Realität

136 FR Online v. 05. 07. 2008 »Erst der Tod, dann das Gift«

vorbei. Arme Bauern bringen die Pestizide meist ohne jegliche Schutzkleidung aus, auch weil diese zu tragen bei hohen Temperaturen in tropischen Ländern zur Qual wird. Zudem können viele Anwender nicht lesen oder verstehen die in europäischen Sprachen geschriebenen Gebrauchsanweisungen nicht. Rund 99 Prozent aller Pestizidvergiftungen treten in Entwicklungsländern auf. Die WHO spricht von jährlich mindestens drei bis 25 Millionen Vergiftungen durch Agrochemikalien, von denen 40 000 bis zu 200 000 tödlich verlaufen. Der Einsatz von Endosulfan forderte bereits zahlreiche Todesfälle. Beispielsweise in Benin, berichtet das »Pestizid Aktions-Netzwerk e.V.« (PAN Germany): »Am 24. August 1999 gingen drei Jungen im Alter von 12 bis 14 Jahren zum Jäten in das Baumwollfeld ihres Vaters. Zusammen mit der Baumwolle wurde dort auch Mais angebaut. Die Jungen wussten nicht, dass ihr Vater das Feld am Vortag mit Endosulfan besprüht hatte. Nach der Arbeit waren die Jungen hungrig und aßen ein paar Maiskolben. Nach 15 Minuten mussten sie sich übergeben. Sie wurden ins nächste große Krankenhaus in Bembereke gebracht, wo einer der Jungen starb.«[137] Der weltweit größte Hersteller von Endosulfan ist Bayer CropScience. Die international agierende Firma beschäftigt rund 17 800 Mitarbeiter in mehr als 120 Ländern, ist dort meist Marktführer für Agrochemikalien und hält in der Sparte Pestizide einen Weltmarktanteil von zwanzig Prozent. Das Unternehmen verkauft in vielen Teilen der Welt noch mindestens acht Pestizide der WHO-Gefahrenklassen Ia und Ib, darunter Thiodicarb, Parathion, Fenamiphos, Azinphos-Methyl und das bereits genannte Methamidophos. Es ist eine Tragödie, dass Klasse-I-Pestizide, ebenso wie Endosulfan und der Stoff Paraquat, die unter den Anwendungsbedingungen im Süden extrem gefährlich sind, weiterhin großflächig eingesetzt werden. »Wir fordern die Firmen Bayer, weltgrößter Produzent von Endosulfan, und Syngenta, Produzent von Paraquat, auf,

137 PAN Germany 2005 »Problemstoff Endosulfan«, S. 3

die Herstellung dieser tödlichen Pestizide sofort einzustellen«, schreibt PAN in offenen Briefen. Im Juli 2007 hatte sich auch die Europäische Kommission dafür ausgesprochen, Endosulfan auf die Liste der Stockholmer Konvention für besonders giftige Substanzen zu setzen und damit sein Verschwinden von allen internationalen Märkten einzuleiten. Bayer ist sich der Problematik seiner Pestizide sehr wohl bewusst und hatte bereits 1995 öffentlich versprochen, bis zum Jahr 2000 sämtliche Pestizide der Gefahrenklasse I vom Markt zu nehmen. Doch das war nur ein Lippenbekenntnis. In einer Stellungnahme auf einen öffentlichen Protestbrief von 200 Umweltschutzorganisationen aus vierzig Ländern im Dezember 2000 gab das Unternehmen zu, weiterhin Wirkstoffe der Gefahrenklasse I zu produzieren. Diese würden aber mit Stoffen geringerer Giftigkeit vermischt, so dass die verkauften Produkte insgesamt eine geringere Toxizität besäßen. Der Konzern weigerte sich aber, Mengenangaben zu verkauften Wirkstoffen und Produkten zu machen.[138] Im Jahr 2004 hatten die Dokumentarfilmer Inge Altemeier und Reinhard Hornung die Möglichkeit zu einem Interview mit der Pressesprecherin Annik Dollacker von Bayer CropSciene in Monheim. Sie wollten wissen, wieso Bayer in Indien das Mittel Monocrotophos verkauft, das in Deutschland seit mehr als zehn Jahren nicht mehr zugelassen ist. Die Pressesprecherin hierzu: »Wir verkaufen dieses Jahr Restbestände aus, es wird durch ein modernes, besseres Pflanzenschutzmittel ersetzt.« Auf die Frage, warum sich das so lange – seit 1996 – hinziehe, antwortete sie: »Das dauert in unterschiedlichen Ländern unterschiedlich lange, einfach auch auf Grund der ökonomischen Bedingungen in den Ländern. Viele der älteren Produkte sind patentfrei und sehr kostengünstig für die Landwirte, die verlangen nach den Produkten.« Die Bestände müssten noch verkauft werden. Zu den vielen Falschanwendungen und Vergiftungen in Indien bemerkte sie, »irgendwo liegt die Verantwortung auch bei dem

138 PM CBG v. 01. 12. 2000 »Day of No Pesticides«

Anwender selbst.«[139] Im April 2007 wiederholten 154 Organisationen ihren dringenden Appell an Bayer, endlich den Verkauf der hochgiftigen Stoffe einzustellen, und überreichten auf Bayers Hauptversammlung in Köln einen offenen Brief an den Konzernvorstand: »Durch den fortwährenden Bruch des Versprechens trägt Bayer daher eine Mitverantwortung an der Vergiftung Tausender Arbeiter und Arbeiterinnen jährlich«, sagte Jens Elmer vom Eine Welt Netz NRW, das die Aktion initiiert hatte.[140]

Pestizide sind aber nicht nur für die direkten Anwender und die Tier- und Pflanzenwelt gefährlich. Zahlreiche Studien beweisen, dass Rückstände der Gifte in Gewürzen, Tee, Obst, Gemüse, Fleisch und Textilien auch die Verbraucher belasten. Das Gift wird im menschlichen Körper quasi endgelagert. Der Mitte Juni 2008 vorgelegte Greenpeace-Report »Die schmutzigsten Portfolios der Pestizid-Industrie« kam zu dem Ergebnis, dass die Pestizide von Bayer im internationalen Konzernvergleich die menschliche Gesundheit und Umwelt am stärksten gefährden. Im Ranking folgen die Unternehmen Syngenta (Schweiz), Monsanto (USA), BASF (Deutschland) und Dow Chemical (USA). 243 der 512 weltweit von den Konzernen verkauften Pestizide seien besonders kritische Stoffe. »Pestizide finden sich in der Umwelt, in Lebensmitteln, die wir essen, und in unseren eigenen Körpern. Das ist eine tickende Zeitbombe für unsere Gesundheit sowie für viele bedrohte Tier- und Pflanzenarten«, bemerkt der Greenpeace-Chemieexperte Manfred Krautter dazu.[141]

Der Bayer-Konzern sieht das anders. Laut seinem neuen Leitbild will das Unternehmen »zu einer gesunden und ausreichenden Ernährung für eine stetig wachsende Weltbevölkerung beitragen«. »Als ›Good Corporate Citizen‹ fühlen wir uns ver-

---

139 Zitiert nach Stichwort Bayer 03/2004
140 Presseinformation Eine Welt Netz NRW v. 27. 04. 2007
141 PM Greenpeace v. 16. 06. 2008

pflichtet, unsere wirtschaftlichen und technologischen Kompetenzen global gleichermaßen zum Schutz von Gesellschaft und Natur einzusetzen«, betont der Pestizid-Konzern sein »Engagement für Umwelt- und Naturschutz«.[142] Formulierter Anspruch und traurige Realität klaffen bei diesem Greenwash-Unternehmen enorm auseinander. Auf den Philippinen, dem Land des illegalen Gifttransports auf der Fähre, hat sich Bayer den »Schutz von Mensch und Natur« auf die Fahnen geschrieben. Junge Menschen werden hier von Bayer zu »Umweltbotschaftern« erzogen, ein Waldpark angelegt, das Trinkwasser-Reservoir des Flusses San Cristobal geschützt und Trainings für Gefahrguttransporte durchgeführt. Wäre das versteckte hochgiftige Tamaron bei dem Fährunglück ins Wasser gelangt, hätte jedes Training nichts geholfen und die jungen Umweltbotschafter hätten tatenlos zusehen mussen, wie ihr Wasser verseucht wird. Bayer-Sprecher Baaken wusste gegenüber der *Frankfurter Rundschau* nur noch zu bemerken, es wäre schlimmstenfalls eine »punktuelle« Beeinflussung der Wasserqualität die Folge gewesen, über die er aber nicht spekulieren wolle.[143]

Bayer und das Süßwasser

Im Juni 2005 gab die renommierte Institution National Geographic Society Deutschland bekannt, dass sie gemeinsam mit der Bayer AG ein längerfristiges Forschungsprogramm zum Gewässerschutz fördern wolle. Dazu gründete man einen sogenannten »Global Exploration Fund Süßwasser« und warb im angesehenen Magazin der Organisation kräftig dafür. Viele Umweltschützer waren entsetzt, denn hier wurde der Bock zum Gärtner gemacht: Bayer ist einer der größten Wasserverschmutzer Deutschlands. Das Chemieunternehmen leitete

---

142 www.bayer.de/de/Umwelt-und-Natur.aspx
143 FR Online v. 05. 07. 2008 »Erst der Tod, dann das Gift«

nach Angaben aus den Jahren 2002 und 2003 über das Abwasser jährlich rund 600 Tonnen Phosphor, 3400 Tonnen Stickstoff, 1,5 Millionen Tonnen anorganische Salze, 73 Tonnen Chlororganika und 29 Tonnen Schwermetalle in deutsche Flüsse und das Grundwasser.[144] Die auf den Feldern versprühten Pestizide von Bayer gelangen ins Grundwasser und belasten es nach Schätzungen zu gut dreißig Prozent. Die kommunalen Wasserwerke müssen jährlich dreistellige Millionenbeträge aufwenden, um unser Trinkwasser frei von diesen Giften zu halten. Laut aktuellem Umweltbericht von Bayer liegt der tägliche (!) Wasserverbrauch seiner Werke bei 1,23 Millionen Kubikmetern.[145] Allein das Werk Leverkusen verbraucht mehr als die benachbarte Millionenstadt Köln. Ein durchschnittlicher Konsument nutzt ungefähr 127 Liter Wasser am Tag. Der Bayer-Konzern verbraucht demnach fast so viel Wasser wie zehn Millionen Menschen. Das benötigte Nass kommt zu 32 Prozent als Frischwasser aus Quellen und Bohrungen. Aufgrund »alter Wasserrechte« muss der Konzern für die Entnahme von Grundwasser sogar nur geringe bis gar keine Abgaben bezahlen.

Bayer und die toten Bienen

Im Mai 2008 erschütterte ein dramatisches Bienensterben ganz Süddeutschland. Über zehntausend Bienenvölker starben in der Rheinebene und um Freiburg herum innerhalb weniger Tage oder wurden schwer geschädigt. In allen untersuchten Proben verendeter Bienen fand man Spuren von Clothianidin, ein für Insekten bereits in geringen Mengen tödliches Nervengift. Das

---

144 Angaben aus dem offenen Brief der CBG an *National Geographic*-Chefredakteur Klaus Liedtke v. 23. 06. 2005. Hierin protestieren mehrere Umweltverbände gegen die Kooperation der Zeitschrift mit dem Bayer-Konzern bei einem gemeinsamen Forschungs- und Schutzprogramm »Süßwasser«.

145 Bayer Nachhaltigkeitsbericht 2007, S. 77

Pestizid wird unter dem Handelsnamen »Poncho« von Bayer CropScience hergestellt und vertrieben. Es ist von den zuständigen Behörden geprüft und gilt als »bienensicher«. Mais- und Rapssaatgut werden mit diesem Wirkstoff gebeizt, um einem Schädlingsbefall, wie etwa durch den aus Übersee eingeschleppten Maiswurzelbohrer, vorzubeugen. Landwirte in der Region verwendeten das behandelte Saatgut auf Geheiß des Regierungspräsidiums Freiburg. Mit der Maisaussaat begann das Massensterben der Bienen. Giftiger Staub, der dabei entstand, driftete ab und legte sich auf die Pollen blühender Pflanzen in angrenzenden Feldern und Wäldern. Dort nahmen Nektar suchende Bienen das kaum mehr messbare Gift auf und trugen es in ihre Bienenstöcke. Bayer streitet aber ab, dass die »Bienenverluste etwas mit der grundsätzlichen Sicherheit des Wirkstoffs Clothianidin bzw. dem Produkt Poncho« zu tun hätten.[146] Auf seiner Fragenseite im Internet weist das Unternehmen die Schuld von sich und schiebt die Ursache des Skandals auf einen »technischen Fehler bei der Behandlung einiger Maissaatgutchargen«. Das führte »zu einem erhöhten Staubabrieb. Dies allein hätte jedoch noch keine schädigenden Auswirkungen gehabt. Erst die Tatsache, dass die Maisaussaat witterungsbedingt sehr spät erfolgte, zu diesem Zeitpunkt große Trockenheit und starker Wind herrschte, führte zu Ablagerungen von Abriebstaub auf Blüten am Rande der betreffenden Felder, wo Bienen den Wirkstoff aufnahmen.«[147] Also war wieder mal das Wetter an allem schuld. Die Honigbienen trugen das angeblich so »bienensichere« Poncho mit sich und verendeten prompt. Aber auch Wildbienen, Hummeln und zahllose Fliegen-, Schmetterlings- und auch Vogelarten mussten dran glauben.

Bayer CropScience hat allerdings »auf freiwilliger Basis Finanzmittel zur Verfügung gestellt, um den betroffenen Imkern

146 Internetseite Bayer CropScience »Antworten auf bereits häufig gestellte Fragen« v. 19. 06. 2008
147 Ebd.

schnell und unbürokratisch zu helfen.«[148] Die angebotene Ent-
schädigungszahlung belief sich auf insgesamt zwei Millionen
Euro. Laut Manfred Hederer, Präsident des Deutschen Berufs-
und Erwerbsimkerbunds, sei das »ein Witz«. Er bezifferte den
Nutzen von Bienen in der Landwirtschaft auf über 400 Millionen Euro.[149] Bayer hat nach eigenen Angaben im Jahr 2007
allein 793 Millionen Umsatz mit »Poncho« und dem Vorgän-
germittel »Gaucho« (Wirkstoff Imidacloprid) gemacht. Denn
»sinnvolle, praktikable und umweltverträglichere Alternativen
zur Saatgutbehandlung gibt es derzeit nicht«, erläutert Bayer
auf seiner Website.[150] Laut eigenen Angaben setzt sich Bayer
CropScience »für eine nachhaltige Landwirtschaft ein« und
will »die Vielfalt des Lebens schützen«. Diese Worte klingen
angesichts der katastrophalen Giftskandale wie Hohn. Aber
Bayer bemüht sich: »Wir treiben unsere Forschung kontinuierlich voran, um die Zusammenhänge zwischen den Ökosystemen und unseren Technologien immer besser zu verstehen.«[151]
Bleibt zu hoffen, dass sich Bayer beim Verstehen nicht zu viel
Zeit lässt und die Natur nicht weiter mit seinen zerstörerischen
Produkten und Reststoffen belastet.

148 Ebd.
149 *taz* v. 18. 07. 2008
150 Internetseite Bayer CropScience »Antworten auf bereits häufig ge-
     stellte Fragen« v. 19. 06. 2008
151 Internetseite Bayer CropScience »Unsere Beiträge zur Erhaltung und
     Verbesserung der Biodiversität v. 05. 06. 2008

Ökobluff und
Nachhaltigkeitsgerede

Die Gift–Lüge

Die Dosis macht das Gift. Diese Erkenntnis des 1493 in der Schweiz geborenen Mediziners Paracelsus gehört zur Allgemeinbildung und ist ein Leitsatz in den Giftmischküchen der Pestizidhersteller wie Bayer und Co. Pflanzenschutzmittel würden daher niedrig dosiert, nur in bestimmten Wachstumsphasen gespritzt und durch späteres Abwaschen fast völlig entfernt, wollen die PR-Abteilungen der Konzerne dem Verbraucher weismachen. Die Gifte sollen angeblich nicht in das Korn oder die Frucht selbst eindringen und nur äußerlich in Restspuren nachweisbar sein. Außerdem würden die gesetzlichen Grenzwerte streng eingehalten und es gäbe keine Gefährdung der Verbraucher. Der deutsche Gesetzgeber sieht das allerdings anders. Das Bundesministerium für Umwelt, Naturschutz und Reaktorsicherheit (BMU) gab im Juli 2004 die Broschüre »REACH – Magazin für moderne Chemie« heraus. Auf den Seiten sechs und sieben der Broschüre wird gesagt: »Obst und Gemüse sind mit Rückständen von Pestiziden verseucht. Viele der in der Landwirtschaft eingesetzten Stoffe sind hochproblematisch, dennoch werden in Äpfeln, Birnen, Tomaten, Paprika oder Gurken immer wieder immense Rückstände gefunden.« Auf Seite neun werden die Verbraucherinnen und Verbraucher aufgefordert, »möglichst viele Lebensmittel aus kontrolliert biologischem Anbau zu kaufen«[152].

---

152 Quelle: BMU. Siehe auch: Deutscher Bundestag Drucksache 15/4466,15. Wahlperiode, 06. 12. 2004. Antwort der Bundesregierung auf die Kleine Anfrage einzelner Abgeordneter und der Fraktion der FDP – Drucksache 15/4006.

Ein Schlag in das Gesicht der konventionellen Landwirtschaft und der Pestizidindustrie.

Bayer CropScience reagierte daraufhin mit einer Pressemitteilung, in der das Unternehmen dem BMU vorwarf, den Sachverhalt einseitig zu betrachten und ein völlig falsches Bild der Wirklichkeit wiederzugeben. »Die Bestimmung von Höchstwerten heißt nicht, dass deren Überschreiten ein Risiko für den Verbraucher darstellt«, behauptete Bayer. Und weiter: »Dank der strengen Bestimmungen ist trotz der heterogenen Grenzwerte in Europa bisher kein Fall bekannt, in dem Wirkstoff-Rückstände die Gesundheit von Verbrauchern gefährdet haben. Schon jetzt ist also die Ware in deutschen Geschäften sicher!«[153] Dreister kann man kaum die Unwahrheit sagen. Wie es in Wirklichkeit um die Vergiftung unserer Lebensmittel bestellt ist, belegen zahlreiche detaillierte Untersuchungen im Auftrag der Umweltschutzorganisation Greenpeace.

Pestizide in Paprikapulver und Tafeltrauben

Im Oktober 2008 nahm Greenpeace beliebte Kräuter und Gewürze der Deutschen unter die Lupe: Paprikapulver, Dillspitzen, Pfeffer, Ingwer, getrocknete und frische Petersilie. Das Ergebnis: Von 33 getesteten Proben wiesen 82 Prozent Pestizidrückstände auf. Lediglich sechs Proben waren frei von nachweisbaren Pestiziden. In einem einzigen Gläschen Paprikagewürz aus einer Hamburger Edeka-Filiale fand das beauftragte Labor allein 22 verschiedene Spritzmittelwirkstoffe – die höchste Mehrfachbelastung, die bei Greenpeace-Tests bisher festgestellt wurde. Insgesamt fanden sich 53 verschiedene Pestizide, von denen 35 als besonders gefährlich für die Gesundheit von Verbrauchern gelten. So wurden neben Carbendazim, das

153 PM Bayer CropScience. Internetdokument unter .../presse/position/ archiv/2006/12/00151.asp, zuletzt bearbeitet am 31. 12. 2007

das Erbgut schädigen kann, häufig das krebserregende Cyproc-conazol oder das ins Hormonsystem eingreifende Thiabendazol aufgespürt. Ein Viertel der gefundenen Spritzmittel ist nicht in der EU zugelassen, für weitere fünf Mittel liegt ein Beschluss zur Nichtzulassung vor. Bei der Auswertung der Proben ergaben sich auffällig weniger Grenzüberschreitungen als in früheren Pestizidtests. Lediglich in zwei der 33 getesteten Produkte waren die EU-Pestizidgrenzwerte überschritten. Ein Grund dafür ist nach Ansicht von Greenpeace die neue, am 1. September 2008 in Kraft getretene EU-Grenzwert-Harmonisierung, die eine Anhebung der Pestizidgrenzwerte beinhaltet. Greenpeace wertete die Proben daher auch nach den schärferen Grenzwerten von 2005 aus: Nach den alten Richtlinien hätte es viermal mehr Beanstandungen gegeben. »Die EU-Verbraucherschutz-politiker verdecken die Gifte im Essen durch Grenzwertkos-metik, statt endlich wirksam gegen die Pestizidbelastungen vorzugehen«[154], kritisiert Manfred Krautter, Chemieexperte von Greenpeace. Die deutschen Verbraucherminister müssten endlich die Lebensmittelüberwachung verbessern und sich für schärfere EU-Grenzwerte einsetzen.

Im November 2008 ließ Greenpeace Tafeltrauben in der EU untersuchen. Insgesamt testete das beauftragte Spezial-labor 124 Proben aus 17 Supermarktketten in Deutschland, Frankreich, Italien, den Niederlanden und Ungarn. Das Labor spürte dabei 300 Pestizidwirkstoffen nach. Das Ergebnis: 43 Prozent der in Deutschland verkauften Trauben sind zu stark mit Pestiziden belastet. Bei Kaiser's Tengelmann waren es sogar achtzig Prozent der Proben, bei Edeka sechzig Prozent. »Die Deutschen bekommen das mieseste Obst auf den Teller. Die Pestizidbelastungen sind teils so hoch, dass gerade bei Kindern Gesundheitsschäden möglich sind«[155], sagte Manfred Krautter.

---

154 PM Greenpeace u. Artikel auf www.greenpeace.de v. 01. 10. 08
155 PM Greenpeace u. Artikel auf www.greenpeace.de v. 24. 11. 08. Siehe auch *ZDFheute* v. 24. 11. 08

Wie viel Gift in Trauben steckt, hänge vom Supermarkt und dem Herkunftsland der Ware ab. Die höchsten Rückstandsmengen fanden sich in Trauben aus der Türkei und Italien. Ware aus Spanien, Frankreich und Griechenland schnitt deutlich besser ab. Damit sei klar, dass die Handelsketten die Wahl hätten. Was der Verbraucher auf den Tisch bekommt, hänge von der Ein-kaufspolitik der Supermärkte ab, urteilte Krautter. In 111 der 124 Proben (89,5 Prozent) steckten Pestizide mit besonders gefährlichen Eigenschaften, die auf der Schwarzen Liste von Greenpeace aufgeführt sind.[156] Das Labor fand 64 verschiedene Pestizide. Im Schnitt sieben in jeder Probe. Häufig nachgewie-sen wurde Bifenthrin, das ins Hormonsystem eingreifen und die Fortpflanzung beeinträchtigen kann, oder auch Carbendazim. In acht Proben (6,5 Prozent der Ware) wurden die EU-Pesti-zidgrenzwerte erreicht oder überschritten. Zwei davon stamm-ten aus Deutschland, verkauft von Edeka und dem Großmarkt Hamburg. Auch hier war nach Ansicht von Greenpeace ein Rückwärtstrend auffällig: 2005 und 2006 stellte Greenpeace bei etwa fünfzig Prozent der untersuchten Trauben zu hohe Pesti-zidwerte fest. 2007 waren es nur acht, 2008 wieder 43 Prozent. Die neuen EU-Grenzwerte hätten sich auch in diesem Fall als zu hoch erwiesen. So bestehe bei türkischen Trauben von Real in Hamburg die Gefahr einer akuten Gesundheitsschädigung, obwohl die EU-Höchstmenge nicht überschritten wurde.

Endstation Ladentheke

Edeka, Rewe, Aldi, Lidl und Metro sind mitverantwortlich dafür, dass Tausende Arbeiter und Arbeiterinnen in Entwick-lungsländern unter menschenunwürdigen Bedingungen und

---

156 Greenpeace: The Dirty Portfolios of the Pesticides Industry. Product Evaluation & Ranking of Leading Agrochemical Companies; Ham-burg, Juni 2008

zu Hungerlöhnen arbeiten müssen und vergiftet werden. Die fünf größten Supermarktketten bedienen siebzig Prozent des deutschen Marktes und nutzen diese Macht schamlos aus. Zu dieser Einschätzung kam im Juli 2008 die Studie »Endstation Ladentheke« der Menschenrechtsorganisation Oxfam nach einer Untersuchung des Bananen- und Ananasmarktes in Supermärkten. Ananas und Bananen sind in Deutschland sehr beliebte Obstsorten. Sie werden zu relativ niedrigen Preisen verkauft. Ein Deutscher verspeist pro Jahr 15 bis 18 Kilogramm Bananen. Jedoch ist kaum einem Verbraucher bewusst, dass die geringen Preise auf Kosten der Plantagenarbeiter in Costa Rica und Ecuador gehen.

Supermarktkonzerne bestimmen zunehmend, welche Zulieferer den Verbraucher mit Ware versorgen. Je größer der Marktanteil des Unternehmens, desto größer auch die Macht über den Zulieferer. Diese geraten unter Druck und müssen die Preis-, Qualitäts- und Liefervorgaben akzeptieren. Ein Druck, der entlang der Lieferkette nach unten weitergegeben wird. Die Leidtragenden sind dabei am Ende die Arbeiter auf den Plantagen, die für neun Euro am Tag bis zu zwölf Stunden und mehr schuften müssen. Der Preisdruck des Lebensmittelhandels führt auch zu einer vermehrten Konzentration in der Fruchtvermarktung. Der Großteil des Ananasanbaus in Costa Rica liegt beispielsweise in den Händen von vier multinationalen Unternehmen: Del Monte, Dole, Chiquita und Bancalo. Nur vier Prozent der Produktion wird von Kleinbauern bestritten. Diese sind kaum am Export beteiligt, da sie viele Richtlinien und Standards der EU nicht einhalten können. Der Einkauf der Ware wird so zunehmend zentralisiert und der monopolisierte Vertragsanbau zum Normalfall. Diese Entwicklung hat gravierende Auswirkungen auf die sozialen und ökologischen Bedingungen in Costa Rica. Riesige Monokulturplantagen verlangen nach der Giftspritze. In Bananenplantagen wird beispielsweise das hochgiftige Herbizid Paraquat der Schweizer Firma Syngenta eingesetzt. Das Gift ist in Europa seit dem 11. Juli 2007 nicht mehr zugelassen.

Illegale Abholzungen führen zu Bodenerosion, und die einge-
setzten Pestizide belasten Flüsse und Brunnen und gefährden
die Gesundheit. Beim Ausbringen der Pestizide steht den Ar-
beitern keine ausreichende Schutzkleidung zur Verfügung.
Menschen, die mit Paraquat in Berührung kommen, leiden an
Augenschäden, Nasenbluten, Reizung oder Verbrennungen der
Haut, Übelkeit und Erbrechen. Während der Erntezeit müssen
die Saisonarbeiter hauptsächlich aus Nicaragua zwei bis drei
Wochen ohne Pausen durcharbeiten. Die Arbeiterinnen im
Verpackungsbereich schuften im Akkord und werden nur nach
gepackten Kisten bezahlt. Gleichzeitig wird die Bildung von
Gewerkschaften systematisch behindert. Ananasproduzenten
wie Pina Fruit (Grupo Acon) drohen mit Gehaltskürzungen,
Massenentlassungen und Plantagenschließungen. Pina Fruit
beliefert den Konzern Dole, der die Supermärkte Edeka, Rewe,
Penny, Plus und Kaiser's versorgt. Grupo Acon verkauft seine
Erzeugnisse an Aldi und Lidl. Auch die Compania Bananera At-
lantica, ein Unternehmen, das zum Chiquita-Konzern gehört,
verbietet ihren Arbeitern die Gründung von Gewerkschaften.
Pindeco ist ein Tochterunternehmen von Del Monte. Auch in
ihm werden keine Gewerkschaften geduldet. Die Ananas von
Del Monte wird bei Lidl, Edeka und Netto vertrieben.[157]

Erfrischendes Benzol

Mitte Oktober 2008 entdeckten Prüfer des Bundesamts für
Verbraucherschutz und Lebensmittelsicherheit (BVL) eine
krebserregende Substanz in Erfrischungsgetränken und Pestizidrückstände in Obst und Gemüse. Die staatlichen Verbrau-

157 Alle Informationen aus Oxfam-Bericht »Endstation Ladentheke. Ein-
zelhandel – Macht – Einkauf: Unter welchen Bedingungen Ananas und
Bananen produziert werden, die in Deutschland über die Ladentheke
gehen«, Berlin 2008. PM v. 14. 04. 08. www.oxfam.de/download/end-
station_ladentheke.pdf

cherschützer hatten insgesamt 361 alkoholfreie Erfrischungs-
getränke untersucht. In rund vierzig Prozent der Proben wiesen
sie Benzol nach. Schon in sehr geringen Mengen könne Benzol die Gesundheit gefährden, sagte BVL-Präsident Helmut
Tschiersky-Schöneburg bei der Vorstellung der Ergebnisse
in Berlin. Die Chemikalie kann entstehen, wenn der Konservierungsstoff Benzoesäure mit Vitamin C reagiert. Die BVL-
Kontrolleure hatten weiterhin bundesweit rund 5000 Proben
verschiedener Lebensmittel und Gebrauchsgegenstände untersucht. So wurde bei luftgetrocknetem Schinken aus Spanien in
fast zehn Prozent der Proben der Höchstwert für Insektizide –
mit denen der Schinken wohl besprüht wurde – überschritten.
Obst und Gemüse enthielten zum Teil hohe Rückstände von
Pflanzenschutzmitteln. Neunzig Prozent der untersuchten Erd-
beeren, 87 Prozent der Äpfel und achtzig Prozent der Tomaten
waren belastet. Jeder fünfte Kopfsalat wies überhöhte Nitrat-
werte auf. Die Belastung mit Pestiziden war in einigen Fällen
so hoch, dass bereits bei einem einmaligen Verzehr gesundheitliche Folgen nicht auszuschließen waren. Die Überschreitung
der zulässigen Höchstwerte habe zwar abgenommen, doch sei
erschreckend, dass bis auf Bio-Produkte immer weniger Obst
und Gemüse frei von Pestizidrückständen sei. Sorgen bereitete
dem BVL auch die Tatsache, dass immer häufiger bis zu fünf
und mehr verschiedene Pflanzenschutzmittel nachgewiesen
werden konnten. Jede einzelne Substanz liege zwar unter dem
zulässigen Grenzwert, und das Produkt ist damit ganz legal auf
dem Markt. Allerdings seien die möglichen Wechselwirkungen
der Mittel in einem solchen Pestizidcocktail noch kaum erforscht.[158]

158 Welt Online, Beitrag v. Claudia Ehrenstein v. 14. 10. 08

Unser täglich Gift-Cocktail

Dass sich einzelne Stoffe zu einem giftigen Cocktail addieren können, weiß man spätestens seit 1956. In diesem Jahr erschien das Buch des Heidelberger Professors für Pharmakologie Fritz Eichholtz mit dem Titel »Die toxische Gesamtsituation auf dem Gebiet der menschlichen Ernährung – Umrisse einer unbekannten Wissenschaft«. Eichholtz spricht hier von der »Kumulation der Giftwirkungen«. Einzelne Stoffe mögen für sich genommen in geringer Dosierung unschädlich sein. Die Vielzahl der auf den menschlichen Körper einwirkenden synthetischen Substanzen könne aber zu noch unerforschten Kombinationswirkungen führen. Der Wissenschaftler forderte daher, bei lebensmittelrechtlichen Regelungen für Zusatzstoffe die toxische Gesamtsituation zu berücksichtigen. Seine Studien und Folgerungen fanden Eingang in das 1958 verabschiedete neue Lebensmittelgesetz. Die Listen verbotener Stoffe wurden durch Positivlisten erlaubter Stoffe ersetzt. Zusatzstoffe sind seitdem grundsätzlich verboten, nur ausdrücklich genannte Stoffe dürfen unter Beachtung vorgeschriebener Höchstmengen verwendet werden. Und das auch nicht generell, sondern nur für bestimmte Zwecke und bestimmte Lebensmittel.

Heute ist wissenschaftlich unumstritten, dass Rückstände von Pflanzenschutzmitteln und Kunstdünger, Konservierungsmittel, Farbstoffe, Weichmacher und andere Lebensmittelzusatzstoffe im menschlichen Körper in teils bekannter, teils noch unbekannter Weise miteinander reagieren und ihre schädlichen Effekte verstärken können. Die Wechselwirkungen der Gifte untereinander und ihre Abbauprodukte gefährden je nach Wirkungsweise jede elementare menschliche Körperfunktion. Besonders gefährlich für Verbraucher sind die langsamen und zeitversetzten Wirkungen von Pestiziden: Sie können die Zellteilung stören, das Entstehen von Krebs begünstigen, das Erbgut verändern, das Immunsystem beeinträchtigen und Allergien auslösen. Probleme der menschlichen Fruchtbarkeit entstehen aus hormonell wirksamen und schwer abbaubaren Chemikalien (Dauergifte), die mittlerweile überall in der Umwelt zu finden sind. Die EU listet über fünfzig Wirkstoffe auf, die hochwahrscheinlich oder erwiesenermaßen das menschliche Hormonsystem beeinflussen. Unbestritten ist, dass nicht nur die Qualität menschlicher Spermien, sondern auch ihre Menge drastisch abgenommen hat.[159]

Es ist daher reine Augenwischerei, von unschädlichen Mengen toxischer Stoffe in Lebensmitteln zu sprechen. Isoliert betrachtet mag ein Pestizid oder ein Konservierungsstoff nicht schädigend sein, in seiner Wechselwirkung im menschlichen Körper ist er es meist jedoch sehr wohl. Weltweit werden Pestizidwirkstoffe in rund 5000 unterschiedlichen Spritzmitteln verwendet. Zugelassen sind 1000 verschiedene Pestizide. In der EU sind es 400. Die Hersteller setzen mit dem Kampf gegen Unkraut und Käfer in der EU jährlich sechs Milliarden Euro um. Laut Industrieverband Agrar wurden 2006 in Deutschland 29 580 Tonnen Agrargifte verkauft. Hauptproduzent ist Bayer CropScience. Achtzig Prozent aller Pestizide werden im Ackerbau sowie auf Obst- und Gemüsekulturen versprüht. Hierbei gelten selbstverständlich Grenzwerte, sogenannte »Maximum Residue Levels« (MRL). Aber bislang gibt es noch keine Summengrenzwerte für eine mehrfache Belastung mit Pestiziden. Daneben arbeiten die Kontrollbehörden auch mit dem Begriff der »akuten Referenzdosis« (ARfD). Die ARfD beschreibt die Menge einer Substanz, die mit einer Mahlzeit oder innerhalb eines Tages aufgenommen werden kann, ohne ein gesundheitliches Risiko für den Konsumenten darzustellen. Bereits bei einmaliger Überschreitung dieses Grenzwertes besteht die Gefahr von Gesundheitsschäden. Viele Toxikologen halten die festgelegten EU-Grenzwerte für zu hoch angesetzt. Doch selbst diese Limits werden in vielen Lebensmitteln oftmals überschritten. Dazu komme ein Nachweisproblem, be-

159 Angaben nach Greenpeace

richtet Greenpeace: »Bei unseren Untersuchungen können selbst unsere sehr guten Labore gerade einmal 250 bis 300 Pestizide nachweisen. Das heißt, tatsächlich sind nur ein Viertel bis ein Drittel der Rückstände überhaupt sichtbar. Wenn man um dieses begrenzte analytische Fenster weiß, wird einem schnell klar, dass hier noch viel im Verborgenen liegt. Wir müssen deshalb davon ausgehen, dass wir die tatsächliche Belastung und damit auch die mögliche Gefahr nicht über-, sondern eher unterschätzen.«[160] Die gesundheitlichen Gefahren, die von allen Pestiziden ausgehen, sind somit auch der wichtigste Grund für den gestiegenen Bio-Konsum. Der Verbraucher will nicht länger schleichend vergiftet, krank und unfruchtbar gemacht werden.

Wende zum Guten?

Aus Sicht des Verbraucherschutzes hat sich in 2008 viel zum Guten entwickelt. Dank der neuen europäischen Chemikalienverordnung REACH (Registrierung, Autorisierung und Evaluierung von Chemikalien) müssen seit dem 1. Juni 2008 Hersteller und Importeure, die pro Jahr mehr als eine Tonne einer Chemikalie produzieren oder einführen, diese bei der Europäischen Chemikalienagentur ECHA in Helsinki registrieren lassen und Informationen über mögliche Gefahrenpotenziale liefern. Bisher waren in Deutschland die Prüfungen und Auflagen für allgemeine Industriechemikalien durch das Chemikaliengesetz vom 1. Januar 1982 geregelt. Für Substanzen, die vor dem Inkrafttreten dieses Gesetzes zur industriellen Produktion gemeldet wurden, die sogenannten chemischen Altstoffe, waren keine Prüfungen vorgeschrieben. Alle, die danach gemeldet wurden, sind »neue Stoffe«, die einer systematischen Prüfung unterliegen. Der überwiegende Anteil der Chemikalien, die ins All-

160 Greenpeace Online-Interview mit Manfred Krautter v. 16. 02. 07

tagsleben der Verbraucher eingreifen, sind allerdings Altstoffe. REACH kehrt nun die Beweislast um. Das heißt, die Hersteller müssen die Unbedenklichkeit ihrer Chemikalien beweisen. Um die Kosten für die Hersteller zu senken, sollen aber bestimmte Stoffgruppen nur dann vollständig untersucht werden müssen, wenn ein Verdacht auf eine Gesundheitsgefährdung vorliegt.[161]

Unangenehm für die Pestizidbranche ist auch die neue, seit September 2008 im Europaparlament diskutierte EU-Verordnung zur Pestizidzulassung, die voraussichtlich im Frühjahr 2009 in Kraft treten wird. Der zufolge sollen einige der gebräuchlichsten Pflanzenschutzmittel bald verboten werden. Insbesondere diejenigen, die Krebs verursachen, das Erbgut verändern oder die Fortpflanzung gefährden können. Für die aktuell zugelassenen Wirkstoffe gelten die neuen Ausschlusskriterien allerdings erst ab 2016. Die Verordnung könnte zwei Verkaufsschlager von Bayer betreffen: die Herbizide Basta und Liberty, die radikal alles »Unkraut« abtöten. Würden sie aus dem Verkehr gezogen, beträfe das auch ein weiteres Geschäft von Bayer. Gleichzeitig hat die Firma nämlich auf die Herbizide abgestimmte, gentechnisch veränderte Nutzpflanzen entwickelt, denen die Gifte nichts anhaben können. Bauernverbände und Pestizidlobby laufen gegen die neue Verordnung Sturm und betreiben Panikmache. Klaus Welsch, Leiter des europäischen Pflanzenschutzgeschäftes von BASF, malt bereits den Untergang der deutschen Landwirtschaft an die Wand, wenn er sagt: »Auf Druck der grünen Lobby wird hier die Landwirtschaft zugrunde gerichtet.«[162]

161 Siehe PM des BMU v. 02. 07. 08 und 02. 12. 08
162 *Spiegel* 51/2008, S. 88

Verbrauchertipp

- Vermeiden Sie den Kontakt mit Pestiziden, soweit irgend möglich.
- Bevorzugen Sie Obst, Getreide und Gemüse aus Bio-Anbau.
- Fragen Sie beim Möbel-, Textilien- oder Teppichkauf nach der Behandlung mit Pestiziden.
- Verwenden Sie keine Spritzmittel oder Giftköder in Haus und Garten.
- Sie können Spritzmittelrückstände teilweise reduzieren, indem Sie Obst mit warmem Wasser abwaschen oder schälen. Nach dem Schälen aber das Händewaschen nicht vergessen.

Der Bioboom

Gifte auf Feldern und Wiesen und Chemiecocktails in unseren Lebensmitteln und Getränken machen krank, belasten die Umwelt und töten viele Tierarten. Diese Einsicht teilen immer mehr Verbraucher. Die Nachfrage nach sauberen Bioprodukten steigt daher stetig an. Für Verbraucher wird es immer wichtiger, qualitativ hochwertige Lebensmittel, die umwelt- und tiergerecht erzeugt wurden, zu konsumieren. Mehr als neunzig Prozent der Haushalte in Deutschland haben mindestens einmal im Jahr 2007 Biolebensmittel gekauft. Die Ausgaben der privaten Haushalte für Bioprodukte sind dabei im Vergleich zum Vorjahr um 21 Prozent gestiegen. Am häufigsten werden Frischwaren wie Obst, Gemüse und Milch(-produkte) eingekauft. Darauf folgen Honig, Marmelade und Müsli, die in Bioqualität nun vermehrt auf deutschen Frühstückstischen zu finden sind. Die meisten Biokäufer konsumieren Ökoprodukte allerdings nur gelegentlich und probieren »Bio« erst einmal aus. Jedoch ist bei ihnen die Tendenz vorhanden, ihre Ausgaben für Bioprodukte zu steigern. Zehn Prozent aller Haushalte, die regelmäßig Ökolebensmittel konsumieren, sind Intensivkäufer, die ihren gesamten Bedarf an Lebensmitteln und Getränken durch Bioware decken. Für die meisten Käufer sind beim Kauf von Biolebensmitteln die umweltfreundliche Herstellung und die geringere Schadstoffbelastung wichtig. Dies ist auch auf das gesteigerte allgemeine Gesundheitsbewusstsein zurückzuführen, das ein weiteres wichtiges Motiv für den Kauf von Bioprodukten ist. Die Pioniere der Ökobewegung machen nur noch einen kleinen Anteil der Käuferschicht von Biolebensmitteln aus. Mittlerweile richtet sich die Biobranche nach den Bedürfnissen der sogenannten LOHAS (Lifestyle of Health and Sustainability) aus, einer kritischen und kaufkräftigen neuen Zielgruppe, die sich nachhaltig und gesund ernähren will und dabei auf gewohnten Luxus nicht verzichten möchte.

Die meisten dieser Kunden kaufen ihre Biolebensmittel im Supermarkt. Außerdem sind der Wochenmarkt mit frischen Produkten direkt vom Erzeuger und mittlerweile der Discounter bevorzugte Einkaufsstätten.[163] Mit dem gerade einmal knapp drei Jahre zurückliegenden Einstieg von Supermärkten und Discountern in das Biogeschäft sind Ökoprodukte einfacher und preisgünstiger erhältlich. Der Gesamtumsatz des Biolebensmittelmarkts für das Jahr 2007 betrug bereits 5,4 Milliarden Euro: ein Wachstum von 18 Prozent im Vergleich zum Vorjahr.[164] Deutschland ist Spitzenreiter im Verbrauch von Biolebensmitteln in Europa und die wichtigste Absatzregion für Importeure, obwohl nur 5,1 Prozent der gesamten Landwirtschaftsfläche nach ökologischen Kriterien genutzt wird.

163 Alle Angaben nach Ökobarometer 2007
164 Quelle: ZMP-Grafik

Die steigende Nachfrage hat schon zu Rohstofflieferengpässen bei heimischen Produzenten geführt. Mit dem Eintritt der Discounter ins Biogeschäft ist ein Preiskampf losgetreten worden. Ihre Produkte stammen hauptsächlich aus dem Ausland: vor allem aus Dänemark, Osteuropa, Österreich und Spanien. Um weiterhin die Regale zu füllen und die Preise möglichst niedrig halten zu können, müssen nun verstärkt Produkte bezogen werden, die aus Asien, insbesondere China, stammen. Die Erzeugung von Biolebensmitteln wird immer globaler und entwurzelt sich somit von der lokalen heimischen Produktion. Die eigentlichen Gewinner des Biobooms in Deutschland sind daher weniger deutsche Biobauern als vielmehr Produzenten in aller Welt.

Diese Entwicklung beschreibt auch eine verpasste Möglichkeit für den deutschen Biomarkt, sich stärker auszuweiten. Immerhin versuchen sich die deutschen Biobauern mittlerweile deutlicher von ihren Mitkonkurrenten abzuheben, indem sie ihre Regionalität stärker herausstellen. Dadurch soll ein größeres Vertrauen bei den Kunden geschaffen werden. Dies bietet eine neue Chance für die Positionierung am deutschen Markt, die die Branche bitter nötig hat. Viele Bauern scheuen die Umstellung auf den Ökolandbau, da er arbeits- und personalintensiver ist. Auch finanziell ist ein Umstieg auf Bio seit 2007 nicht mehr besonders attraktiv. In diesem Jahr kürzten die Bundesländer die Fördermittel für den Ökolandbau wegen fehlender EU-Zuschüsse um ein Fünftel. In Schleswig-Holstein erhalten Biobauern beispielsweise nur noch 137 Euro Zuschuss pro Jahr und Hektar. Dies ist halb so viel wie noch vor zwei Jahren. Andere Länder setzten sich stärker für ihre Biobauern ein: In Österreich blieben die Förderprogramme für die ökologische Landwirtschaft unangetastet. Ost- und südeuropäische Länder wie Polen und Slowenien zahlen deutlich höhere Subventionen an ihre Biobauern, obwohl sie hier bereits von günstigeren Lohnkosten profitieren. Dadurch ist es für diese Bauern auch möglich, ihre Produkte billiger zu vermarkten. Sie verhindern damit, dass die Preise in Deutschland in dem Maße anwachsen wie die Nachfrage. Diese Preispolitik ist für viele heimische Landwirte ruinös. Viele Betriebe mussten bereits Kürzungen vornehmen, die meist zu Entlassungen von Personal führten. Denn Biolandbau ist sehr personalintensiv: Ein Biobetrieb benötigt etwa ein Drittel mehr Personal als ein Betrieb in der konventionellen Landwirtschaft. 160 000 Menschen verdienen nach Schätzungen von Branchenverbänden in Deutschland ihren Unterhalt durch die Erzeugung, Verarbeitung und den Vertrieb von Ökoprodukten. Zwar wuchs die ökologisch bewirtschaftete Fläche in Deutschland im Jahr 2007 um 4,8 Prozent (2006: 2,3 Prozent) auf jetzt 865 336 Hektar und die Zahl der Bioerzeuger um 6,5 Prozent (2006: 3,2 Prozent) auf 18 703. Jedoch nahm die Zahl ausschließlich verarbeitender Betriebe im gleichen Zeitraum um bereits 24 Prozent und die Zahl der Betriebe, die Bioerzeugnisse sowohl verarbeiten als auch importieren, um zwanzig Prozent zu. Die Schere zwischen boomendem Markt und heimischer Bioerzeugung geht weiter auf und der Anteil von Importware steigt stark an. Vertreter von Anbauverbänden fordern deshalb eine Rücknahme der Subventionskürzung und eine Verbesserung der Kennzeichnungspflicht, um die regionale Herkunft der Produkte besser hervorzuheben.

Einstieg der Discounter

Auch die Ansprüche der Kunden an Biolebensmittel sind deutlich gestiegen, so dass verschrumpeltes Gemüse und wurmstichiges Obst keinen Platz mehr in den Verkaufsauslagen finden. Frischwaren müssen einer vergleichbaren konventionellen Norm entsprechen, um überhaupt von den Käufern akzeptiert zu werden. Zwar sind Konsumenten bereit, einen höheren Betrag für Bioprodukte zu zahlen, aber sie akzeptieren nicht jeden Preis. Bis zu dreißig Prozent dürfen Bioprodukte im Vergleich zu konventioneller Ware mehr kosten. Momentan gleichen sich die Preise für Ökoerzeugnisse denen von konventionellen Produkten immer mehr an. Durch den Einstieg der Discounter und des konventionellen Lebensmitteleinzelhandels in das Biogeschäft geraten immer mehr bäuerliche Direktvermarkter, Reformhäuser und kleinere Naturkostläden unter Druck. Gerade die Existenz der Pioniere des Ökomarkts wird durch den Bioboom bedroht. Kleine Naturkostläden können nicht so ein umfangreiches Sortiment bieten wie Biosupermärkte. Ihre Verkaufsfläche ist begrenzt und kann in den meisten Fällen nicht erweitert werden. Bioprodukte sind heute in jedem konventionellen Supermarkt erhältlich, was die Situation für die kleinen Naturkostwarenhändler deutlich erschwert. Dazu eröffnen immer mehr große Biosupermärkte. Im Jahr 2007 wurden allein in Deutschland achtzig neue Standorte erschlossen. Auch die Rewe-Gruppe ist auf den Bio-Zug aufgesprungen. Sie bietet in ihren Supermärkten Bioprodukte an und gründete vor zwei Jahren sogar ihre eigene Biofilialkette »Vierlinden«. Im Jahr 2007 eröffnete durchschnittlich jeden vierten Tag ein neuer Biosupermarkt. Mittlerweile liegt die Gesamtzahl der Biofachmärkte und Biosupermärkte bei rund 450. An der Spitze der Biosupermarktketten stehen die beiden Unternehmen Alnatura und Basic. Alnatura führt momentan bei der Anzahl der Filialen: Seit Anfang 2008 besitzt die Kette 35 Supermärkte in Deutschland und Österreich. Basic hingegen verfügt über die größere Verkaufsfläche mit durchschnittlich 708 Quadratmetern. Basic erzielte 2007 etwa 100 Millionen Euro Umsatz, Alnatura 93,5. Dieses lukrative Biogeschäft können sich die großen Discounter natürlich nicht entgehen lassen. Im Februar 2007 stieg die Schwarz-Gruppe, zu welcher der Discounter Lidl und das Warenhaus Kaufland gehören, bei der Basic AG mit 23 Prozent ein. Basic versicherte seinen Kunden, dass sich durch die Lidl-Beteiligung nichts ändern würde. Da aber Lidl in der Vergangenheit immer wieder durch seine umstrittenen Arbeits- und Produktionsbedingungen aufgefallen war, reagierten Kunden und Lieferanten gegen die geplante Übernahme mit einem Proteststurm. Die bundesweit führenden Biogroßhändler Dennree, Tagwerk und die Hermannsdorfer Landwerkstätten kündigten ihre Geschäftsbeziehungen mit Basic auf. Daraufhin beschloss die Basic AG, ihren Verkauf von Aktien an die Schwarz-Gruppe zu stoppen. Vor etwa fünf Jahren führte bereits Plus als erster Discounter mit seiner Eigenmarke »Bio Bio« Biolebensmittel in das Sortiment ein. Die anderen Discounterketten wie Aldi, Lidl und Penny zogen nach und bieten mittlerweile ebenfalls Biolebensmittel an. Zwar ist ihr Sortiment vergleichsweise klein, aber durch die Vermarktung über ein flächendeckendes Vertriebsnetz konnten große Mengen abgesetzt werden. Die Umsätze im Biosegment schnellten nach oben. Die Nachfrage lässt sich jedoch kaum durch regionale Erzeugnisse decken. Bei vielen Produkten ist die Herkunft unklar. Viele von ihnen stammen aus dem Ausland, da dort genügend Ware im Angebot ist und die Preise deshalb niedriger sind. Um ihre Liefermengen zu sichern, zahlten die Discounter zum Teil überhöhte Preise an die Erzeuger. Gleichzeitig lieferten sie sich untereinander einen aggressiven Preiskampf. Am meisten verkaufen die Discounter Biotiefkühl- und andere stark verarbeitete Produkte. Solche Biolebensmittel werden mit zugelassenen Zusatzstoffen versehen, um den Ansprüchen einer Massenproduktion zu genügen und um die Qualität zu standardisieren. Aufwändig und mit hohem Energieaufwand produzierte Tiefkühlpizzen, Fertiggerichte und sogar Fast-Food-Produkte füllen die Regale und Verkaufsflächen. Die Produktionskette von ökologischen Lebensmitteln wird industrialisiert und immer weniger transparent für den Verbraucher. Er stellt sich zu Recht die Frage: Wie kann ich mir als Verbraucher sicher sein, wirklich saubere und gesunde Produkte zu bekommen? Was macht »Bio« überhaupt zu »Bio« und welche Kriterien gibt es, die für die Erzeugung von Bioprodukten relevant sind?

Was ist ökologische Landwirtschaft überhaupt?

Grundsätzlich ist Ökologie die wissenschaftliche Beschäftigung mit den Wechselbeziehungen zwischen den Organismen und ihrer Umwelt. Im engeren Sinne wird auch der Zusammenhang zwischen Mensch und Umwelt darunter verstanden. Der Begriff »Öko« meint daher viel mehr als der Begriff »Bio« und umfasst diesen. In der Landwirtschaft werden die beiden Begriffe allerdings synonym verwendet. Ökologische Landwirtschaft oder biologische Landwirtschaft bezeichnet die Herstellung von Nahrungsmitteln und anderen landwirtschaftlichen Erzeugnissen auf der Grundlage möglichst die Natur schonender Methoden. Und das unter Berücksichtigung von Erkenntnissen der Ökologie und des Umweltschutzes. Ökologischer Landbau grenzt sich klar ab vom konventionellen Landbau und dem nicht näher definierten und geregelten sogenannten integrierten Landbau. So verzichtet die ökologische Landwirtschaft auf die Verwendung von chemisch-synthetischen Pestiziden (Fungizide, Herbizide, Insektizide), synthetischen Wachstumsförderern, synthetischen Düngemitteln und Gentechnik. Eine Ionenbestrahlung der Lebensmittel findet ebenfalls nicht statt.

Zu Zeiten der aufkeimenden Umweltbewegung gewann der ökologische Landbau in den 1970er und 1980er Jahren an Bedeutung. Bereits 1981 sorgte das Buch »Chemie in Lebensmitteln« von der Kölner Katalyse-Umweltgruppe für Aufsehen, das vor gesundheitsgefährdenden Schadstoffen warnte. Alle paar Monate wurde ein neuer Skandal publik. Cadmiumverseuchung der Nahrung, krebserregende Nitrosamine, Formaldehyd, Perchlorethylen, Dioxine, polychlorierte Biphenyle, Benzypren und viele weitere Chemikalien sorgten für Schlagzeilen. Insbesondere die Atomkatastrophe von Tschernobyl löste dann 1986 den Bio-Boom aus. »Natürlich leben heißt gesund leben« war die Devise der neuen Ökobewegung. Sie wollte aufräumen mit den Lügen und Halbwahrheiten der industriellen

Nahrungsmittelproduktion und versprach eine gesündere Zukunft. Für andere ging es hingegen nur um das Geschäft mit der Angst. In den Supermärkten tauchten plötzlich Lebensmittel auf, die sich »Bio« nannten, es aber nicht waren. Um die Verbraucher und die Biobauern zu schützen, erließ die EU 1991 die Ökoverordnung und definierte die Begriffe »Bio« und »Öko«. Der Ernährungsskandal um den Rinderwahnsinn BSE Ende 2000 bis Frühjahr 2001 vertiefte das Misstrauen der Verbraucher gegenüber industriell erzeugten Nahrungsmitteln allgemein, den Tierhaltungsformen und der modernen Landwirtschaft insbesondere. Jahrelang war den Verbrauchern vorgemacht worden, das Verfüttern von Tiermehl an Rinder sei völlig unbedenklich, bis Millionen Tiere notgeschlachtet werden mussten. Lügen und gezielte Vertuschungen waren an der Tagesordnung. Es ging augenscheinlich weniger um den Schutz und die Gesundheit der Bevölkerung als vielmehr um die Profite der Fleisch- und Agrarlobby. Das führte dazu, dass sich die ökologische Landwirtschaft gesellschaftlich wie politisch als zukunftsfähiges und umweltschonendes Landbausystem fest in Deutschland etablierte.

Biobauern haben den Anspruch, ihr Land nachhaltig zu bewirtschaften, um gesunde Lebensmittel produzieren zu können. Charakteristisch für den ökologischen Landbau sind geschlossene Kreisläufe. Ein Bauernhof wird als ganzheitliches System aus Boden, Pflanzen, Tieren und Menschen betrachtet. Ziel ist es, die Bodenfruchtbarkeit zu erhalten, so dass so wenig wie möglich Nährstoffe von außen zugeführt werden müssen. Ein Biobauer verzichtet daher auf den Einsatz von Kunstdünger und verwendet nur organischen Dünger. Um den Nährstoffgehalt des Bodens zu fördern, hält er verschiedene Fruchtfolgen ein: Bohnen, als Zwischenfrucht angepflanzt, binden etwa den Stickstoff aus der Luft und reichern den Boden damit an. Unkraut bekämpfen Biobauern mechanisch mit Grubber und Egge. Bevorzugt bauen sie regionale und alte Pflanzensorten an, die besser gegen Krankheiten und Schädlinge gewappnet sind. Als Pflanzenschutzmittel werden nur natürliche Substanzen wie Kupfer und Schwefel und pflanzliche Wirkstoffe wie Extrakte des indischen Neem-Baumes oder Pyrethrum aus der Chrysanthemenwurzel eingesetzt. Nutztiere sollen möglichst artgerecht gehalten werden, so dass sie ihre natürlichen Verhaltensweisen ausleben können. Der ökologische Landbau schreibt daher Mindestgrößen für Stall- und Auslaufflächen vor. Tiere aus ökologischer Mast dürfen langsamer wachsen, da deren Futterzusammensetzung eine andere ist als in der konventionellen Landwirtschaft. Erkrankt ein Tier, verabreicht man pflanzliche oder homöopathische Arzneien. Der Einsatz von Antibiotika ist untersagt.

Mindeststandard – das Biosiegel

Die EU-Öko-Verordnung folgt grundsätzlich dem ökologischen Ansatz und definiert europaweite einheitliche Mindeststandards für die ökologische Landwirtschaft und regelt die Kontrollen für Landbau, Verarbeitung und Importe. Die Verordnung trat 1992 in Kraft und umfasst sowohl die pflanzliche wie die tierische Produktion. Im allgemeinen Teil sind die Grundregeln für die ökologische Landwirtschaft beschrieben, wie die Einhaltung bestimmter Fruchtfolgen und der Kreislaufgedanke. Zentral sind die Positivlisten, auf denen Futter, Schädlingsbekämpfungs- und Düngemittel sowie Bodenverbesserer aufgeführt sind, die der Biolandwirt generell oder in bestimmten Fällen einsetzen darf. Verwendetes Saatgut muss von ökologisch wirtschaftenden Betrieben stammen. Diese Regelung gilt auch beim Kauf von Jungtieren. Nur in wenigen Fällen sind Ausnahmen möglich. Im Bereich Tierhaltung beschreibt die Verordnung, wie viele Tiere pro Hektar Fläche gehalten werden dürfen. Ebenso ist festgelegt, wie groß Ställe und Ausläufe sein müssen. Bei der Behandlung von kranken Tieren ist der Einsatz von homöopathischen und pflanzlichen Arzneien vorgesehen. Sollten herkömmliche Mittel verwendet werden, verzögert sich die Wartezeit bis zur Vermarktung. Grundsätzlich dürfen gentechnisch veränderte Organismen nicht eingesetzt werden. Dies gilt ebenfalls für Rohstoffe, die mit Hilfe gentechnisch manipulierter Organismen erzeugt wurden. Eine Haltbarmachung von ökologischen Lebensmitteln mit Hilfe von ionisierenden Strahlen ist nicht erlaubt. Eine Positivliste erlaubt den Einsatz von immerhin 47 Zusatz- und Hilfsstoffen. Die Art und Menge der Verwendung ist klar reglementiert. Im Vergleich zur konventionellen Produktion sind damit aber nur ein Siebtel der dort gelisteten 316 Zusatzstoffe zugelassen. Die EU-Öko-Verordnung räumt ein, dass bei verarbeiteten Produkten nur 95 Prozent der Zutaten aus ökologischer Erzeugung stammen müssen. Fünf Prozent können also konventionell sein. Der Einsatz konventioneller Zutaten darf allerdings nur erfolgen, wenn diese nicht in ökologischer Qualität beschafft werden können. Dafür ist eine Ausnahmegenehmigung der zuständigen Behörde erforderlich. Landwirte, die ihren Betrieb auf ökologischen Landbau umstellen möchten, müssen sich bei einer zugelassenen Kontrollstelle zur Ersterhebung melden. Nach Erfassung aller relevanten Details muss der Bauer zwei bis drei Jahre nach den Regeln der Ökoverordnung wirtschaften. Erst nach diesem Zeitraum dürfen die Erzeugnisse als Ökoprodukte vertrieben werden. Im Rahmen der EU-Ökoverordnung ist allerdings auch eine Teilumstellung möglich, vorausgesetzt, die landwirtschaftlichen Einheiten sind deutlich voneinander getrennt. Daher darf ein Bauer seine Milchkühe und die dafür notwendigen Weideflächen auf Bio umstellen, kann aber weiterhin auf anderen Äckern konventionelle Zuckerrüben anbauen und dort Pestizide einsetzen.

Die Begriffe »Bio« und »Öko« sowie »biologisch« und »ökologisch« sind durch die Verordnung geschützt. Sie dürfen nur verwendet werden, wenn die Produkte nach den EU-Ökokriterien erzeugt, verarbeitet und kontrolliert wurden. Die EU-Ökoverordnung regelt ebenfalls die Kennzeichnung von

Biolebensmitteln. Verbindlich für alle Ökolebensmittel, die verpackt sind, ist die Kennzeichnung mit dem Namen und/oder der Nummer der zuständigen Kontrollstelle. Meistens befindet sich diese direkt in der Nähe der Zutatenliste. Bei loser Ware wie Obst und Gemüse befindet sich die Kontrollstellennummer auf den Warenbegleitpapieren, nach denen der Verbraucher beim Verkäufer verlangen kann.

Das sechseckige grünweiße staatliche Biosiegel ist das bekannteste Ökokennzeichen in Deutschland. Bislang tragen es über 50 000 Produkte von mehr als 3000 Unternehmen. Das Biosiegel darf nur benutzt werden, wenn die Kriterien der EU-Ökoverordnung erfüllt wurden. Die Nutzung dieses Siegels ist allerdings nicht verbindlich, sondern freiwillig und kostenlos.

Im Juni 2007 verabschiedete die EU eine Neufassung der »Verordnung zur Förderung der weiteren Entwicklung der ökologischen Lebensmittelwirtschaft in Europa«. Diese trat am 1. Januar 2009 in Kraft. Sie sieht Vereinfachungen für landwirtschaftliche Betriebe vor und macht die Produktion für den Verbraucher transparenter und sicherer. So muss angegeben werden, ob die Biolebensmittel aus der EU stammen oder nicht. Produkte aus Nicht-EU-Staaten müssen ab 2010 von Ökokontrollstellen zertifiziert werden, die ein Akkreditierungsverfahren bei der EU-Kommission durchlaufen haben. Weiterhin wurden neue Richtlinien für die ökologische Aquakultur, also vor allem Fischaufzucht, Wein, Seetang und Hefen geschaffen. Mit der neuen Verordnung wird auch die Verwendung eines einheitlichen EU-Logos für den ökologischen Landbau verbindlich. Den Entwurf für das neue Siegel musste die EU allerdings im September 2008 zurückziehen, da der ALDI-Konzern wegen großer Ähnlichkeit zu seiner Biomarke geklagt hatte. Die Verpflichtung zum Aufdruck des EU-Logos und der entsprechenden Herkunftsangaben wurde dann auf den 1. Juli 2010 verschoben und ein Design-Wettbewerb ausgeschrieben. Weiterhin dürfen aber zusätzlich auch andere Logos wie das Biosiegel oder private Verbandskennzeichen genutzt werden.

Was die Verwendung von gentechnisch veränderten Organismen betrifft, bleibt sie nach der neuen Verordnung verboten. Die Obergrenze für das unbeabsichtigte Vorhandensein von zugelassenen gentechnisch veränderten Organismen wurde jedoch auf immerhin 0,9 Prozent hochgesetzt. Bislang belief sie sich nur auf 0,1 Prozent. Mit einer Sondergenehmigung dürfen nun auch Zusatzstoffe eingesetzt werden, die aus gentechnischer Produktion stammen – wenn denn ein Stoff nicht mehr in unveränderter Form verfügbar ist. Kritiker sehen darin eine klare Verschlechterung der EU-Ökoverordnung. Die Aussage, dass Bioprodukte generell gentechnikfrei sind, ist damit in Frage gestellt. Außerdem wurden weitere Erzeugungskriterien wie beispielsweise der Wasserverbrauch nicht berücksichtigt. Das ist ökologisch gesehen unverantwortlich. Wie nachhaltig ist eine Biotomate aus einem Gewächshaus in der Wüste Südspaniens denn noch, wenn sie aufwendig künstlich bewässert werden muss und Tausende Kilometer weit transportiert wird?

Bio ist nicht gleich Bio – die Kriterien der Anbauverbände

Derzeit gibt es in Deutschland auf Erzeugerseite acht ökologische Anbauverbände, die sich in Größe, Tätigkeitsbereich und regionaler Ausbreitung unterscheiden. Diese sind Biokreis, Bioland, Biopark, demeter, Ecoland, Ecovin, GÄA und Naturland. Nationaler Dachverband ist der »Bund Ökologische Lebensmittelwirtschaft« (BÖLW), in dem die meisten der Anbauverbände sowie weitere fachverwandte Institutionen organisiert sind. Auf internationaler Ebene wird die Biobranche durch den Dachverband »International Federation Of Organic Agriculture Movements« (IFOAM) vertreten. Diese Verbände haben sich bereits lange vor dem Erlass der EU-Ökoverordnung gegründet. Der älteste ist Bioland, der bereits seit 1971 besteht.

Alle Verbände besitzen eigene Richtlinien, nach denen die jeweiligen Mitglieder wirtschaften. Diese entsprechen in allen Fällen den Standardanforderungen der EU-Ökoverordnung, gehen meistens jedoch noch darüber hinaus. Mit dem Beitritt verpflichtet sich der jeweilige Bauer, die Verbandskriterien einzuhalten. Im Gegenzug dazu darf er seine Erzeugnisse mit dem jeweiligen Verbandslogo kennzeichnen.

Grundsätzlich sehen die Richtlinien der Anbauverbände – und das ist der Hauptunterschied zur EU-Ökoverordnung – eine komplette ökologische Umstellung eines landwirtschaftlichen Betriebes vor. Teilumstellungen sind eine nur als organisatorische Zwischenschritte geduldete Praxis. Der Umstellungszeitraum selbst ist daher oft deutlich länger. Bei dem nach biologisch-dynamischer Methode ausgerichteten anthroposophischen demeter-Verband beträgt dieser sogar fünf Jahre. Außerdem schränken die Anbauverbände den Einsatz der erlaubten Hilfsstoffe stark ein. Sie verbieten auch Verarbeitungsverfahren, die Lebensmittel zu stark beanspruchen, wie beispielsweise die Erzeugung von ultrahocherhitzter Milch. Die Produktion wird dadurch aufwendiger und schwieriger. Deshalb sind Biolebensmittel von Erzeugern aus Verbänden oft teurer als Produkte, die allein nach den Kriterien der EU-Ökoverordnung hergestellt wurden. Die meisten Anbauverbände in Deutschland besitzen ihre eigenen Warenzeichen. Sind Biolebensmittel mit diesen gekennzeichnet, so entsprechen sie den Verbandsrichtlinien. In der Regel tragen sie zusätzlich das staatliche Biosiegel. Darüber hinaus tragen verarbeitete Ökoprodukte die Namen des jeweiligen Naturwarenherstellers wie beispielsweise Rapunzel oder aber auch des Ökogroßhändlers wie beispielsweise Dennree, der vorwiegend den Bio-Einzelhandel beliefert, oder Alnatura, der neben seinen eigenen Supermärkten auch herkömmliche Supermärkte und dm-Drogeriemärkte mit seinen Waren bestückt. Viele Supermarktketten und Discounter haben mit dem Einstieg ins Biogeschäft zudem ihre eigenen Handelsmarken wie »Naturkind« oder »BioBio«

Unterschiede der Richtlinien von Anbauverbänden und der EU-Öko-Verordnung

Regelungsbereich	EU-Öko-Verordnung	Verbandsrichtlinien
Umstellung	Teilumstellung erlaubt	Umstellung des gesamten Betriebs ist Pflicht
Maximaler Tierbesatz je Hektar landwirtschaftlicher Fläche	14 Mastschweine, 580 Masthühner oder 230 Legehennen	10 Mastschweine, 280 Masthühner oder 140 Legehennen
Maximale Düngemenge	170 kg N/ha/ Jahr	112 kg N/ha/ Jahr
Zukauf von organischem Handelsdünger	Nicht begrenzt, der Bedarf muss allerdings von der Kontrollstelle anerkannt sein	Maximaler Zukauf 40 kg N/ha/Jahr
Einsatz von Gülle, Jauche und Geflügelmist aus konventioneller Haltung	Einsatz konventioneller Gülle und Geflügelmist unter bestimmten Bedingungen erlaubt	Einsatz verboten
Einsatz konventioneller Futtermittel	Höhere Anteile erlaubt, größere Auswahl bei Futtermitteln (nur übergangsweise bis 2011)	Wenige eiweißreiche konventionelle Futterzutaten, sofern nicht in Öko-Qualität verfügbar
Erzeugung der Futtermittel im eigenen Betrieb	Erwünscht, aber nicht zwingend	Mindestens 50 % des Futters müssen vom eigenen Betrieb stammen
Ganzjährige Silagefütterung	Nicht geregelt	Ganzjährige ausschließliche Silagefütterung verboten
Verwendung von Zusatzstoffen	Positivliste mit rund 45 Zusatzstoffen	Produktspezifische Positivlisten
Verwendung gentechnikfreier Enzyme	Ohne Einschränkung zugelassen	Nur für wenige spezielle Anwendungen in bestimmten Produktgruppen zugelassen, für Backwaren verboten
Verwendung natürlicher Aromen	Ohne Einschränkung zugelassen	Nicht erlaubt oder für nur wenige Produkte zugelassen
Herkunft der Rohstoffe	Keine speziellen Regelungen	Alle oder Großteil der Zutaten sind Verbandsware aus Deutschland, Regionalität erwünscht
Packstoffe	Keine speziellen Regelungen	Produktspezifische Positivlisten mit erlaubtem Verpackungsmaterial

Quelle: BÖLW, www.boelw.de/uploads/media/pdf/Dokumentation/Zahlen__Daten__Fakten/ZDF2008.pdf

entwickelt. Diese Eigenmarken ersetzen jedoch kein Prüfsiegel, sondern erfüllen in der Regel nur die Mindestvorgaben der EU-Öko-Verordnung und tragen das staatliche Biosiegel. Ausnahmen sind »Naturkind« von Kaiser's Tengelmann und »REWE Bio«, die darüber hinaus weitere eigene Vorgaben erfüllen. Wie und von wem diese kontrolliert werden, ist allerdings unklar.

Unterschiede der Richtlinien bei einzelnen Lebensmittelgruppen

	EU-Öko-Verordnung	Verbandsrichtlinien
Fruchtsaft	Herstellung aus Konzentrat erlaubt	Nur reine Press-Säfte erlaubt
Milch	Ultrahocherhitzen (H-Milch) und Sterilisieren (Kondensmilch) erlaubt	Ultrahocherhitzen teilweise verboten (demeter) Sterilisieren verboten
Brot und Backwaren	Enzyme wie Amylase sowie Ascorbinsäure im Mehl erlaubt	Verboten
Natürliche Aromen	Für alle Produkte erlaubt	Verboten (demeter) oder auf wenige Produkte beschränkt
Fleisch und Wurst	Nitropökelsalz erlaubt	Meist verboten, bei Biopark und Naturland zugelassen
Ascorbinsäure (synthetisches Vitamin C)	Für alle Produkte erlaubt	Verboten (demeter) oder nur für wenige Obst- und Gemüseprodukte als Oxidationsschutz erlaubt
Verdickungsmittel Carrageen	Zugelassen	Nicht zugelassen
Emulgator Lecithin	Zugelassen, keine Bio-Qualität notwendig	Nur für wenige Produktbereiche zugelassen, möglichst in Bio-Qualität (aus Sojaöl)

Quelle: aid-Infodienst, www.aid.de

Richtlinien der Bio-Eigenmarken

Naturkind: Kaiser's Tengelmann (seit 1986) mit 300 Artikeln. Höhere Anforderungen als EU-Standard. Die maximalen Messwerte für Rückstände von Schwermetallen liegen unter den gesetzlich zulässigen Anforderungen des Biosiegels. Der Gebrauch von synthetischen Spritz- und Düngemitteln auf Feldern muss mindestens drei anstatt der vorgeschriebenen zwei Jahre zurückliegen.

Füllhorn/ReweBio: Rewe (seit 1988) mit 200 Artikeln. Höhere Anforderungen als EU-Standard. Die Betriebe werden häufiger überwacht, die Produkte zusätzlich auf Rückstände untersucht. Bevorzugt werden regionale Lieferanten. Produkte werden nicht eingeflogen.

Bio Werkost: Edeka, Neukauf und Marktkauf (seit 1997) mit 100 Artikeln. EU-Standard.

Grünes Land: Real. Extra-Märkte, Metro, Kaufhof mit 250 Artikeln. EU-Standard.

BioBio: Plus (seit 2002) mit 150 Artikeln. EU-Standard.

Bioness: Lidl (seit 2006). EU-Standard.

PrimaBio/BioSmiley: Aldi Süd und Nord. EU-Standard.

BioSonne: Norma (seit 2006) mit 40 Artikeln. EU-Standard.

Naturgut: Penny (seit 2006) mit 50 Artikeln. EU-Standard.

Quelle: Eigene Recherchen, basierend auf Internetangaben der Unternehmen

Etikettenschwindel und Bauernfängerei

Viele konventionelle Lebensmittel tragen Bezeichnungen wie »aus kontrolliertem Anbau«, »aus Vertragsanbau«, »unabhängig kontrolliert«, »ungespritzt« oder aus »nachhaltiger« oder »integrierter« Landwirtschaft. All diese Bezeichnungen sind Etikettenschwindel, begangen, um auf der Biowelle mitzuschwimmen. Auch Kennzeichnungen wie »aus alternativer Haltung«, »umweltschonendem Anbau«, »von staatlich anerkannten Bauernhöfen« oder »unter unabhängiger Kontrolle« dienen nur der Verbrauchertäuschung. So bezeichnete Lebensmittel sind keine Biolebensmittel, auch wenn auf ihnen irgendein grünes Fantasie-Logo prangt. »Erzeugt ohne Pflanzenbehandlungsmittel und ohne Mineraldünger« bedeutet noch lange nicht, dass ein Betrieb tatsächlich auf Bioproduktion umgestellt wurde. Die Bauernfängerei nimmt dabei ungeheuerliche Ausmaße an. Über der Kiste mit Apfelsinen im Supermarkt steht beispielsweise: »Nach der Ernte nicht chemisch behandelt«. Doch was war vor der Ernte? Annähernd jede Gesichtscreme oder jedes Körperpflegeprodukt verspricht heutzutage »rein pflanzliche Wirkstoffe« und zielt damit auf die simple, nichtsdestotrotz falsche Gleichung: pflanzlich – gleich natürlich – gleich gesund. Weichspülmittel haben selbstverständlich eine »umweltverträgliche Rezeptur« oder »die Wirkstoffe sind vollständig biologisch abbaubar«. Sicherlich freuen sich diverse Algen in unseren Seen und Flüssen über die Spülmittelreste und gedeihen dank ihnen prächtig. Allerdings führt diese Überdüngung zu übermäßigem Wachstum und massenhafter Verwesung, die dem Biotop lebensnotwendigen Sauerstoff entzieht: von biologischer Verträglichkeit keine Spur. Solche Pseudo-Bioprodukte werden preiswert hergestellt und überteuert verkauft. Bewusst wird dabei mit den Sorgen und Ängsten der Verbraucher gespielt. Und die sind angesichts der Umwelt- und Lebensmittelskandale sehr verständlich: Befragungen und Studien belegen, dass verunsicherte Verbraucher eine generell pessimistischere

Weltsicht, ein höheres Umweltbewusstsein und ein geringeres Vertrauen in die Technik haben. »Sie fühlen sich nicht genügend informiert, vertrauen vor allem Kommunikatoren, die kritisch über Lebensmittel berichten, und misstrauen im besonderen Maße denen, die kommerzielle Interessen haben oder Politiker beziehungsweise Verbandsvertreter sind. Sie entwickeln auch eine stärkere Trotzreaktion gegenüber Botschaften wie ›Unsere Lebensmittel sind sicher‹, besitzen außerdem ein geringeres Vertrauen in Gütesiegel und beklagen stärker ihre Entfremdung von der Nahrungsmittelerzeugung.«[165]

Grüne Betrügereien

Das Kapital der Ökobranche war bislang das besondere Vertrauen der Kunden. Wer bewusst einkauft und mehr Geld bezahlt, sollte sicher sein, auch wirklich biologisch erzeugte Produkte zu bekommen. Je mehr das Biogeschäft wächst, desto verführerischer wird es für einige Bauern, einen Bioaufschlag mitzunehmen, ohne tatsächlich Tiere und Umwelt zu schonen. Auf der Biowelle lässt sich schnell und lukrativ reiten. Immer wieder werden dabei Betrugsfälle bekannt, denn das Ökoprüfsystem ist strikter als das konventionelle. Trotzdem können sich jahrelang auch angesehene Ökopioniere unerkannt betrügerischen Machenschaften hingeben. Der größte Skandal ist der nun aufgedeckte Schwindel auf einem der größten Biogeflügelhöfe Deutschlands: Biobauer Berthold Franzsander hat Puten und Hähnchen mit dem Biosiegel verkauft, obwohl sie mit konventionellem Futter gemästet wurden. Weihnachten 2008 belegte das Landesamt für Natur, Umwelt und Verbraucherschutz den Bioland-Betrieb aus dem Delbrücker Land im Kreis Paderborn mit einem zweijährigen Vermarktungsverbot für seine Geflügelprodukte. Die Einzelheiten wurden erst Wochen später

---

165 Reimar v. Alvensleben, Grüne Illusionen, in *FAZ* v. 10. 06. 02, S. 11

bekannt.[166] Franzsander hatte bereits 1994 seinen elterlichen Hof auf Bio umgestellt und gehört zu den ganz Großen in der Biogeflügelszene. Auf seinem Vorzeigebetrieb hält er Tausende Puten, schlachtet pro Jahr 180 000 Hähnchen und zieht 900 000 Küken für andere Kollegen auf. Er beliefert das Münchener Oktoberfest jedes Jahr mit 20 000 »Wiesn-Hendln« und bundesweit Bio-Supermärkte und auch kleine Bioläden. Noch im Mai 2008 war den Ökokontrolleuren des verbandsinternen Prüfunternehmens Abcert bei einer Plausibilitätsprüfung nichts Ungewöhnliches aufgefallen. Routinemäßig prüfen sie einmal im Jahr auch die Geschäftsbücher mit den Listen der Tiere und des eingekauften Futters. Bei einer amtlichen Überprüfung eines konventionellen Raiffeisen-Futtermittelhandels im November 2008 stießen Kontrolleure des Landesamtes in dessen Kundenliste dann zufällig auf den Namen von Franzsander. Nach und nach fanden sie heraus, dass der Biobauer im Jahr 2008 mehr als 900 Tonnen konventionelles Futter von verschiedenen Händlern gekauft hatte. Mit dieser Menge kann man 330 000 Hähnchen schlachtreif mästen oder 25 000 Puten, berichtet die *taz*. Franzsander gestand, 250 Tonnen dieses Futters ausschließlich an 9000 Jungputen verfüttert zu haben. Der überwiegende Teil sei an konventionell gehaltenes Vieh gegangen. Belegen konnte er das aber nicht. Deswegen darf er jetzt weder seine Puten noch seine Hühner mehr als Bio vermarkten. Der Verband Bioland hat seinem langjährigen Mitglied und dessen Biogeflügelhandelsfirma »Robert's Bio-Geflügel« umgehend gekündigt. Für Babette Winter vom Landesamt ist dieser nachgewiesene Fall der »mit Abstand größte Bioschwindel, den es in Nordrhein-Westfalen bisher gab«.[167]

Ende letzten Jahres schreckte auch die Umdeklarierung von Käfig- zu Bioeiern in großen Mischbetrieben die Verbraucher

166 *taz* v. 22. 01. 2009, Titel und S. 5
167 Ebd.

auf. Am 26. November 2008 berichtete Welt Online von Betrügereien im großen Stil. Der Hühnerei-Produzent Landkost in Brandenburg soll nach Angaben der Tierschutzorganisation PETA Käfig-Hühnereier zu Bio- oder Freilandeiern umdeklariert haben. Der entstandene Schaden, also die Differenz zwischen Bio- beziehungsweise Freilandeierpreis und Käfigeierpreis, wird auf zehn Millionen Euro beziffert. Die falsch etikettierten Eier sollen bei EDEKA, Kaisers, Penny, REWE und Coop verkauft worden sein. Besonders Käufer in Berlin waren betroffen, jedes zweite Ei in der Hauptstadt stammt von dem mittlerweile angezeigten Unternehmen. Ebenfalls ins Visier der Tierschützer kam ein Biogeflügelhof in Sachsen-Anhalt. Auch er soll gegen den Tierschutz verstoßen und Eier umdeklariert haben – ein Verdacht, der sich jedoch nicht erhärtete.

Im November 2006 wurde bereits ein betrügerischer Deal zwischen zwei ostwestfälischen Bauern bekannt. Einer von beiden hatte gestanden, dass er dem anderen in den Jahren 2005 und 2006 mehrmals konventionell gehaltene Schweine verkauft hatte. Der vermarktete diese dann als Bioschweine weiter. Der Betrug wurde durch den Austausch der Ohrmarken ermöglicht.

Solche betrügerischen Manipulationen sind aber die Ausnahme. Die Regel sind Betriebe, denen es in erster Linie nur ums normale Geldverdienen geht. Sie erfüllen zwar die Vorgaben der EU-Ökoverordnung, scheren sich aber wenig um die hehren Ideale einer nachhaltigen Entwicklung und des sozialen Miteinanders. Die EU-Ökoverordnung toleriert dabei eine Vielzahl von ganz »normalen« Manipulationen.

Gips mir! Die erlaubten Zusatzstoffe

Bereits lange vor dem industriellen Zeitalter wurden Lebensmittel verfälscht, gestreckt und gepanscht. Von naturbelassener Ernährung konnte bereits bei den alten Römern keine

Rede sein. Das Kochbuch des Aspicius berichtet beispielsweise davon, dass kampanischer Grieß sein helles Weiß durch Zusatz von Kreide oder Ton erhielt und Rosenwein ohne Rosen aus Zitronenblättern hergestellt wurde. Im Mittelalter gehörte Gewürzfälscherei mit zu den schwersten Verbrechen und wurde sogar mit dem Tode bestraft. In Nürnberg wurde 1456 ein Gewürzhändler samt Komplizen, Frau und Ware verbrannt. Einem Safranfälscher ließ der Rat der Stadt 1499 beide Augen ausstechen. Heutzutage geht es geregelter und gesitteter zu. Wie der Nitrofen-Skandal des Jahres 2002 belegt, kann die Vergiftung von Biofleisch und Bioeiern sogar gänzlich ohne strafrechtliche Folgen für die Verantwortlichen bleiben.

Naturbelassen gibt es halt nur in der Werbung. So enthalten verarbeitete Biolebensmittel meistens legale Zusatzstoffe, darunter auch sehr umstrittene und unappetitliche. So ist der Einsatz von Carrageen (E 407) und Nitritpökelsalz laut der EU-Öko-Verordnung zulässig. Jedoch stehen diese in Verdacht, krebserregend zu sein. Carrageen wird häufig bei der Verarbeitung von Milchprodukten benutzt, um das Aufrahmen der Milch zu verhindern. Die Substanz, aus der Rotalge gewonnen, führte bei Tierversuchen mit Nagern zu Darmgeschwüren und Veränderungen im Immunsystem. Beim Menschen kann ihre Aufnahme immerhin zu Darmträgheit führen. Und dabei könnte man ohne Qualitätseinbuße auf diese Zutat verzichten: Die Sahne muss vor der Verwendung einfach nur kräftig geschüttelt und umgerührt werden. Ebenfalls umstritten ist der Einsatz von Nitritpökelsalz, das hauptsächlich bei der Verarbeitung von Wurstwaren eingesetzt wird und diese schön rot hält. Es gilt als problematisch, da Nitrit im Magen krebserregende Nitrosamine bilden kann. Im Biobereich ist das Salz unter anderem in Fleischwaren der Marken »BioBio« (Plus), »Bio-Wertkost« (Edeka), »Grünes Land« (real/extra/Metro/Kaufhof) und »Alnatura« (dm-Märkten) zu finden. Die Herstellerverbände demeter und Bioland lehnen die Verwendung dieser umstrittenen Zusatzstoffe ab, um mögliche Gesundheitsrisiken generell ausschließen zu können. Der Katalog der zugelassenen Zusatzstoffe für Biolebensmittel liest sich aber auch sonst wie die Inventarliste eines Chemiebaukastens: In ihm finden sich unter anderem Schwefel und Kaliummetabisulfit zur Konservierung, Kreide als Farbstoff und Rieselhilfe, Kohlendioxid zum Aufschäumen, Ascorbinsäure und Natriumascorbat zur Haltbarmachung und Erhöhung der Wasseraufnahme in Brotteig, Xanthan, Gummi und schließlich auch Calciumsulfat, landläufig als Gips bezeichnet. Dieser dient als Stabilisator für Brot, als Gelierhilfsmittel, als Farbstoff und tatsächlich auch als Antiklumpmittel. Schönen Gruß an den Magen.

Bioskandale

Was sich mit diesen genehmigten Zusatzstoffen alles machen lässt, bewiesen 2008 bayerische Biobäcker. Meistens kommt man bereits nicht ohne solche Stoffe aus, wenn man schön knusprige Laugenbrezeln herstellen will. Da der Kunde davon aber nichts mitbekommen soll, lässt man die Manipulation in der Werbung unter den Tisch fallen und behauptet das Gegenteil. Dank aufmerksamer Verbraucherschützer haben Lügen aber kurze Beine und das meiste kommt ans Licht. Manchmal haben Bioproduzenten aber auch einfach nur Pech und kommen für Dinge in Verruf, an denen sie unschuldig sind. So hat die junge Biobranche schon einige Skandale hinter sich. Hier einige bemerkenswerte Beispiele der letzten Jahre:

Die Münchener Hofpfisterei ist laut eigenen Angaben eine der größten Ökobäckereien Deutschlands. Sie unterhält 140 Filialen in Bayern und Baden-Württemberg und beliefert bundesweit rund 700 Einzelhandelsgeschäfte. Pro Jahr setzt das Unternehmen knapp 58 Millionen Euro um und beschäftigt etwa 900 Mitarbeiter.[168] Seit 1988 hält die Hofpfisterei auch

168 *Süddeutsche Zeitung*, München extra v. 18. 06. 2008

die Aktienmehrheit an der Meyermühle in Landshut, Deutschlands größter Biomühle. Zur Firmengruppe gehört neben Stocker's Backstube in Lauf bei Nürnberg seit 1998 auch die Biometzgerei Landfrau. Mitte 2008 geriet diese Biogruppe wegen irreführender Werbung in das Visier der Presse und der Verbraucherschutzorganisation foodwatch. Die Hofpfisterei verwendet laut Eigenaussage mindestens 14 zugelassene Zusatzstoffe, darunter Zitronensäure (E 330) und in Wurstwaren das Konservierungsmittel Natriumnitrit (E 251), die Ernährungswissenschaftler beide als bedenklich einstufen. Allein in der Mohnschnecke der Bäckerei finden sich fünf kennzeichnungspflichtige Zusatzstoffe und zwei Aromen. Aromastoffe wie synthetisches Vanillin sind in Brot und Brezeln, Zitronensäure im Krapfen und ein aus Algen gewonnenes Verdickungsmittel in der Rosinenschnecke. Doch die Firma hat seit mehreren Jahren sowohl auf Verpackungstüten als auch in Prospekten und im Internet mit dem Slogan »bewusster Verzicht auf Zusätze« geworben. »Mit diesen Aussagen gewinnt der Verbraucher den Eindruck, dass gar keine Zusatzstoffe verwendet werden. Das ist astreine Verbrauchertäuschung«, urteilt Thilo Bode, Geschäftsführer von foodwatch.[169] Statt »bewusster Verzicht auf Zusätze« hätte es bei der Hofpfisterei »bewusster Verzicht auf die Wahrheit« heißen müssen, meint die Verbraucherschutzorganisation. Auf Druck von foodwatch hat die Hofpfisterei eine Unterlassungserklärung unterschrieben und sich verpflichtet, diese Werbung in Zukunft nicht mehr zu verwenden. Bis zum 15. Juli 2008 entfernte sie den Spruch von ihren Brötchentüten, ihrer Homepage und anderen Werbemitteln.

Auch die Biobranche ist nicht gefeit vor giftigen Altlasten. Das beweist der Nitrofen-Skandal aus dem Jahr 2002. Über Futtergetreide gelangte der Giftstoff Nitrofen aus einer mit Pflanzengiften belasteten Lagerhalle in Biofleisch und Bioeier.

---

169 PM foodwatch v. 19. 06. 2008 und Newsletter. www.foodwatch.de

Die Ereignisse um den Skandal sind ein Paradebeispiel für unzureichende Straf- und Haftungsregelungen.

Im Dezember 2001 fand Babynahrungshersteller »Hipp« bei einer Stichprobe Nitrofen in einer Lieferung Bioputenfleisch der »Grüne Wiesen Biohöfe GmbH«. Nitrofen ist ein Unkrautvernichtungsmittel, das seit den 1980er Jahren in der Bundesrepublik verboten ist, seit der Wiedervereinigung auch im Osten Deutschlands. Die Chemikalie ist im Tierversuch krebserregend und schädigt Embryos schwer. Schon kleinste Dosen oder einmalige Aufnahme können Missbildungen im Mutterleib auslösen, berichtet foodwatch.[170] Im Laufe weiterer Untersuchungen wurden auch anderswo bei Biofleisch und Bioeiern hohe Nitrofen-Belastungen gemessen. Man tippte auf verseuchtes Futtermittel, aber die Herkunft des Getreides und des Giftes blieb wochenlang unbekannt. Zeitweilig waren 450 Betriebe bundesweit gesperrt und Zehntausende Hennen und Puten mussten ihr Leben lassen. Die öffentliche Empörung war groß: Biolandwirte wurden verdächtigt, verbotene Gifte einzusetzen, Politiker verlangten harte Strafen für die Verantwortlichen, und die Berichterstattung der Medien überschlug sich. Als Quelle der Kontamination wurde schließlich eine Lagerhalle in der mecklenburgischen Kleinstadt Malchin im Landkreis Demmin ausgemacht. Am 1. Juni 2002 teilte Verbraucherschutzministerin Renate Künast der Presse mit, dass das Nitrofen im Ökoweizen aus einem alten DDR-Giftlager stammte. Bis 1995 wurden hier Restbestände nitrofenhaltiger Pflanzenschutzmittel aufbewahrt – teilweise in undichten rostigen Fässern, aus denen die Flüssigkeit in den Hallenboden sickerte. Die Firmen HaGe Nordland und die Norddeutsche Saat- und Pflanzengut AG Neubrandenburg (NSP) lagerten später in der kontaminierten Halle Getreide ein. Das Biogetreide landete über Futterhersteller schließlich bei Biolandwirten, die es an ihr Geflügel verfütterten. Sowohl die staat-

170 foodwatch-News v. 27. 04. 2004

lichen Lebensmittelkontrollen als auch die Selbstkontrolle der Biohersteller hatten versagt. Auf Nitrofen wurden Nahrungsmittel schon längst nicht mehr standardmäßig getestet.[171] Die Verantwortlichen für den Futtermittelskandal wurden bis heute nicht strafrechtlich belangt. Die Ermittlungen mussten eingestellt werden. Denn das Gesetz verlangt konkret nachweisbare Opfer: einen Krebskranken, der durch den Verzehr belasteten Fleisches erkrankt ist oder eine Schwangere, deren Kind durch Nitrofen Missbildungen erlitt. Den Ökoweizen einlagernden Firmen drohte lediglich ein maximales Bußgeld von 25 000 Euro wegen einer Ordnungswidrigkeit.[172]

Bei einem vergleichenden Warentest für Bitterschokolade stellte Stiftung Warentest 2007 krebserregende Stoffe in der »Bio-Negro-Edelbitterschokolade« vom Hersteller Rapunzel fest und urteilte mit »mangelhaft«. Es wurden polyzyklische aromatische Kohlenwasserstoffe – kurz PAK – entdeckt.[173] Sie gelten als stark erbgutschädigend und können Krebs erregen. Wie diese Stoffe in die Schokolade gelangen konnten, blieb unklar. PAK fallen als Verbrennungsrückstand bei organischen Materialien an und sind in Ruß und Teerölen enthalten. Als besonders kritisches PAK gilt der Stoff Benzopyren. In einem Kilogramm Bio-Negro-Edelbitterschokolade steckten zehn Mikrogramm Benzpyren. Sie hätte nicht verkauft werden dürfen. Vermutlich ist die Substanz bei der Röstung des Kakaos entstanden. Da Benzopyren nur selten in Schokolade auftritt, wird dies nur stichprobenweise überprüft. Der Hersteller Rapunzel leitete daraufhin eine Rückholaktion ein. Die Schokolade wurde aus dem Verkauf genommen.

Alle getesteten Schokoladen, auch die Bioschokoladen, enthielten das giftige Schwermetall Cadmium, das Leber, Lunge

---

171 Zur Chronologie der Ereignisse siehe: Brennpunkt Lebensmittel-Sicherheit Ausgabe 1 v. Juni 2002, Behr's Verlag Hamburg
172 Siehe: foodwatch News v. 10. 10. 2005
173 *Stiftung Warentest* 12/2007, S. 16–22, Meldung v. 22. 11. 2007

und Niere schädigen kann. Kakaopflanzen nehmen dieses über die Wurzeln auf; insbesondere Edelkakao, der auf vulkanischer Erde wächst. Bisher existieren noch keine Grenzwerte für den Cadmiumgehalt in Schokolade, aber das Bundesamt für Risikobewertung empfiehlt einen Höchstgehalt von 0,3 Milligramm Cadmium pro Kilogramm Schokolade. Die meisten Bitterschokoladen halten diesen Grenzwert ein, es gibt jedoch auch Ausnahmen.

In den zwei Bioschokoaufstrichen Alnatura-Schoko-Nuss und Rapunzel Samba wurden im Jahr 2003 hohe Acrylamidwerte festgestellt. Die beauftragten Labore ermittelten einen Wert von 575 Mikrogramm bzw. 565 Mikrogramm. Diese Dosis findet man sonst nur bei stark erhitzten stärkehaltigen Lebensmitteln wie Pommes frites oder Kartoffelchips. Die beiden Firmen ließen bis zu diesem Zeitpunkt ihre Produkte nicht auf Acrylamid überprüfen. Die Hersteller zeigten sich sehr betroffen und forschten nach der Quelle: Das Acrylamid gelangte durch den verwendeten Vollrohrzucker in die Cremes. Bei der Herstellung wurde der Zucker im letzten Schritt auf 120 Grad erhitzt, um eine körnige Konsistenz zu erhalten. Dabei entstand das Acrylamid. Wird der Vollrohrzucker jedoch unter einem Vakuum hergestellt, weist er viel geringere Acrylamidwerte auf. In aktuellen Tests ist das krebserregende Acrylamid kein Problem mehr.

Im September 2005 entdeckte Stiftung Warentest die schädliche Chemikalie DEHP in Bioolivenöl. DEHP wird eingesetzt, um Kunststoffe geschmeidig zu machen. Kleinere Mengen können bereits die Leber und das Fortpflanzungssystem schädigen. Betroffen waren die Öle der Hersteller BioPlanéte, Byodo, Davert und Rapunzel. Bei dem »Kreta Öl« von Naturata/Spiegelberger wurden besonders hohe Werte des Weichmachers festgestellt. Gemeinsam gingen die Hersteller die Analyse ihrer Produkte an. Die Weichmacher stammten von Plastikschläuchen, die beim Transport des Öls eingesetzt wurden. Zwar sind diese Schläuche für Lebensmittel zugelassen, jedoch ist der Weichmacher DEHP fettlöslich und gelangte dadurch ins Öl.[174]

Plastikkultur in Almería

Wenn die Sonne mittags am höchsten steht, glitzern die Millionen Plastikplanen der Treibhäuser und Folientunnel wie ein silbernes Meer. Am Fuße einer schroffen Gebirgskette im Schwemmgebiet des Rio Andarax liegt die andalusische Provinz Almería. Es ist die Region mit den meisten Sonnenstunden Spaniens – rund 3000 pro Jahr –, aber auch die trockenste mit der einzigen Wüste Europas. Von hier kommt die Mehrzahl der roten Biocherrytomaten in deutschen Supermärkten. Die Region ist zum europäischen Zentrum des konventionellen wie mittlerweile auch des biologischen Gemüseanbaus geworden. In guter Nachbarschaft wird produziert was das Zeug hält, nur getrennt durch dünne graue Plastikplanen, damit Europa das ganze Jahr über mit Gurken, Tomaten, Paprika und Auberginen versorgt werden kann. Unter dem 350 Quadratkilometer großen Meer aus Plastik werden jährlich drei Millionen Tonnen Treibhausgemüse produziert, rechnerisch zehn Kilo für jeden Europäer.

Das Plastik wärmt im Winter und beugt vor allem der Verdunstung in den heißen Sommermonaten vor. Der große Standortvorteil von Almería gegenüber den energieintensiven Hightech-Gewächshäusern in Holland und Dänemark sind die vielen Sonnenstunden bereits im Winter und Frühjahr. Aber erst durch großzügige EU-Subventionen Anfang der 1980er Jahre wurde eine agrarindustrielle Bewirtschaftung der trockenen und kargen Landschaft möglich. Dann begann der Boom.

174 Stiftung Warentest Meldung v. 22. 09. 2005 »Schmutziges Gold«

Zwischen 1987 und 1997 nahm die Bevölkerung in den Berg-
gemeinden und in Tälern ohne Bewässerungsmöglichkeiten um
zwanzig bis dreißig Prozent ab. Im unteren Tal des Rio Andarax
nahm sie hingegen um 25 Prozent zu. Die Bauern versprachen
sich von der neuen Anbaumethode einen guten und schnellen
Gewinn. Doch erst einmal mussten sie Bankkredite aufnehmen
für Metallgestelle, Plastik, Dünger und Saatgut.

Bio säuft Wasser

Die intensive Bewässerung trockener Böden ist teuer und
fordert weiteren Tribut. Während in ganz Spanien insgesamt
14 Prozent und in Andalusien 15 Prozent der genutzten Fläche
bewässert werden, sind es in der Provinz Almería 24 Prozent.
Die Grundwasserreserven sind überbeansprucht und die wenigen Stauseen gähnend leer. Der in den jungen Küstenenklaven
immer noch expandierende Tourismus, künstlich grün gehaltene
Golfplätze und die intensive Landwirtschaft ließen den Grund-
wasserspiegel um einige Meter absinken. Auch das Wasser des
Andarax wird abgepumpt. Er erreicht das Meer schon lange
nicht mehr. Das Grundwasser wird immer salziger, da Meer-
wasser nachdrängt. Die Folge: eine ökologische und auch eine
soziale Katastrophe. Nur salzresistente Züchtungen können
noch gedeihen und müssen mit viel teurem Dünger und Tröpf-
chenbewässerung unter Plastik gezogen werden. Diese Monokulturen sind aber besonders durch eindringende Schädlinge
bedroht. Daher wurden hemmungslos Pestizide eingesetzt. In
den letzten Jahren wiesen viele Obst- und Gemüselieferungen
aus Spanien Pestizidrückstände auf, die deutlich den gesetzlichen Grenzwert überschritten. Im Jahr 2004 waren 58 Prozent aller überprüften Paprika belastet, bei Tomaten sogar
76 Prozent. Im Herbst 2006 ließ Greenpeace in Deutschland
gehandeltes spanisches Obst und Gemüse testen. Bei 93 Prozent fanden sich Pestizidrückstände und bei gut einem Drittel

wurden die Grenzwerte erreicht oder überschritten. Besonders betroffen davon waren Produkte von Lidl, Real und REWE. Die Umsätze brachen nach Veröffentlichung dieser Ergebnisse ein. Supermarktketten reagierten mit Druck auf ihre Lieferanten und forderten eine deutliche Reduzierung der Giftduschen. Die Bauern mussten reagieren, doch die Umstellung fällt ihnen schwer. Viele Gewächshausanlagen sind nicht mehr dicht und benötigen eine Grundsanierung, um weiteren Schädlingsbefall zu verhindern. Häufig zerreißen auch Stürme oder heftige Regengüsse das Plastik. Das erfordert kostspielige Investitionen. Das große Geld wird hingegen bei Händlern und Spediteuren gemacht, die das Gemüse quer durch Europa in die deutschen Supermärkte verfrachten.

Die starke Konkurrenz unter den Bauern in Almería drückt ebenfalls auf die Preise. Die Bauern verschulden sich und müssen nicht selten aufgeben, da ihnen das Geld ausgeht, sie keine Arbeitskräfte finden, die zu so niedrigen Löhnen arbeiten würden, dass die Produkte noch rentabel bleiben. Und die auf einem Boden ihr täglich Brot verdienen wollen, der versalzen oder vergiftet ist. »Davon zeugen die Skelette von Stangen, die mit Plastikfetzen bewehrt in den Himmel ragen«, berichtete Greenpeace Anfang 2007 in ausführlichen Reportagen über die Situation der Tagelöhner und Arbeitsimmigranten in den »Plastic-Citys« der Provinz Almería.[175] Etwa 80 000 Immigranten sind dort als Saisonarbeiter im Anbau tätig. Die Hälfte davon sind ohne Ausweispapiere. Die meisten von ihnen stammen aus dem Maghreb und den Ländern südlich der Sahara und wurden in kleinen Booten vor den Küsten Spaniens und der Kanarischen Inseln aufgegriffen. Sie bewohnen selbstgezimmerte Hütten am Rande der Plantagen ohne Zugang zu Elektrizität

175 Beiträge v. 30. 01. 2007. Siehe u. a.: www.greenpeace.de/themen/che-mie/kampagnen/pestizide/artikel/gestrandet_im_plastikmeer/
Beitrag von Shelina Islam, erstveröffentlicht unter dem Titel »Wracks im Plastikmeer« am 27. 12. 2006 in der Süddeutschen Zeitung.

und sauberem Wasser. Der lokalen Bevölkerung sind diese Slums und ihre Bewohner ein Dorn im Auge. Oft stehen die Arbeiter nach Zwangsräumungen ohne jegliche Habe da und sind rassistischen Angriffen ausgesetzt. Die Situation der illegalen Arbeiter ist fatal. Sie werden wie Sklaven ausgebeutet und leben zugleich mit der ständigen Angst vor Abschiebung. Oft werden sie gezwungen, länger zu arbeiten, ohne dafür entlohnt zu werden. Ihnen steht keine Schutzkleidung beim Ausbringen der Pestizide zur Verfügung. Sie müssen die giftigen Dämpfe einatmen, wodurch sie an Hautausschlägen, Kopfschmerzen und sogar Krebs erkranken, berichtet Greenpeace.

Bioboom in Andalusien

Da immer mehr Verbraucher einwandfreie Lebensmittel fordern, ging in den letzten Jahren ein Ruck durch die Region und ein Umdenken setzte ein. Dem Absatzeinbruch für pestizidbelastete Produkte aus Almería begegnet die Region nun mit einem Umbau der Landwirtschaft. Dabei wird der Einsatz von Pestiziden reduziert und werden umweltverträglichere Anbaumethoden gefördert. Immer mehr Bauern in der Region Almería stellen auf Bio um. Die biologisch kontrollierte Anbaufläche in der Stadt Huelvas beispielsweise hat sich verfünffacht. Im Paprikaanbau rechnet man damit, dass mittlerweile die Hälfte der Anbauflächen biologisch kontrolliert wird. Inzwischen werden dort statt giftiger Spritzmittel vermehrt Nutzinsekten eingesetzt, die Schädlinge einfach wegfressen. Die andalusische Regierung hat 2007 einen Plan vorgelegt, der integrierten und Biolandbau in der Region fördern soll. 1,5 Milliarden Euro stehen dafür insgesamt zur Verfügung. Die Europäische Union finanziert davon 75 Prozent. In dem Plan werden sieben Hauptziele benannt. Die drei wichtigsten sind für die Förderung des Biolandbaus vorgesehen, der sich nun rasch ausbreitet. Zwischen 2000 und 2005 hat sich die Anbaufläche von 381 000 auf 807 500 Hektar verdoppelt. Auch die Anzahl der Biolandwirte in Spanien hat sich über die letzten zehn Jahre verfünffacht. Dennoch liegt der Bio-Konsum in Spanien nach Angaben des andalusischen Ministeriums für Landwirtschaft nur bei 0,9 Prozent. Der Markt für Biolebensmittel muss dort erst noch geschaffen werden. Es gibt kaum Betriebe, die Biolebensmittel in Spanien verkaufen, der Großteil der Produktion ist für den Export nach Nordwesteuropa bestimmt. In der ersten Hälfte 2008 gab es sogar einen Überschuss an Biogemüse. Die Produktion war größer als die Nachfrage und die Preise fielen. Für die Bauern in Almería wird es daher durch Biolandwirtschaft auch nicht leichter, ihre Existenz zu sichern. Für die Saisonarbeiter hat die Umstellung auf den Bioanbau hingegen unbestreitbar positive Auswirkungen: Wenn sich auch die sonstigen Arbeits- und Lebensbedingungen nicht verändern, müssen sie immerhin weniger Pestizide einatmen.

Erfolg hatte auch Greenpeace: Der Einsatz für eine »nachhaltige und verantwortungsvollere Landwirtschaft« wurde im Februar 2008 mit dem »Preis von Almería 2008« in der Kategorie Organisation ausgezeichnet. Provinzregierung, Handelskammer und namhafte Obst- und Gemüseproduzenten würdigten mit der Preisvergabe zähneknirschend den Erfolg der Greenpeace-Kampagne »Essen ohne Pestizide«, die die hohen Belastungen aufgedeckt hatte. »Wir freuen uns, dass unsere Arbeit für eine nachhaltige Landwirtschaft und Essen ohne Pestizide durch eine der wichtigsten Agro-Regionen Europas anerkannt wird«, sagte Manfred Krautter, Leiter der Kampagne bei der Preisverleihung in Berlin, und nahm die skurril geformte weiße Marmorskulptur entgegen.[176]

176 PM Greenpeace v. 08. 02. 2008

Verbrauchertipp

- Informieren Sie sich regelmäßig über Ereignisse im
  Biolebensmittelbereich
  www.schrotundkorn.de
  www.foodwatch.de
  www.einkaufsnetz.org
  www.boelw.de
  www.oeko-fair.de
  www.soel.de
  www.aid.de

Kriterien der Anbauverbände
www.bioland.de
www.biokreis.de
www.biopark.de
www.demeter.de
www.ecoland.de
www.ecovin.org
www.gae.de
www.naturland.de

Kriterien der EU-Öko-Verordnung
www.oekoregelungen.de
www.biosiegel.de
www.oekolandbau.de

- Fordern Sie mehr Transparenz! Fragen Sie in Ihrer
  Bioeinkaufsstätte nach, woher die jeweiligen Erzeugnisse stammen, welche Rohstoffe verwendet und von
  welchen Lieferanten diese bezogen werden.
- Überzeugen Sie sich vor Ort über die jeweiligen Produktionsbedingungen. Statten Sie Ihrem regionalen
  Biohof einmal einen Besuch ab.

- Fordern Sie eine transparente Kennzeichnung, die klar über die Herkunft des Produktes Auskunft gibt wie beispielsweise bei www.bio-mit-gesicht.de.
- Achten Sie beim Kauf von Biolebensmitteln auch auf sozialverträgliche Arbeitsbedingungen bei der Erzeugung. Das TransFair-Siegel bietet Orientierung bei der Auswahl. Es steht für die international geltenden Kriterien des fairen Handels, wie die Förderung von selbstbestimmten kleinbäuerlichen Strukturen. Das Siegel garantiert, dass Mindestpreise für die Produkte gezahlt werden, die über dem Weltmarktniveau liegen. Informationen unter www.transfair.org.
- Achten Sie in Ihrer Bioeinkaufsstätte darauf, wie dort mit den Mitarbeitern umgegangen wird. Richten Sie Ihre Einkaufsentscheidung auch danach aus.

Biozuckerrohr gegen Biorübe

Zucker und insbesondere Weißzucker sind in der Ökobranche ein heikles Thema. Schließlich ist der tägliche Konsum von Zucker, ob Bio oder nicht, gesundheitlich nicht empfehlenswert. Vollwertige Ernährung verzichtet weitgehend darauf und verwendet Früchte und naturbelassenen Honig zum Süßen. In der Biolebensmittel verarbeitenden Industrie ist Zucker hingegen weit verbreitet: Ihre Konfitüre, Limonade, Schokolade, Kuchen und Süßigkeiten enthalten anteilig genauso viel Zucker wie konventionelle Produkte. Studiert man die Zusammensetzung von Bioprodukten, ist dabei eine auffallende Präferenz von Zucker aus Zuckerrohr festzustellen. Unsere heimische Zuckerrübe findet man nur selten, obwohl auch sie biologisch angebaut wird.

Im Biosupermarkt und im Ökoladen gibt es praktisch nur braunen Biozucker aus Zuckerrohr zu kaufen, sei es der körnige dunkle Vollrohrzucker oder kristalliner Roh-Rohrzucker. Der naturbelassene Vollrohrzucker wird nicht raffiniert und hat neben einem Fructoseanteil einen Mineralstoffgehalt von 1,5 bis 2,5 Prozent (insbesondere Kalium und Magnesium). Rohzucker hingegen ist ein Halbfertigprodukt des Weißzuckers, wird mindestens einmal mit Wasser raffiniert und kristallisiert dabei aus. Er enthält nur noch zwischen 0,05 bis 0,1 Prozent Mineralien und hat eine hellere Farbe. Als vollwertiges Lebensmittel wird brauner Rohzucker daher nicht mehr eingestuft. Vollzucker oder braunen Rohzucker aus Bio-Zuckerrüben sucht man hingegen vergebens. Vor einigen Jahren konnte man in normalen und in einigen Biosupermärkten zumindest weißen raffinierten Zucker aus Biorüben kaufen. Alle drei großen deutschen Zuckerhersteller Nordzucker, Südzucker und Pfeiffer&Langen hatten ihn im Sortiment und versprachen sich ein gutes Geschäft im Bioboom. Doch bereits 2006 hatten sie sich mangels Nachfrage und wegen sinkender Preise zum größten Teil wieder aus dem Geschäft zurückgezogen. Nur Nordzucker führt noch Biorübenzucker für den Großverbrauch und die Weiterverarbeitung. Für den Privatkunden bietet der Hersteller lediglich Biogelierzucker an. Weißen Bio-Rübenzucker bekam der Endverbraucher bis Mitte 2007 nur noch über die Bioeigenmarke Füllhorn von REWE, die auch in REWEs Biosupermarktkette Vierlinden vertrieben wurde. Doch auch dieses Produkt wurde ohne Angabe von Gründen vom Markt genommen. Und auch sein Hersteller wurde verschwiegen. Diesbezügliche Fragen von Journalisten wurden abgeblockt.

Auf Nachfrage begründete der Zuckerhersteller Pfeiffer&Langen seine Vorbehalte gegenüber Vollzucker oder braunem Rohzucker aus Biorüben mit der speziellen Herstellung und gesetzlichen Vorgaben. Im Gegensatz zum Zuckerrohr bekäme der Rohzucker aus der Zuckerrübe schnell einen unangenehmen Geruch und Beigeschmack. Laut einer EU-Verordnung sei Rohzucker aus Zuckerrüben aus Lagerungs- und Haltbarkeitsgründen auch nicht »verkehrsfähig«. Für den beliebten Zuckerrübensirup oder »Rübenkraut« gelte dies wegen eines anderen Herstellungsverfahrens hingegen nicht.

Der tatsächliche Grund für die plötzliche Abkehr der großen Zuckerhersteller vom Biorübenrohzucker lag aber wohl in den Kosten begründet. Hintergrund war die internationale Auseinandersetzung über subventionierte Zuckerpreise. Die alte europäische Zuckermarktordnung (ZMO) lief nämlich Mitte des Jahres 2006 aus und musste auf Druck der Welthandelsorganisation (WTO) neu gestaltet werden. Bis dahin lebten die deutschen Zuckerproduzenten aufgrund von Subventionen in geradezu paradiesischen Zuständen: Ein Garantiepreissystem sorgte über Jahrzehnte für einen hochpreisigen und vollständig abgesicherten Rübenanbau. Gleiches galt für die Rübenverwertung. Damit war ab dem 1. Juli 2006 Schluss. Die stufenweise Umsetzung der neuen ZMO bis zum Jahr 2010 beschert den deutschen Zuckerrübenanbauern deutliche Einkommensverluste und den Verarbeitern Umsatzeinbußen. Die Rübenmindestpreise werden um 39,7 Prozent gesenkt, die garantierten Zuckerpreise um 36 Prozent. Die Bauern erhalten Ausgleichszahlungen in Höhe von bis zu 64,2 Prozent ihrer Umsatzverluste. Die Preisreduktion betrifft jedoch nicht nur die deutschen Zuckerproduzenten. Für die Rohrzuckerproduzenten in den sogenannten AKP-Staaten (Afrika, Karibik und Pazifischer Raum) wie auch in den am wenigsten entwickelten Ländern der Welt sanken die Preise mit zweijähriger Verzögerung ebenfalls um 36 Prozent. Und dort zahlt niemand irgendwelche Ausgleichszahlungen. Allerdings darf Rohzucker aus diesen Ländern ab dem Jahr 2009 zollfrei in die EU eingeführt werden, womit die deutschen Zuckerhersteller heute bereits planen. Der Import von Rohzucker aus Zuckerrohr kann sich dann preiswerter gestalten als die Erzeugung aus der heimischen Rübe. Ein weiterer Kostengrund, der gegen braunen Biorohzucker aus einer ökologisch angebauten Rübe spricht, ist die aufwendige Reinigung der Verarbeitungsmaschinen vor und nach der Produktion. Denn es sind ein und dieselben Apparaturen, mit denen brauner und konventioneller Weißzucker gewonnen wird.

Daher ist die geringe Menge an deutschem Zucker aus der Ökorübe immer raffiniert und weiß. Den will aber wiederum der klassische Biokunde partout nicht kaufen, wie die deutschen und zuvor auch die Schweizer Biozuckerhersteller – die bereits 2004 ihre Produktion einstellten – schmerzlich feststellen mussten. Der Biokunde will braunen Zucker oder aber zumindest hellen aus Zuckerrohr, der vermeintlich nahrhafter sein soll. Weißer Rübenzucker unterscheidet sich aber in keiner Weise von raffiniertem weißem Rohrzucker. Beide bestehen vollständig aus Saccharose. Sie sind süß, reine Energieträger und verfügen über keine weiteren Nährstoffe.

Was unterscheidet dann Biozucker eigentlich noch von konventionellem Zucker? Und ist der Transport des Zuckers aus Übersee nicht ökologischer Unsinn? Zur Beantwortung hilft ein Blick nach Brasilien, die Heimat des Zuckerrohranbaus.

Am Zuckerrohr klebt Leid und Blut

Der Nordosten von Brasilien ist das Armenhaus des Landes und gleichzeitig ein Beispiel früher Globalisierung und eines Ökodesasters: In der regenreichen hügeligen »Zona da Mata« im Bundesstaat Pernambuco wird seit dem Ende des 16. Jahrhunderts Zucker für den Weltmarkt produziert. Mit dem Zuckerrohranbau wurden in Brasilien die Plantagenwirtschaft und der Sklavenhandel eingeführt. Damit einher ging die Abholzung des Küstenregenwalds bis auf sieben Prozent der Ursprungsfläche und die Auslaugung des Bodens durch die Monokultur des Zuckerrohres. Das an riesigem Großgrundbesitz der Zuckerbarone orientierte Wirtschaften prägt die ökonomischen und sozialen Strukturen des Nordostens bis heute. Die extrem ungleiche Landverteilung ist eine der Hauptursachen der Armut in Brasilien. Etwa zehn Prozent der Bevölkerung besitzen rund achtzig Prozent des Landes. Viele Flächen bleiben ungenutzt und dienen als Spekulationsobjekte. Etwa 4,8 Millionen brasilianische Familien sind landlos, während rund 4000 Großgrundbesitzer über 85 Millionen Hektar Land verfügen.

Insgesamt sechs Monate dauert die Erntezeit der süßen Riesengrasart im Nordosten Brasiliens, von November bis Mai. Gängige Praxis bei der Zuckerrohrernte ist das gezielte vorherige Anflämmen der Felder. Dies dient zum einen der Erleichterung der Arbeit, da die messerscharfen Blätter verbrennen, zum anderen wird so das Transportvolumen des sperrigen Ernteguts vermindert und Unkraut vernichtet. Zudem werden Schlangen und Skorpione vertrieben. Die Auswirkungen auf die Umwelt sind jedoch enorm. Zuckerrohr ist zwar ein schnell nachwachsender Rohstoff mit hoher Kohlendioxid-Bindung, bei der Verbrennung ganzer Landstriche ist die konzentrierte Freisetzung des Klimagases dennoch riesig. Darüber hinaus entsteht gesundheitsschädlicher Qualm, und das Feuer tötet viele Nützlinge und Kleintiere. Beim Anbau der Jungpflanzen kommen großflächig verteilte Pestizide zum Einsatz. Immer neue Züchtungen sollen die Pflanze resistent gegen Krankheiten, Viren und Pilze machen und den Zuckergehalt steigern. Das erfordert hohe Düngergaben und maschinelle Bewässerung. Nach drei bis fünf Jahren sind die Böden dann ausgelaugt und liegen brach.

Die Arbeiterschaft auf den Zuckerfarmen ist hierarchisch gegliedert: Ganz unten stehen die Saison- und Wanderarbeiter auf dem Feld, darüber die festangestellten Landarbeiter und über ihnen die Arbeiter in der Fabrik. Die nur saisonal beschäftigten Zuckerrohrschneider – es sind fast nur Männer, die diese harte Arbeit verrichten – arbeiten im Akkord und müssen bis zu zehn Tonnen geschlagenes Zuckerrohr am Tag abliefern. Sie schneiden das Zuckerrohr wie vor Hunderten von Jahren per

Hand mit der Machete oder mit der Chumpa, einem sichelartigen Erntemesser. Dafür erhalten sie einen staatlich festgesetzten Mindestlohn in Höhe von 350 Reais monatlich, was ungefähr 125 Euro entspricht. Außerhalb der Erntezeit haben sie kaum Chancen, eine andere Beschäftigung zu finden. Es gibt weder eine Arbeitslosenunterstützung noch Urlaubsgeld oder Gesundheitsfürsorge. Die zweite Hälfte des Jahres müssen sie selbst sehen, wie sie über die Runden kommen. Diesen Umständen ist es unter anderem zuzuschreiben, dass konventioneller brasilianischer Rohrzucker entsprechend billig auf dem Weltmarkt angeboten werden kann.

Überfällige Agrarreform

Die geplante Ausweitung der Monokulturen – bis zum Jahr 2015 soll sich die Anbaufläche von Zuckerrohr in Brasilien verdoppelt haben – geht mit einer immer stärker werdenden Landkonzentration und einer Verdrängung von Kleinbauern einher. Der zunehmende Einsatz von Maschinen bei der Pflanzung und der Zuckerrohrernte im Bundesstaat São Paulo erzeugt darüber hinaus eine hohe Arbeitslosigkeit, die zur Migration in Megastädte wie São Paulo führt, das mittlerweile zwanzig Millionen Einwohner zählt. Hier fristen viele Menschen ihr Dasein in den »Favelas« genannten Slumgebieten. Ein weiterer Weg der alternativlosen Landbevölkerung führt nach Norden, Richtung Amazonien, wo die Männer auf Sojafarmen und in Goldminen unter teilweise sklavenähnlichen Bedingungen arbeiten müssen. Im Jahr 2003 ließ die Regierung endlich einen nationalen Plan zur Agrarreform ausarbeiten, dem zufolge sie bis Ende 2006 etwa 400 000 landlose Familien ansiedeln wollte. Bis heute erhielt allerdings nicht einmal die Hälfte davon neues Land. Laut Angaben der Landpastorale (CPT) – eine ökumenische Einrichtung der katholischen Kirche, von Lutheranern und Methodisten für brasilianische Landarbeiter – wurden zudem allein im Jahr 2006 etwa 40 000 Familien von bewaffneten Banden von ihrem Land vertrieben oder ganz offiziell von ihren nicht genehmigten Ansiedlungen entfernt. Das sind mehr Familien, als im Jahresdurchschnitt durch die Agrarreform zu Land gekommen sind.

Bioanbau ist besser

Auf den wenigen biologischen Zuckerrohrplantagen in Brasilien, die hauptsächlich im Bundesstaat São Paulo liegen, wird nicht abgeflammt und werden keine Pestizide und künstliche Düngemittel eingesetzt. Der wesentliche Unterschied zum herkömmlichen Anbau sind der gesunde Boden und die meist deutlich besseren Arbeitsbedingungen auf der Farm. Ein gutes Beispiel ist die Zuckerfarm des ehemaligen Schweizer Bankers Emilio Lutz.

Von seiner Terrasse aus blickt der Mann auf sattes Grün – ausgedehnte Zuckerrohrfelder, Wald- und Sumpfreservate und ein paar frisch aufgeforstete Flächen. Zu seinem Unternehmen gehören fünf Betriebe mit einer Fläche von 425 Hektar, die komplett biologisch bewirtschaftet werden. »Wir waren vor 20 Jahren Pioniere in der Herstellung von Bio-Vollrohrzucker, der seit 1989 auch in Deutschland und der Schweiz vermarktet wird«, sagt der Biofarmer. Gemeinsam mit seinen Partnern Regula Baumgärtner und Paul Bruning betreibt er »Planeta Verde«, eine Zuckerrohrplantage und -fabrik nahe der Kleinstadt Lucélia, 800 Kilometer westlich von São Paulo. Seinen schonend zubereiteten vollwertigen Zucker vertreibt in Deutschland die Biohandelsfirma Rapunzel unter dem Markennamen Rapadura.

Biozuckerrohr wird bei »Planeta Verde« nach drei bis fünf Jahren im Wechsel mit schwarzen Bohnen, Erdnüssen oder Grünland angebaut. Die gezielte Platzierung von Wildpflanzen zwischen und neben den Zuckerrohrstauden sowie natürliche

Kompostdüngung ermöglichen einen gesunden Nährstoffkreislauf und bessere Bodenfruchtbarkeit. Viele Sträucher, Bäume und Kleinbiotope auf dem Farmgelände verhindern die Erosion durch starke Niederschläge in der Regenzeit.

Geerntet wird hier im Süden von Juli bis Mitte Oktober. Dann rücken bei Sonnenaufgang rund siebzig Männer mit dicken Schutzbrillen aus, die wuchtige Hand- und Sicherheitsschuhe sowie Beinschutz tragen und an mittelalterliche Ritter erinnern. Um Bodenleben und Luft zu schonen, werden die Felder beim biologischen Landbau nicht abgefackelt. »Deswegen brauchen wir viermal mehr Arbeiter«, sagt Emilio Lutz. »Jedes Blatt wird per Hand mit dem Messer entfernt. Bei der Ernte ist es wichtig, dass das Zuckerrohr sorgfältig abgeschnitten und somit ein guter Nachwuchs gesichert wird.« Jeder Zuckerrohrschneider muss den sogenannten Passgang lernen. Wenn er mit der rechten Hand schneidet, setzt er immer zuerst das rechte Bein vor, um zu verhindern, dass er sich das linke Bein verletzt. Wenn das Ganze nicht so bitter wäre, könnte man sich an Filme von Charlie Chaplin erinnert fühlen.

In der angrenzenden Fabrik wird das Zuckerrohr anschließend gehäckselt, gepresst und der Saft gefiltert, gekocht und schonend in einer speziell entwickelten Wärmetrommel getrocknet. Das Ergebnis ist ein intensiv duftendes grobkörniges hellbraunes Pulver. »Alle Prozesse werden vom Computer exakt berechnet und die Maschinen entsprechend genau eingestellt«, erklärt Emilio Lutz vor einem Schaltpult mit blinkenden Lampen, Dutzenden Knöpfen und Reglern. Ein Problem ist allerdings das bereits erwähnte Acrylamid, das bei zu starker Hitze auch beim Trocknen des Zuckersaftes entstehen kann und bereits eine Lieferung nach Europa verhinderte. In der Regel aber wird der fest in Plastiktüten verpackte Vollrohrzucker in knapp dreißig Tagen vom Hafen Itajai in Brasilien bis nach Rotterdam verschifft und gelangt per Flussfahrt auf dem Rhein bis nach Süddeutschland und in die Schweiz. Dort wird er über den Biohandel, dm-Märkte und Weltläden vermarktet. Praktizierte

Nächstenliebe heißt für den gläubigen Biofarmer Lutz, seine Arbeiter fair zu behandeln. Deswegen erhalten seine Angestellten zehn bis 15 Prozent höhere Löhne als bei den konventionell arbeitenden Zuckerfarmen in der Nachbarschaft. Zudem haben sie eine zusätzliche Krankenversicherung, »damit meine Leute vom selben Arzt behandelt werden wie ich«, begründet Lutz die Sozialleistung. Obst, Gemüse und Heilkräuter bekommen sie aus seinem Garten kostenlos.[177]

Doch auch beim konventionellen Zuckerrohranbau in Brasilien hat mittlerweile ein Umdenken eingesetzt: Ein gefürchteter Schädling ist beispielsweise eine Schmetterlingsraupe – genannt »Zuckerrohrbohrer« – die sich durch das zuckerhaltige Mark frisst. Sie wird oft mit natürlichen Feinden, parasitischen Fliegen, biologisch bekämpft, da Pestizide in diesem Fall wenig wirken und teurer sind. Die Ökobilanz der brasilianischen Zuckerrohrfabriken ist auch nicht so schlecht wie vermutet: Nach dem Auspressen der zerkleinerten Zuckerrohrstängel in der Fabrik verbleiben die faserigen Bestandteile der Pflanze. Diese nennt man in ihrer Gesamtheit »Bagasse«. Sie wird zur Beheizung der Kessel verwendet. Zuckerfabriken sind in der Regel Energie-Selbstversorger und speisen Überschüsse als elektrische Energie ins Stromnetz ein. Bagasse ist darüber hinaus in getrockneter Form ein geeignetes Futtermittel für Rinder und Schweine. Dem Rohsaft setzt man Kalk und Kohlensäure zu, um Verunreinigungen herauszulösen. Der dabei anfallende Schlamm ist ein natürlicher Dünger und wird normalerweise zurück auf die Felder gebracht. Bei der Raffination zu Weißzucker wird zudem der »Melasse« genannte dunkle Sirup von den Zuckerkristallen gelöst. Er ist ebenfalls ein wertvoller Rohstoff und wird verfüttert oder zu Alkohol vergoren und zur Hefeproduktion verwendet.

177 Aus: Reportagemanuskript von Werner Paczian und Stefan Kreutzberger, Februar 2007

Verbrauchertipp

Schränken Sie Ihren Zuckerkonsum ein, und wenn Sie der süßen Versuchung doch nicht widerstehen können, verwenden Sie naturbelassenen Vollrohrzucker, Honig oder Bio-Fruchtzucker. Kristalliner Bio-Rohzucker aus Zuckerrohr besitzt noch einige Mineralien und verfügt über Eigenaroma. Er bietet sich zum Süßen von Tee, Kaffee und für Cocktails an. Wollen Sie raffinierten Weißzucker nutzen, ist es aus ernährungsphysiologischer und geschmacklicher Sicht egal, ob Sie konventionellen Zucker oder Biozucker aus Zuckerrohr oder Zuckerrübe verwenden. Die Arbeitsbedingungen und Sozialleistungen auf Bio-Zuckerrohrfarmen sind in der Regel aber deutlich besser als auf konventionellen Farmen.

Weißes Gold

Baumwolle ist einer der weltweit wichtigsten nachwachsenden Rohstoffe. Pro Jahr werden etwa 25 Millionen Tonnen geerntet. Ihr Anteil macht etwa fünfzig Prozent der Faserproduktion für den Welttextilmarkt aus. Baumwolle wird hauptsächlich in trockenen Gebieten der Subtropen und Tropen angebaut. Die Pflanzen gedeihen auch auf relativ nährstoffarmen Böden, doch benötigen sie eine konstante Wasserzufuhr, was eine künstliche Bewässerung erfordert. Die zarten Pflanzen bevorzugen viel Sonne und gleichmäßige warme Temperaturen. Dann bilden sie Fruchtkapseln aus. Sind diese reif, platzen sie auf und die Faserbüschel können geerntet werden. Die Länge der einzelnen Fasern variiert je nach Sorte zwischen 1,5 und fünf Zentimetern. Mehr als die Hälfte unserer Wäsche und Kleidung wird aus der Baumwollfaser hergestellt – und die Deutschen sind Weltmeister im Verbrauch von Textilien. Wir konsumieren davon über 28 Kilogramm pro Jahr. Etwa elf bis 15 Kilo verbrauchen wir für Kleidung. Bevor wir ein Kleidungsstück auf der Haut tragen, hat es aber bereits eine lange Reise hinter sich. Baumwolle wird hauptsächlich in China, den USA, Usbekistan, Indien und Westafrika angebaut und in Entwicklungsländern gefärbt, zu Stoffen gewebt und zu T-Shirts und Jeans verarbeitet.

Die Baumwollproduktion ist zum Symbol einer großen Ökokatastrophe geworden. Da die Baumwollpflanzen sehr viel Wasser benötigen, müssen künstliche Bewässerungen geschaffen werden. Dabei benötigt man im Endeffekt bis zu unglaublichen 25 000 Liter, um ein Kilogramm spinnfähige Faser zu erhalten. Die Bewässerungsanlagen der Baumwollfelder wirken katastrophal auf die lokalen Ökosysteme. Schlimmstes Beispiel ist der Aralsee: Er war bis in die 1960er Jahre das viertgrößte Binnengewässer der Erde. Um den Export der Baumwolle zu fördern, schuf die Sowjetunion in einem Megaprojekt 700 000 Kilometer Bewässerungskanäle. Als Versorgungsquellen wurden die beiden wichtigsten Zuflüsse des Aralsees Syr-Daria und Amu-Daria genutzt. Sie sollten Baumwollanbaugebiete in den Steppen Kasachstans und Usbekistans bewässern. Jedoch versiegten die beiden Zuläufe nach relativ kurzer Zeit. In der Folge schrumpfte die Fläche des Aralsees auf ein Viertel zusammen. Der Wasserspiegel ist seit 1960 um 13 Meter gesunken. Von dem Binnenmeer, das einst so groß wie Bayern war, sind heute nur noch drei kleine Seen übrig geblieben. Außerdem flossen große Mengen an Pestizidrückständen über die Zuflüsse in den See, der darüber hinaus stark versalzte. Die Folge: Bei den Anwohnern des Sees stiegen Erkrankungen wie Blutarmut, Krebs und Tuberkulose an, und viele von ihnen leiden seitdem an Allergien. Durch die Konzentration auf den Anbau von Baumwolle wurden Flächen, die vormals zum Anbau von Nahrungsmitteln dienten, verdrängt. Heute sind die jungen Staaten in

Mittelasien auf Nahrungsmittelimporte angewiesen. Das »weiße Gold« brachte statt Wohlstand Krankheit, ökologische Katastrophen und vergiftete Böden.

Pures Gift im Hemd

Baumwolle ist gegenüber Kunstfasern zwar ein Naturstoff, hat aber mit Ökologie herzlich wenig zu tun. Im Gegenteil: Baumwolle ist die am stärksten behandelte Kulturpflanze überhaupt. 22,5 Prozent aller weltweit verkauften Insektizide enden als Sprühregen auf den Baumwollfeldern. Dass die Fasern nach der Baumwollernte auf ihrem Weg zum fertigen Kleidungsstück mit weiteren gefährlichen Chemikalien und Farbstoffen in Berührung kommen, ist vielen Verbrauchern nicht bewusst. Wer 100 Prozent Baumwolle trägt, gilt als qualitätsbewusst und naturnah. Ein erbitterter Preiskampf beherrscht die Szene der Textilhändler in Deutschland. Im Jahr 2005 setzte der Textilfachhandel fast 56 Milliarden Euro um. Immer mehr Konsumenten kaufen ihre Bekleidung bei Discountern wie Aldi, kik, Tschibo oder Lidl. Die Nase vorn hat Tengelmann mit seinen kik-Filialen. Von der Herkunft der Textilwaren wissen die meisten Verbraucher in der Regel nichts. Oft gibt nur ein kleines Etikett wie »Made in Bangladesh« Auskunft über den Ursprung des Herrenoberhemdes. Die Herstellungs- und Arbeitsbedingungen werden nicht preisgegeben. Die Textilhändler stellen hohe Ansprüche an ihre Lieferanten. Sie sollen immer schneller und preisgünstiger liefern. Der Druck wird an die Produzenten in Bangladesh weitergegeben und landet schließlich bei den Näherinnen in den Textilfabriken. Sie zahlen den wirklichen Preis für unsere günstigen Kleidungsstücke. Die Autoren der Studie über die Kampagne für ›Saubere‹ Kleidung von Anfang 2008 verfolgten die Produktion der Waren in Bangladesh.[178] Sie

---

178 Kampagne für ›Saubere‹ Kleidung, Berlin Januar 2008. Wer bezahlt

stellten dabei massive Verstöße gegen die Sozialstandards der Internationalen Arbeitsorganisation (ILO) fest. In den meisten Fabriken waren keine gewerkschaftlichen Aktivitäten erlaubt. Die Näherinnen müssen Überstunden leisten, die nur unregelmäßig vergütet werden. Oft beträgt ihre Arbeitswoche sechs bis sieben Tage. Aufseher diskriminieren und beschimpfen die Frauen. Teilweise werden sie geschlagen. Im Krankheitsfall verlieren sie ihren Job. Die Unternehmen kommen nicht für Kosten von Medikamenten auf. Und krank wird man in den Textilfabriken schnell und schwer. Den ganzen Tag kommen die Näherinnen mit den Resten von hochgiftigen Schädlingsbekämpfungsmitteln in den Stoffen in Kontakt. Denn auf den Feldern wird gespritzt, was das Zeug hält. Die riesigen Monokulturen sind enorm anfällig gegenüber Schädlingen, insbesondere dem Baumwollkapselwurm, Helicoverpa armigera, in Indien aber nur bekannt als »American Bollworm«. Da viele Arbeiter nicht lesen können, ist es ihnen nicht möglich, sich über die angemessene Dosierung der Insektizide und über Schutzhinweise zu informieren. Durch fehlende Schutzkleidung, verseuchtes Trinkwasser oder falsche Lagerung der teuren Chemikalien im Haus gehören Vergiftungen in Baumwollanbaugebieten zum Alltag. Gleichzeitig werden viele Insekten resistent gegen die Gifte, und das erfordert immer neue Generationen von Pestiziden. Dieses Problem ist seit langer Zeit bekannt. Der indische Umweltschützer und Journalist Devinder Sharma berichtete in einem Interview mit Greenpeace online über die Situation Ende der 1980er Jahre: »Die Bauern konnten nicht weiter in diese Pestizid-Zwickmühle getrieben werden. Es war ein Teufelskreis. Die Farmer fingen an, zwei und mehr Chemikalien zu mischen. Sie verspritzten schließlich bis zu dreißig verschiedene Pestizide, um die Baumwollschädlinge unter Kontrolle zu

unsere Kleidung bei Lidl und kik? – Eine Studie über die Einkaufspraktiken der Discounter Lidl und kik und ihre Auswirkungen auf die Arbeitsbedingungen bei den Lieferanten in Bangladesch.

bekommen. Trotzdem waren mit der vierten Generation zunächst alle glücklich. Es sah so aus, als ob die Versprechen der Industrie – endlich eine wirksame Waffe gegen die Schädlinge zu haben – wahr wurden. Doch nach rund drei Jahren begingen die ersten Bauern in Andra Pradesh Selbstmord. 1987 kam es in einer Saison zu 37 Selbstmorden unter Farmern.«[179] Vor wenigen Jahren trat nun die »grüne« Biotechnologie als Retter in der Not auf und versprach dank ihrer Technik den »Einsatz der derzeit weltweit angewandten Pflanzenschutzmittel um 33 000 Tonnen bzw. 40 Prozent zu reduzieren«.[180] Heute sagt die Baumwollindustrie selbst, dass Pestizide gefährlich sind und ihr Gebrauch reduziert werden muss. Stattdessen sollen die Bauern gentechnisch manipulierte Baumwolle anpflanzen.

Killer grüne Biotechnologie

Im Jahr 2002 führte das agroindustrielle Unternehmen Monsanto gentechnisch veränderte Baumwolle auf dem indischen Markt ein. Die sogenannte Bt-Baumwolle unter dem Handelsnamen Bollgard enthält zusätzlich ein Gen, das Gift der Bakterienart Bacillus Thuringensis (Bt) produziert. Die Pflanzen sollen dadurch ihre eigene Abwehr gegen den Fraßschädling Baumwollkapselwurm bilden. Monsanto versprach den Bauern, dass sie beim Anbau der Pflanzen keine Pestizide mehr benötigen und deutlich höhere Erträge erzielen würden. Die Mahyco Monsanto Biotech Ltd. gab zum Beleg eine eigene Studie in Auftrag und behauptete: »Die Studienergebnisse zeigen, dass die Ernteerträge von BollgardTM-Baumwolle, die sich selbst gegen den Schädling Baumwollkapselbohrer schützt, im Ver-

179 Interview mit Devinder Sharma, Greenpeace Online v. 01. 11. 2004
180 »Studie von ACNielsen bestätigt die Vorteile von gentechnisch veränderter Baumwolle für indische Landwirte«; auf: www.monsanto-agro.de/Produktbereiche/bg_2003.php

gleich zu konventioneller Baumwolle um 29 Prozent gesteigert werden konnten. Der Einsatz von Pflanzenschutzmitteln zur Schädlingsbekämpfung konnte um 60 Prozent reduziert werden, was einer Einsparung von rund 70 US-Dollar pro Hektar entspricht. Außerdem konnte BollgardTM-Baumwolle auf Grund der besseren Faserqualität einen um bis zu 8 Prozent höheren Marktpreis erzielen als konventionelle Baumwolle.«[181] Begeistert von diesen Werbeversprechen verschuldeten sich viele indische Bauern, um das gegenüber herkömmlicher Ware drei- bis sechsmal teurere Saatgut erwerben zu können. Jedoch wurden sie bitter enttäuscht. Die Versprechen des Biotechkonzerns stellten sich als Lüge heraus. Die Bt-Baumwollpflanze produzierte zu kurze Wollfäden, die für den Markt unattraktiv waren. Nach einiger Zeit zerfraßen andere Insekten und auch wieder der grüne haarige Baumwollwurm genüsslich die Pflanzen, gegen den sie eigentlich immun sein sollten. Die Bauern mussten doch zusätzlich Pestizide einkaufen. Sie verschuldeten sich dadurch noch mehr. Monsanto entwickelte daraufhin die Sorte Bollgard II, in der nun zwei Bt-Gene stecken. Auf den Markt gelangten aber auch immer mehr gefälschtes Bt-Saatgut und unreine, wenig Ertrag bringende hybride Formen. Durch schlechte Ernten verschlimmerte sich die Situation der Bauern zusätzlich. Viele sahen in dieser Lage keinen Ausweg aus der Schuldenfalle und begingen Selbstmord. Das Fernsehmagazin *Monitor* berichtete Mitte Juni 2008 von diesem Skandal und zitiert einen Baumwollbauern: »Alle Leute hier im Dorf haben die Bollgard-Baumwolle angebaut. Man hatte uns versprochen, dass die Ernte dann gut sein würde. Die Leute, die uns das verkauft haben, kamen bis an unsere Tür und sagten, nehmt unser Saatgut, dann werdet ihr hervorragende Ernten haben.«[182] Die Alternative Nobelpreisträgerin Vandana Shiva berichtete *Monitor* von der verzweifelten Lage der Bauern: »Aber wenn

181 Ebd.
182 Zitiert nach Sendung *Monitor* v. 12. 06. 08

sie sich auf die kostenintensive Landwirtschaft einlassen und ihre Erträge fallen aus, dann ist es egal, wie viele Schulden sie aufnehmen. Sie werden für immer Schulden haben. Es ist, als ob ein Eimer ein Loch hat. Der wird sich niemals füllen.«[183] Viele Bauern geben auf, finden keinen Ausweg aus der Not und bringen sich mit ihren eigenen Pflanzenschutzmitteln um. Laut *Monitor* hat die indische Regierung schon mehr als 100 000 Bauern-Selbstmorde in ganz Indien gezählt. Die *Süddeutsche Zeitung* berichtete Anfang November 2006 aus der Region Vidarbha im Bundesstaat Maharashtra, in der die Bauern sterben und die Würmer leben: »Mehr als 1054 Bauern haben sich seit Mitte vergangenen Jahres in der Region umgebracht. Erhängt, ertränkt, vergiftet, um den Schulden zu entrinnen, der Ausweglosigkeit. 111 im August, 124 im September, 112 im Oktober. Ein Toter alle sechs Stunden. So geht das seit Monaten. Massenselbstmord als Protest, in einem der reichsten Bundesstaaten des Landes.«[184]

Im Sommer 2008 befasste sich auch der Menschenrechtsausschuss der Vereinten Nationen in Genf mit der Lage verarmter Baumwollfarmer in Indien. Die extreme Armut habe sich in den letzten Jahren noch verschlimmert. Gründe seien der Mangel an Land, die Verschuldung und nicht ausreichende ländliche Infrastruktur – ausgelöst durch multinationale Konzerne, die gentechnisch verändertes Saatgut eingeführt hätten. Die Abhängigkeit der Kleinbauern von den Konzernen müsse verringert oder besser noch beseitigt werden.

Wissenschaftler der US-amerikanischen Cornell University beobachteten in einer Langzeitstudie bei 481 chinesischen Bauern die wirtschaftlichen Auswirkungen von Bt-Baumwolle.[185] In

---

183 Ebd.
184 *Süddeutsche Zeitung* v. 04. 11. 2006, S. 3; »Wer später stirbt, ist länger arm«; Beitrag v. Karin Steigenberger
185 Chronicle Online v. 25. 07. 2006; Seven-year glitch: Cornell warns that Chinese GM cotton farmers are losing money due to ›secondary‹ pests. Siehe auch: TransGen 27. Juli 2006; Studie warnt: Auf lange

den ersten drei Jahren konnten die Bauern fast drei Viertel der Insektizide einsparen. Auch ihre Ernteerträge steigerten sich um mehr als ein Drittel. Im vierten Jahr fielen jedoch vermehrt Schädlinge ein. Um sich vor diesen zu schützen, mussten die Farmer noch mehr Pestizide einsetzen als zuvor. Dadurch stiegen die Ausgaben deutlich an. Sie verdienten durchschnittlich acht Prozent weniger als Landwirte, die auf konventionellen gentechnikfreien Anbau setzten.

Auch deutsche Firmen profitieren vom indischen Hightech-Saatgutmarkt, zum Beispiel Bayer CropScience. Bayer bietet ebenfalls teures Hochleistungssaatgut in Indien an, mit und ohne Gentechnik. Auch das Bayer-Saatgut müssen die Bauern immer neu kaufen, da es nur einmal ausgesät werden kann. Nicht besser als den indischen Bauern ergeht es den Arbeitern und Arbeiterinnen in den Spinnereien und Färbereien und der weiterverarbeitenden Industrie. Die rund 700 000 Bewohner der Stadt Tirupur beispielsweise produzieren gut ein Viertel aller aus Indien exportierten Kleider. Oft ist es billige Unterwäsche. Die Stadt boomt seit zwanzig Jahren, doch reich wird hier keiner. Es gibt zwar endlich zwei Kläranlagen – doch der Ausbau der öffentlichen Infrastruktur hinkt dem Bau der Färbereien hinterher. Rings um die Stadt türmen sich Müll- und Abfalldeponien. Die Gewässerverschmutzung ist dramatisch. Das vergiftete Flusswasser kann nicht einmal mehr für die Landwirtschaft verwendet werden. Die einst fruchtbaren Felder sind versalzen und werden nicht mehr bewirtschaftet.

Das Problem ist, dass Baumwolle inzwischen ein Billigstprodukt ist. Bei Preisen von sechs Euro für ein T-Shirt und weniger bleibt für die indischen Bauern kaum etwas übrig. Letztlich profitieren die deutschen Käufer davon, dass die indischen Kleinbauern kaum noch etwas an ihrer Ware verdienen.

Sicht kein wirtschaftlicher Vorteil durch Bt-Baumwolle. www.transgen.de/aktuell/meldungen_international/200607.doku.html

Immer noch Kinderarbeit

Im Jahr 2003 wurde publik, dass über zehntausend Kinder bei der Herstellung von Saatgut für die Baumwollproduktion in Indien schuften müssen. Die Kinder arbeiteten bis zu 13 Stunden am Tag für die Bayer-Tochterfirma ProAgro, die Unternehmen wie Bayer, Monsanto und andere Agro-Multis beliefert. Die jüngsten Kinder waren um die sechs Jahre alt. Nach Bekanntwerden dieses Vorfalles gelobten die Unternehmen Besserung. Der Bayer-Konzern versprach, dass er mit lokalen Initiativen kooperieren möchte. Es sollte ein lokales Kontrollsystem aufgebaut werden, um Kinderarbeit bei den Zulieferbetrieben auszuschließen. Außerdem wollte Bayer der verarmten Region finanziell unter die Arme greifen. Doch selbst drei Jahre später war das Problem Kinderarbeit nicht aus der Welt geschafft. Zwar reduzierte sich ihr Anteil auf Feldern der Zulieferfarmen von Bayer vom Jahr 2005 bis 2006 um knapp die Hälfte. Die Studie »Seeds of change«, die der indische Wissenschaftler Davuluri Venkateswarlu im Auftrag des Eine Welt Netz NRW und der Deutschen Welthungerhilfe erstellte, hatte zum Ergebnis, dass 2007 immer noch ein Fünftel der Beschäftigten auf den Saatgutfarmen Kinder waren. Bayer will seine Saatgutproduktion in 2008 und 2009 ausbauen und die notwendige Anbaufläche um das Sechsfache erweitern. Zwar sind in den Verträgen mit den Zulieferfirmen Regelungen gegen Kinderarbeit vorgesehen, Anhaltspunkte für eine effektive Kontrolle gibt es aber nicht.[186]

Fälle von ausbeuterischer Kinderarbeit sind nicht nur aus Indien bekannt. Im Juni blüht die Baumwolle in Zentralasien. Dann läuft bis in den September die Erntezeit auf Hochtou-

---

186 CBG-Netzwerk: Artikel Jan Pehrke, www.cbgnetwork.org/2262.html. PM Eine Welt Netz NRW v. 11. 06. 2007; Jens Elmer;www.eine-welt-netz-nrw.de/html/kampagnen/bayer/k_home/documents/110608_PM_Studie_Davuluri_Saat_der_Kinderarbeit_Endversion.pdf

ren, besonders in Usbekistan, dem weltweit zweitgrößten Exporteur des »weißen Goldes«. Jedes Jahr schickt die usbekische Regierung während der Erntemonate ganze Schulklassen auf die Baumwollfelder. Die jüngsten Schüler sind gerade sieben Jahre alt. Menschenrechtsorganisationen sprechen von einigen hunderttausend Kindern unter 15 Jahren. Obwohl Kinderarbeit in Usbekistan offiziell verboten ist, geschieht sie täglich. Kinder sind die billigsten Arbeitskräfte in einem Land, wo die Baumwolle zu über neunzig Prozent von Hand geerntet wird und als wichtigstes Gut 45 Prozent des Gesamtexportumsatzes ausmacht. Das usbekische Regime empfindet den Ernteeinsatz der Kinder als nicht weiter verwerflich. Sie würden »freiwillig aus Patriotismus helfen«, heißt es.[187]

Alternative: Biobaumwolle

Dass schleunigst eine Kehrtwende beim Anbau von Baumwolle erforderlich ist, wissen heutzutage alle Beteiligten. Die ökologischen und sozialen Probleme schreien zum Himmel. Kein Unternehmen will freiwillig etwas mit Kinderarbeit und vergifteten Arbeiterinnen zu tun haben. Das schadet dem Image ungemein und entspricht nicht der gerne zur Schau getragenen sozialen Verantwortung. Jedes irgendwie international wirtschaftende Unternehmen verfügt heutzutage über eigene Umweltberichte und betreibt teilweise hervorragende Corporate Social Responsibility-Projekte (CSR) in seinen Zulieferländern. Auch der Verbraucher in Deutschland ist kritischer und umweltbewusster geworden und lässt sich nur noch selten für dumm verkaufen. Aus diesen Gründen nimmt auch der Anbau von Biobaumwolle deutlich zu. Mittlerweile wird sie in 24 Ländern auf der Welt angebaut. Die bedeutendsten Produzenten sind die Türkei, Indien, China, Syrien, Peru und die USA. Im Jahr 2007

187 *Stern* v. 30. 11. 2007: www.stern.de/lifestyle/mode/603979.html

wurden knapp 60 000 Tonnen geerntet. Im Jahr 2000 waren es gerade einmal 6500 Tonnen. Der Anteil von Biobaumwolle an der globalen Baumwollproduktion macht jedoch bislang nur verschwindend geringe 0,2 Prozent aus. Die Tendenz ist steigend, aber man fragt sich, warum das so lange dauert. Denn die Vorteile von kontrolliert biologischer Baumwolle für Mensch und Natur liegen auf der Hand. In Entwicklungsländern kann biologischer Anbau zudem helfen, Armut und Hunger wirksam zu bekämpfen: Man verzichtet auf den Einsatz teurer chemisch-synthetischer Mittel. Stattdessen wird auf nachhaltige Anbaumethoden gesetzt, die ökologische Kreisläufe berücksichtigen. Zum Beispiel wird das Prinzip der Fruchtfolge umgesetzt, also in einem Rhythmus von drei Jahren werden auf einem Feld andere Pflanzen angebaut. Damit kann man den Schädlingsbefall stark reduzieren und den Einsatz von Pestiziden überflüssig machen. Die Anpflanzung von anderen Kulturen ermöglicht den Bauern, unabhängiger von dem Produkt Baumwolle zu werden, und der Anbau von Nahrungspflanzen dient direkt der eigenen Versorgung.

Biologischer Anbau ist natürlich kurzfristig betrachtet aufwendiger und teurer als konventioneller Anbau. Der Handel will einen hohen und schnellen Warenumschlag und der Verbraucher möglichst preiswerte Ware. Außerdem steht Bioanbau in direkter Konkurrenz zum Geschäft der Pestizidhersteller und Gentech-Multis. Sie würden Macht und Einfluss verlieren. All das sind schlechte Karten für einen Umstieg in eine breite und ernsthaft biologische und sozial verantwortliche Produktion der Baumwolle. Sosehr die Initiativen zum vermehrten Absatz von Biobaumwolle beispielsweise von C&A und dem Otto-Versand zu begrüßen sind, können und wollen sie nicht dieses Dilemma lösen. Die Hersteller und Händler agieren wie Politiker, winden sich, verhandeln hinter verschlossenen Türen, gehen Kompromisse ein und gebären vieldeutige neue Qualitätslabels. Nirgendwo finden sich so viele verschiedene Siegel, Labels und Qualitätskennzeichen wie in der

Textilbranche. Die Verwendung des Rohstoffs Bio-Baumwolle wird ebenfalls durch die EU-Öko-Verordnung geregelt, denn sie greift auch bei Importen aus dem Ausland. Ein einheitliches Kennzeichen für Mindeststandards wie das Biosiegel im Lebensmittelbereich gibt es aber nicht. Eine im Hinblick auf den Standard- und Labeldschungel begrüßenswerte unabhängige Initiative für ein einheitliches Zertifikat ist der »Global Organic Textile Standard« (GOTS). Mehrere Organisationen, darunter der Internationale Verband der Naturtextilwirtschaft (IVN) und die britische Soil Association haben ihn gemeinsam erarbeitet. Ob er wirklich zu einer Klärung in der Branche beiträgt und für den Verbraucher Licht im Standarddschungel schafft, muss sich noch zeigen.

Codes of Conduct für Unternehmen

Codes sind freiwillige Selbstverpflichtungen für Unternehmen mit dem Ziel, eine Verbesserung der Arbeitsverhältnisse und -bedingungen zu erreichen. Ernst zu nehmende Codes sollten mindestens die Kernkonventionen der Internationalen Arbeitsorganisation (ILO) erfüllen. Darüber hinaus sollten sie Regelungen zur Dauer der Arbeitszeit, Gesundheit und Sicherheit am Arbeitsplatz, einen angemessenen Lohn und branchenspezifische Umweltschutzbestimmungen beinhalten. Sie sollten sich auf die gesamte Produktionslinie und den Handel beziehen und eine Berichtspflicht sowie eine unabhängige Überprüfung sicherstellen.

Expedition in den Labeldschungel

Es gibt eine Vielzahl von Textilkennzeichen, die bei den meisten Verbraucher eher für Verwirrung als für Orientierung sorgen. Laut dem Textilkennzeichnungsgesetz müssen Textilwaren nur mit Angaben zu den verwendeten Rohstoffen und deren Gewichtsanteil gekennzeichnet werden. Über die Art der Verarbeitung und über die verwendeten Hilfsstoffe müssen keine Aussagen getroffen werden. Das ist jedoch nicht genug. Verbraucher sollten auch über die ökologische und gesundheitliche Qualität der jeweiligen Textilware informiert werden. So entstand auch eine Fülle von unterschiedlichen Qualitätslabels. Zusätzlich halten unabhängige Sozial-Labels Einzug. Sie möchten über die Arbeitsbedingungen entlang der textilen Produktionskette informieren und einheitliche Standards festlegen. Darüber hinaus entwickelten viele Firmen und Handelshäuser eigene Produktionsstandards, die intern überprüft werden. Mit Hilfe von Eigenmarken signalisieren sie den Kunden Verantwortung und bessere Qualität. Es gibt auch Labels wie die Euro-Blume und den Blauen Engel, die von staatlichen Behörden vergeben werden. Die Kriterien und Standards der einzelnen Label sind sehr unterschiedlich und verwirrend: Sie verwenden den Begriff »Öko«, sind es aber gar nicht, oder sind nur halb-«bio« oder viertel-«bio« oder irgendwie konventionell und »bio«, lassen gentechnisch manipulierte Baumwolle und Pestizide zu oder auch nicht. Nur wenige Labels sind wirkliche Biosiegel.

Öko-Tex Standard 100

Das »Öko-Tex Standard 100«-Siegel überprüft den Schadstoffgehalt von Textilien. Es ist auf dem Textilmarkt sehr bekannt, trägt aber die Begriffsverwirrung schon im Namen. Das Wort »Öko« erweckt bei den Verbrauchern die Vorstellung, dass ökologische Kriterien beim Anbau und bei der Verarbeitung der Rohstoffe überprüft würden. Dies ist jedoch nicht der Fall. Ökologische Aspekte werden bei der Vergabe des Siegels nicht überprüft. Es kontrolliert hingegen die gesundheitliche Unbedenklichkeit von Kleidung. Dabei gehen die Prüfkriterien über die gesetzlichen Vorgaben hinaus. Das Label wurde von der Internationalen Gemeinschaft für Forschung und Prüfung entwickelt. Als Standard wurde ein Verbot von krebs- und allergieauslösenden Farbstoffen festgelegt. Es prüft den ph-Wert sowie Grenzwerte für Pestizidrückstände, Formaldehyd, Schwermetalle und chlororganische Verbindungen. Verboten ist unter anderem auch die Verwendung von Flammschutzmitteln und Rattengiften.

Öko-Tex Standard 100plus/Öko-Tex Standard 1000

Das Kombilabel Öko-Tex Standard 100plus wird an Textilien vergeben, deren Betriebe umweltschonend produzieren. Dabei müssen zusätzlich die Kriterien des Öko-Tex Standards 1000 erfüllt werden. Diese sehen eine Überprüfung der Abwasser- und Abluftreinigung, des Energieeinsatzes, der Lärmemissionen, des Einsatzes von Chemikalien und Technologien, des Qualitäts- und Umweltmanagementsystems, der Sozialkriterien (wie Versammlungsrecht, Verbot von Diskriminierung und Zwangsarbeit) und der Arbeitssicherheit vor. Die geprüften Betriebe müssen eine Mindestpunktzahl erreichen. Aus den veröffentlichten Richtlinien kann aber nicht entnommen werden, wie die Bewertung vorgenommen wird.

EcoProof TÜV Rheinland

Das EcoProof Zeichen des TÜV Rheinlandes prüft, ob Textilien umweltschonend, sozial verträglich und schadstofffrei hergestellt wurden. Es wird beispielsweise die Einhaltung von sozialen Standards wie Arbeitsschutz und Kinderarbeit überprüft. Umweltschädigende Produktionsmethoden sind ausgeschlossen. Der Rohstoffanbau muss nach vorgegebenen Kriterien erfolgen. Die insgesamt anspruchsvollen Prüfungskriterien decken die ganze Produktionskette ab. Es ist aber kein Biosiegel. Bislang hat sich auch noch kein Textilhersteller nach diesen Kriterien überprüfen lassen.

IVN-Zeichen

Der Internationale Verband für Naturtextilwirtschaft vergibt zwei Kennzeichen: das »IVN zertifiziert Naturtextil« und »IVN zertifiziert Bestnaturtextil«. Beide Siegel dürfen an Textilien vergeben werden, die aus kontrolliert biologischem Anbau stammen. Mit dem »IVN zertifiziert Naturtextil«-Zeichen werden Kleidungsstücke ausgezeichnet, die noch nicht vollständig den Richtlinen von »Bestnaturtextil« entsprechen, jedoch schon einen sehr hohen ökologischen Standard aufweisen. Beide Siegel berücksichtigen auch Sozialkriterien bei den Arbeitsbedingungen in der Textilverarbeitung.

Global Organic Textile Standard

Der GOTS ist ein neues unabhängiges Kennzeichen für Bekleidung, die aus Biobaumwolle hergestellt wurde. Es hat das bisherige Siegel »IVN zertifiziert Naturtextil« abgelöst. Die Kriterien schreiben vor, dass die Kleidung zum größten Teil aus Bio-Baumwolle bestehen oder von Betrieben stammen muss, die gerade auf ökologischen Anbau umgestellt haben. Das Siegel unterscheidet zwei Bio-Stufen: eine mit siebzig bis 95 Prozent Anteil und eine mit 95 Prozent und mehr. Es ist also kein »reines« Biosiegel. Auch soziale Standards im Anbaubereich werden berücksichtigt. Oft werden bei der Weiterverarbeitung von Baumwolle Chemikalien eingesetzt, die nicht umweltfreundlich sind. Darüber trifft das Siegel keine Aussagen. Es ist zudem noch relativ unbekannt, da es erst vor wenigen Monaten eingeführt wurde.

Euro-Blume / Europäisches Umweltkennzeichen

Die Euro-Blume kennzeichnet Textilien, die umweltfreundlich hergestellt wurden. Die Kriterien entwickelte der Europäische Ausschuss für Umweltkennzeichen. Herausgeber des Zeichens ist die Europäische Kommission. Im Bereich der Grenzwerte für Schadstoffe im Abwasser sind die angesetzten Werte eher niedrig. Die Antragstellung wird durch eine unabhängige Institution überprüft. Nach der Zulassung können auch unangekündigte Kontrollen stattfinden. Es werden keine Sozialstandards berücksichtigt. Das Zeichen ist relativ selten auf Produkten anzutreffen.

Fairtrade-Siegel

Seit Herbst 2007 sind auch Baumwollprodukte mit dem Fairtrade Siegel erhältlich. Fairtrade-Baumwolle stammt sowohl aus konventionellem wie aus biologisch kontrolliertem Anbau und ist gentechnikfrei. Wie groß der Anteil von Bio-Baumwolle ist, ist unklar. Das Siegel prüft in erster Linie die Produzenten der Baumwolle vor Ort, nicht die Weiterverarbeitung. 17 Kooperativen aus sechs Ländern in Afrika, Asien und Lateinamerika sind bislang zertifiziert. Die Produzenten erhalten je nach Region einen festen Mindestpreis von 36 bis 51 Cent pro Kilogramm Baumwolle, für biologisch angebaute Baumwolle zwischen 43 bis 61 Cent. Außerdem wird eine Prämie von fünf Cent ausgezahlt, die in die Förderung von sozialen Projekten vor Ort fließt. Innerhalb der Produktionskette müssen sich die deutschen Importeure und Hersteller verpflichten, die Grundsätze des Fairen Handels einzuhalten und dies von der entsprechenden Zertifizierungsgesellschaft kontrollieren lassen. Die beteiligten Betriebe wie Spinnereien, Webereien oder Konfektionäre müssen hingegen nur die Richtlinien der Internationalen Arbeitsorganisation (ILO) einhalten.

Pure Wear

Das Zeichen ist eine Eigenmarke der Firma Otto und kennzeichnet Textilien, die zumindest zu fünfzig Prozent aus Bio-Baumwolle bestehen müssen. Sie werden auch auf Schadstoffe überprüft. Sie dürfen bis zu fünfzig Prozent Modal, Lycocell, Elastan, Leinen, Seide, Schurwolle oder Viskose enthalten. Bei Otto liest man: »Die Baumwolle der Artikel, die unser Qualitätssiegel PURE WEAR tragen, stammt aus kontrolliert biologischem Anbau.«[188] Allerdings nur zur Hälfte. Über die andere Hälfte erfährt der Kunde nichts.

C&A Bio Cotton

Die Handelskette C&A führt seit Herbst 2007 eine Kollektion aus Bio-Baumwolle. Im Frühjahr 2008 wurden bereits 7500 Tonnen Baumwolle gehandelt, über zwölf Prozent der weltweiten Biobaumwollernte. C&A kooperiert dabei mit den Organisationen Organic Exchange und der Shell Foundation und plant einen Ausbau ihrer Bio-Baumwollkollektion. Allerdings macht der Bioanteil bei C&A bislang nur fünf Prozent aus. Die Verbraucherpreise sollen mit konventioneller Baumwolle identisch sein. Die höheren Preise für die Biobaumwolle würden nicht an den Kunden weiter gereicht, was verwundert. Daher ist es naheliegend, dass bei der Weiterverarbeitung geringe ökologische Standards angelegt werden. Im April 2008 testete das ÖKO-TEST Magazin verschiedene Jeans auf ihren Gehalt an Schadstoffen, darunter auch Bio-Baumwolljeans von

188 www.otto.com/uploads/media/OTTO-Ratgeber_Nachhaltige_Produkte.pdf (Seite 6)

C&A. Die Jeans waren mit optischen Aufhellern belastet. Diese Stoffe sind schwer abbaubar und nicht umweltfreundlich.

LamuLamu

Seit 1998 vertreibt der Landjugendverlag unter der Eigenmarke LamuLamu hochwertige Textilien, die entlang der Produktionskette vollständig ökologisch und sozial zertifiziert sind. Die Partnerfirmen in Kenia werden von dem unabhängigen Verband der Naturtextilwirtschaft IVN e. V. zertifiziert und kontrolliert. Die Baumwolle stammt zu hundert Prozent aus kontrolliert biologischem Anbau. Bei der Weiterverarbeitung wird Wert auf möglichst natürliche und umweltfreundliche Produktionsmethoden gelegt. Pro verkauftem Textil erhalten die Arbeiter und Arbeiterinnen in den Partnerbetrieben 0,50 bis 0,75 Euro Prämie. Dieser Beitrag fließt in einen selbst verwalteten Sozialfond.

Cotton made in Africa

Die Deutsche Welthungerhilfe, das Bundesministerium für wirtschaftliche Zusammenarbeit und Entwicklung, die Gesellschaft für Technische Zusammenarbeit GTZ, der WWF Deutschland, der Naturschutzbund Deutschland sowie die Bekleidungsunternehmen Otto und Tom Tailor wollen mit dem Projekt »Cotton made in Africa« einen »umweltfreundlichen Baumwollanbau« in Afrika fördern. Ziel des von der Otto-Stiftung »Aid by Traid« getragenen Projektes ist es, die Bedingungen in der Baumwollproduktion zu verbessern und diese nachhaltiger zu gestalten. Die Rolle der afrikanischen Baumwolle auf dem Weltmarkt soll gestärkt werden. Ebenfalls sollen Handelsunternehmen in Deutschland in beispielhafter Weise ihre soziale Verantwortung, ihre Corporate Social Responsibility (CSR), zeigen. Mittlerweile haben sich noch weitere Projektpartner gefunden: die Bierbaum Unternehmensgruppe, Bon Prix, Celio, Peek & Cloppenburg, Quelle, QVC, Tchibo GmbH, 3suisses und Witt Weiden.

Um die Erfolge des Projektes messen zu können, wurden fünf »Nachhaltigkeitsindikatoren« eingeführt. Diese umfassen ökologische, soziale und ökonomische Aspekte. Auf den Einsatz von Pestiziden wird aber nicht vollständig verzichtet. Darüber hinaus gibt es drei Ausschlusskriterien: Kinderarbeit, Anbau in Naturschutzgebieten und eine sehr schwammige Formulierung zu genmanipulierter Baumwolle: »Der Anbau und Verkauf von genmanipulierter Baumwolle darf die Entwicklungs- und Absatzchancen anderer Farmer in der Region, die keine genmanipulierte Baumwolle anbauen, nicht beeinträchtigen.«[189] Das Siegel spricht sich also nicht gegen den Einsatz von Bt-Baumwolle aus. Der Anbau von Gen-Baumwolle ist jedoch weder nachhaltig noch ein Mittel zur Armutsbekämpfung. »Cotton made in Africa« wird auch nicht unabhängig nach Fairtrade- und Biorichtlinien zertifiziert. Das hat eindeutig finanzielle Gründe: »Die sehr anspruchsvollen Zertifizierungssysteme von Bio- und Fairtrade-Baumwolle führen dazu, dass sich diese Baumwolle im Hauptsegment des Massenmarktes nicht durchsetzt, weil sie die Anforderungen der Konsumenten und der Einkäufer großer Handelsunternehmen bezüglich Preis, Flexibilität, Lieferzeiten usw. nicht erfüllt. Cotton made in Africa wird hier einen Mittelweg wählen (…) Eine teure Zertifizierung aller Zulieferbetriebe scheidet aber aus praktischen Gründen aus.«[190] Eine unabhängige Zertifizierung findet also aus »praktischen«

189 www.cotton-made-in-africa.com/Article/de/14
190 www.cotton-made-in-africa.com/Article/de/19

Gründen nicht statt und weil sie angeblich »die Anforderungen des Konsumenten nicht erfüllt«. Zuerst soll der »strategische« Konsument durch »bewussten« Konsum das Projekt fördern; will er das aber konsequent tun, wird er ausgebremst und für dumm verkauft. Warum sollte der Konsument keine echte Bibaumwolle mit Fairtrade-Zertifikat wollen? Der Verbraucher soll anscheinend nur das kaufen, was nach »bio« aussieht, aber gar kein »bio« ist. Die Produkte werden bewusst wie Biobaumwolle beworben, sind aber nur aus konventioneller Baumwolle mit Ökobeimischung. Das grenzt an Etikettenschwindel, auch wenn der entwicklungspolitische Ansatz ernst gemeint ist und Produzenten in Afrika fördert. In der Internetcommunity www. utopia.de machte Heinrich Kranz aber auf einen möglicherweise entwicklungshemmenden Aspekt aufmerksam: »Das Projekt ist ausgelegt auf 200 000 Tonnen Baumwolle im Jahr. Heute gibt es weltweit knapp 60 000 Tonnen echte Biobaumwolle im Jahr. Das Projekt würde also mit mehr als der dreifachen Menge den Markt der echten Biobaumwolle überfluten und das gesamte Preisgefüge für alle echten Bioprojekte ruinieren, wenn diese afrikanische Baumwolle als ›eine Art‹ Biobaumwolle vermarktet wird. Die echten Biobaumwollprojekte, die viel höhere Kriterien erfüllen als ›Cotton made in Africa‹ würden schlussendlich aufgeben müssen.«[191]

191 Beitrag v. Heinrich Kranz am 27. 06. 2008; www.utopia.de/forum/ showthread.php?t=1296

Verbrauchertipp

– Nutzen Sie Datenbanken wie:

Label-Online
www.label-online.de

Kampagne Saubere Kleidung
www.saubere-kleidung.de
Stichwort: Unternehmen – Hintergründe zu Unternehmen des Textileinzelhandels (Einkaufstrategie, Corporate Social Responsibility)

Internationale Kampagne »Saubere Kleidung«
www.cleanclothes.org

Pestizid Aktions-Netzwerk
www.pan-germany.net/baumwolle/de/verzeichnis.htm
Verzeichnis für Bio-Baumwolle und Bio-Baumwollprodukte (noch im Aufbau)

– Beteiligen Sie sich an Aktionen für bessere Arbeitsbedingungen in der globalen Textilbranche. Verfolgen Sie zurück, woher die Rohstoffe der einzelnen Unternehmen stammen.
– Fordern Sie mehr Transparenz über die Herkunft der Rohstoffe und Arbeitsbedingungen bei der Produktion von Textilien. Verlangen Sie von Ihrem Händler detaillierte Informationen.
– Achten Sie beim Kauf darauf, dass die Textilien mindestens dem Öko-Tex Standard 100, besser noch 100plus entsprechen.
– Bevorzugen sie Baumwolle, die unter fairen Arbeitsbedingungen und ökologischen Gesichtspunkten

hergestellt wurde. Achten sie auf die Siegel »Global Organic Textile Standard«, »IVN zertifiziert Bestnaturtextil«; LamuLamu und das Fairtrade-Siegel.

Folgende Firmen bieten Textilien mit Fairtrade-Siegel bzw. in Bioqualität an:
armedangels (www.armdangels.de)
Better Merchandising (www.better-merchandising.de)
Christy Towels (www.christy-towels.com)
Dömer Clarysse (www.claryssejules.be)
Fabrizio (www.fabrizio.de)
gardeur (www.gardeur.de)
Göttin des Glücks (www.goettindesglücks.at)
Helvetas (www.helvetas.biz)
Jack & Jones (www./jackjones.com)
Lana naturalwear GmbH(www.lana-naturalwear.de)
Memo (www.memoworld.com)
milch Fairtrade Shirt (www.milch-fairtradeshirt.de)
Nanso (www.nansogroup.com)
Portocolonia (www.portocolonia.com)
Switcher SA (www.switcher.com)
mayi (www.mayi.at)
Sunimar (www.sunimar.com)
Fairliebt. (wwwo.fairliebt.com)
Kuyichi (www.kuyichi.com)
Slowmo (www.slowmo.eu)

Große Unternehmen mit Bio-Textilien:
Hess Natur, Zara, Otto, C&A, Karstadt, H&M, Nike, Levi's

Auswahl exklusiver Läden mit Bio-Textilien:
Berlin: Cherrybomb
Bremen: Fairtragen
Düsseldorf: Coffee & Tee (Shirts) Shop

Freiburg: Fairwear, True Fashion
Hamburg: Marlowe Nature
Köln: bgreen
München: Fair Tragbar
Nürnberg: Glore

- Greifen Sie auch zu Textilien, die aus regionalen nachwachsenden Rohstoffen produziert wurden wie Leinen, Hanf und Flachs.
- Bevorzugen Sie Qualität statt Quantität beim Kauf von Kleidung.
- Organisieren Sie Textiltauschbörsen und bringen Sie so frischen Wind in ihren Kleiderschrank. Auch Second Hand Textilien haben ihren modischen Reiz.

Fair oder nicht fair?

Der Begriff »Fairer Handel« ist bislang weder geschützt, noch durch eine europäische Richtlinie geregelt. Das unterscheidet ihn von den Begriffen »Bio« oder »Öko« und dem entsprechenden EU-Siegel. Das EU-Parlament forderte bereits im Sommer 2006 die EU-Kommission auf, eine klare Empfehlung zugunsten des Fairen Handels herauszugeben und seine Definition zu regeln, was bis heute aber noch nicht erfolgt ist. Allerdings ist ein weltweit anerkanntes und definiertes Fairtrade-Siegel der Fairhandelsbewegung heute der Maßstab zur Bestimmung. Diese Bewegung entstand als eine politische und humanitäre Initiative bereits in den 1970er Jahren aus der Kritik an den Strukturen des internationalen Handels. Die Kritik richtet sich vor allem gegen die Abhängigkeit der Entwicklungsländer von den stark schwankenden und insgesamt zu niedrigen Weltmarktpreisen für Rohstoffe, den Protektionismus der Industrieländer in Gestalt von Handelshemmnissen und Subventionierung ei-

Definition Fairer Handel

Das System des zertifizierten Fairen Handels (FLO-System) beruht auf einer gemeinsamen Definition der vier internationalen Netzwerke (FINE-Definition):

»Der Faire Handel ist eine Handelspartnerschaft, die auf Dialog, Transparenz und Respekt beruht und nach mehr Gerechtigkeit im internationalen Handel strebt. Durch bessere Handelsbedingungen und die Sicherung sozialer Rechte für benachteiligte ProduzentInnen und ArbeiterInnen – insbesondere in den Ländern des Südens – leistet der Faire Handel einen Beitrag zu nachhaltiger Entwicklung. Fair Handels-Organisationen engagieren sich – gemeinsam mit VerbraucherInnen – für die Unterstützung der ProduzentInnen, die Bewusstseinsbildung sowie die Kampagnenarbeit zur Veränderung der Regeln und der Praxis des konventionellen Welthandels.«[192]

gener Agrarprodukte, die Verhandlungsmacht der Industrieländer sowie die Missachtung ökologischer und sozialer Standards im Herstellungs- und Verarbeitungsprozess. Der Faire Handel ist somit die größte und älteste aktive entwicklungspolitische Bewegung in Deutschland. Sie wird heute international durch vier miteinander kooperierende Organisationen vertreten: EFTA, ein Zusammenschluss von elf europäischen fair handelnden Importeuren, FLO, ein Zusammenschluss nationaler

192 Gemeinsame Definition der vier internationalen Netzwerke des Fairen Handels: FLO (Fairtrade Labelling Organization), IFAT (International Fair Trade Association), NEWS! (Network of European Worldshops), EFTA (European Fair Trade Association) aus dem Jahr 2001

Siegelinitiativen, IFAT, der internationale Zusammenschluss der Fair-Handels-Organisationen und NEWS!, das Netzwerk der europäischen Weltläden. Allgemein zeichnen sich Fairtrade-Produkte dadurch aus, dass die Produzenten gleichbleibende Mindestpreise erzielen, die in der Regel über dem Weltmarktniveau der an Börsen gehandelten Rohprodukte liegen. Darüber hinaus sollen langfristige Lieferverträge geschlossen und über den Warenpreis hinaus ein soziales Benefit oder eine Prämie gezahlt werden. Die Einhaltung der Grundsätze sollen unabhängige Stellen prüfen und kontrollieren. Gelder aus dem Fairen Handel fließen in Bildungs- und Sozialprogramme, Maßnahmen zur Frauenförderung oder die Umstellung auf biologischen Anbau. Die Anschaffung von Biogas-Anlagen oder der Aufbau von Schulen und Kindergärten sind konkrete Beispiele für den Nutzen des fairen Mehrpreises. Fair gehandelten Kaffee gibt es in Supermärkten, Szene-Kneipen und Betriebskantinen. Dass es aber auch Süßigkeiten, Weine und Gewürze und sogar Kleidung und Fußbälle aus Fairem Handel gibt, ist weniger bekannt.

Ganz fair dank TransFair

Der Verein TransFair wurde 1992 in Deutschland mit der Zielsetzung gegründet, über den Vertrieb in Supermärkten weitere Absatzmöglichkeiten für fair gehandelte Produkte zu schaffen. Hauptaufgabe von TransFair als nationale Siegelorganisation ist heute das Marketing ihres Siegels. TransFair hat 36 Mitgliedsorganisationen und 110 Lizenznehmer in Deutschland, die rund 800 Fairtrade-Produkte anbieten. Der Markt für Produkte des Fairen Handels wächst zusehends. Die Import- und Siegelorganisationen vermelden gegenüber dem Vorjahr sagenhafte Umsatzsteigerungen von bis zu 25 Prozent über alle Warengruppen hinweg. Noch aber sind die absoluten Umsatzzahlen verhältnismäßig gering. Laut Auskunft des Netzwerkes »Forum

Fairer Handel« und von TransFair kauften Verbraucher im Jahr 2007 Fairtrade-gesiegelte Waren im Wert von rund 142 Millionen Euro, das sind 32 Millionen mehr gegenüber dem Vorjahr. Neben Fairtrade-Kaffee, -Bananen und -Rosen verzeichneten auch Wein, Fruchtsäfte, Tee und Schokolade steigende Absatzzahlen. 2007 neu hinzugekommen sind Zucker, Eiscreme, Kekse und Textilien aus Fairtrade-Baumwolle.

Obwohl es sich beim Fairen Handel nach wie vor um ein Nischensegment handelt, zeigen sich mehr und mehr große Warenkonzerne an der Fairness-Idee interessiert: Karstadt vermarktet beispielsweise schon seit längerem fair gehandelten Kaffee für Starbucks, auf ihn umgestiegen ist auch Air Berlin als erste Fluglinie. Discounter Lidl und Penny führen faire Produkte im festen Sortiment und Rewe verkauft fair gehandelte Rosen aus Kenia. In England vertreibt unter anderem Nestlé gesiegelten Instant-Kaffee und in den USA und in der Schweiz schenkt McDonald's fairen Kaffee aus.

Fairer Handel für Verbraucher in Deutschland erfolgt auf zwei Wegen. Zum einen über einzelne unabhängig zertifizierte Produkte mit dem Fairtrade-Siegel, die hauptsächlich in Supermärkten über Lizenznehmer vertrieben werden. Zum anderen über anerkannte Fair-Handels-Organisationen wie die gepa, dwp, El Puente und Banafair. Diese müssen sich als ganzes Unternehmen regelmäßig nach international festgelegten Kriterien überprüfen lassen. Sie vertreiben ihre Produkte vor allem über die Weltläden als Fachgeschäfte des Fairen Handels.

Hinter dem Fairtrade-Siegel steht ein internationales System, die Fairtrade Labelling Organizations International (FLO) als Zusammenschluss von zwanzig nationalen Siegelinitiativen und deren alleinige Zertifizierungsgesellschaft FLO-Cert GmbH. Beider Sitz ist in Bonn. FLO stellt international gültige und einheitliche Fairtrade-Kriterien auf und gilt als weltweit größter Sozialzertifizierer. Aktuell gibt es folgende dem Fairtrade-Siegel zugrunde liegende Standards, die regelmäßig überprüft und angepasst werden:

- Standards für kleinbäuerliche Produzenten
- Standards für abhängig Beschäftigte
- Umweltstandards (allgemeine und spezifische pro Produkt)
- Allgemeine Methodologie, wie der Fairtrade-Preis bestimmt wird (die Lebenshaltungskosten plus Kosten einer nachhaltigen Produktion müssen gedeckt sein)
- Produktspezifische Standards (beispielsweise für Frischobst)

Mittlerweile handeln 565 Produzentenorganisationen in 55 Ländern nach diesen Fairtrade-Standards. Die Einhaltung wird auf drei Ebenen kontrolliert: die Produzenten durch sechzig lokale Inspekteure im Auftrag der FLO-Cert GmbH, die internationalen Händler durch FLO-Cert selbst und die deutschen Lizenznehmer durch TransFair. In den letzten fünf Jahren wurde das gesamte FLO-Prüfsystem professionalisiert. Seitdem müssen die Produzenten und die internationalen Händler für die Zertifizierung und die regelmäßige Überprüfung bezahlen. Dadurch entstehen Kosten, die pro Produzentengruppe zwischen 3000 bis 4000 Euro jährlich liegen können. Im Schnitt mache das nach Angaben von FLO-Cert aber nur 3,6 Prozent vom Fairtrade-Benefit aus. Die Lizenznehmer in den Konsumentenländern beteiligen sich an diesen Kosten nicht, sondern zahlen ihre Lizenzgebühren jeweils an die nationale Siegelorganisation. Sie liegen beispielsweise bei Röstkaffee bei 0,22 EUR pro Kilo Nettogewicht. Mittlerweile ist das FLO-Zertifizierungssystem nach der internationalen Norm ISO 65 überprüft und zugelassen.

Fairer Handel in Deutschland

TransFair

Rund 800 Fairtrade-gesiegelte Produkte finden sich in 30 000 Supermärkten, im Naturkosthandel und in Weltläden. Darüber hinaus bieten über 800 Kantinen, Cafés, Mensen und Hotels einzelne Produkte an. In Deutschland gibt es bislang Kaffee, Tee, Eistee, Süßigkeiten, Kakao, Honig, Bananen, Fruchtsaft, Reis, Wein, Sportbälle, Rosen, Zucker, Eiscreme, Kekse und Jeans mit dem Fairtrade-Siegel.

Fairtrade-gesiegelte Waren wurden 2007 im Wert von rund 142 Millionen Euro gekauft – ein Anstieg um 32 Millionen gegenüber dem Vorjahr – und eine Verdoppelung innerhalb von vier Jahren (2004 bis 2007). Nach wie vor wichtigstes Produkt im Fairen Handel ist mit 4350 Tonnen Absatz der Kaffee.

Weltläden

Die rund 800 Weltläden bieten ein komplett fair gehandeltes Produktsortiment. Neben den Produkten, die ein Fairtrade-Siegel tragen können, gibt es hier auch Gewürze, Getreide, Zucker, Schmuck, Geschirr, Kunsthandwerk, Textilien, Musikinstrumente und vieles mehr.

Bioprodukte

Die Mehrzahl der fair gehandelten Produkte sind Lebensmittel (86 Prozent des Umsatzes). Zwei Drittel aller Produkte stammen aus ökologisch zertifiziertem Anbau. Fünfzig Prozent der Fairtrade-Schokoladen, sechzig Prozent des Kaffees, siebzig Prozent des Tees und des Kakaos tragen das Biosiegel.

Der »faire« Preis

Immer wieder wird im Vergleich mit anderen Zertifizierungssystemen der »garantierte Mindestpreis« im Fairen Handel als besonders positiv hervorgehoben. Das trifft allerdings nicht für alle Produkte zu. So gibt es diesen nicht bei Tee, Reis und Fußbällen: Hier wird nur von einem »kostendeckenden Mindestpreis« gesprochen, der jeweils mit den Produzenten ausgehandelt wird. Bei Kaffee, Orangen und Bananen gibt es diese Garantie zum Beispiel hingegen: Bei Kaffee der Sorte Arabica liegt der feste Mindestpreis mit 1,25 US-Dollar pro englischem Pfund (0,4536 kg) meistens über dem Weltmarktpreis, im Jahr 2002 war er sogar fast doppelt so hoch. Auch in Zeiten hoher Marktpreise an den Handelsbörsen zahlt der Faire Handel immer mehr: nämlich den durchschnittlichen Weltmarktpreis plus eine Fairtrade-Prämie von 0,10 US-Dollar. Zusätzlich zu der Sozialprämie wird eine Bioprämie für ökologischen Anbau gezahlt. Der Bio-Aufschlag beträgt 0,20 US-Dollar. Die Zertifizierungskosten müssen die Kaffeebauern allerdings selbst tragen. Großproduzenten sind laut Fairtrade-Richtlinien beim Kaffee, anders als bei anderen Produktgruppen, nicht zugelassen.

Bei Orangen liegt der Mindestpreis fest bei 1200 US-Dollar pro Tonne, die Prämie beläuft sich auf 100 Dollar, bei Bananen ist der Mindestpreis je nach Herkunftsland zwischen 8,50 und 10,00 US-Dollar pro Kiste, die Prämie 1,00 Dollar. Den festgelegten Mindestpreis erfahren manche kleinbäuerliche Kooperativen allerdings nicht immer als positiv. So beispielsweise beim Rooibos-Tee aus Südafrika. Im November 2007 hatte FLO eine Ausweitung des Rooiboshandels auf Großplantagen und eine erstmalige Festlegung eines Mindestpreises beschlossen. Vor so einem Schritt hatte die deutsche Fairhandelsgenossenschaft »Dritte-Welt-Partner« (dwp) zusammen mit seinen südafrikanischen Handelskooperativen Heiveld und Wupperthal seit Jahren gewarnt. Der Mindestpreis für Kleinbauern sei eine heikle Sache. Anbau und Erntemengen hingen sehr stark vom Regen ab. In den Jahren 2003 bis 2006 hatte eine Dürreperiode auf den kargen Landstücken der Kleinbauern zum Verlust eines großen Teils der Ernte geführt, während Großplantagen ihre Erträge halbwegs stabil halten konnten. Im Fairen Rooibos-Handel müsse daher der Preis immer wieder neu und partnerschaftlich festgelegt werden. Erzürnt über die für Großplantagen vorteilhafte Entscheidung von FLO war etwa dwp – eine der ältesten Vertreter der Fairhandelsbewegung in Deutschland. Inforeferent Martin Lang meinte dazu: »Die Entscheidungen des Komitees habe ich mit einiger Bestürzung und Sorge zur Kenntnis genommen. Obwohl mit dieser Neuordnung der Standards zu rechnen war, empört mich nachhaltig der extrem niedrige ›faire‹ FLO-Mindestpreis von 30 bis 35 Südafrikanischen Rand pro Kilogramm Rooibos inklusive aller Fairtrade-Aufschläge – umgerechnet cirka 2,95 Euro für Bio-Qualitäten und 2,55 Euro für konventionell angebauten Rooibos.« Der Preis decke nicht einmal die Produktionskosten der Kooperativen. Im Vergleich dazu zahle dwp der Heiveld-Kooperative 6,65 Euro für ein Kilo Bio-Rooibos.[193] Die Öffnung des FLO-Systems für Großplantagen und private Großanbieter hat auf der einen Seite entscheidend zum Boom des Fairen Handels in Europa beigetragen, zum anderen aber auch eine unheilige Konkurrenzsituation zu Lasten von Kleinbauern erzeugt. Für Martin Lang hat FLO damit viel an Glaubwürdigkeit verloren: »Ich frage mich, ob kurzfristige Umsatzsteigerungen wichtiger sind als die Zukunft derer, für die wir den Fairen Handel in langen Jahren aufgebaut haben.«[194] Auch andere Aktivisten des Fairen Handels stehen einer solchen Entwicklung kritisch gegenüber. Der irische Pater Shay Cullen leitet auf den Philippinen das Kinderschutzzentrum PREDA, das sich auch über den Verkauf von fair gehandelten Mangoprodukten

193 Beitrag von Martin Lang in *Südzeit* Nr. 38, Juli 2008, S. 18
194 Ebd.

finanziert. Für seine humanitäre Arbeit wurde er mehrfach zum Friedensnobelpreis vorgeschlagen. Cullen spricht sich deutlich gegen eine Kommerzialisierung des Fairness-Gedankens durch Label-Unternehmen aus: »Sie machen es zu einem Logo und verkaufen es an Firmen, die bereit sind, dafür zu bezahlen. Es ist jetzt ein großes Geschäft. Auch multinationale Konzerne mit fragwürdiger Praxis wollen das Fairtrade-Logo auf ihren Produkten, um ihr trübes Image zu verdecken.«[195] Der Schweizer Verein Café RebelDia gab denn auch im Juli 2006 das Fairtrade-Siegel für seine Kaffeemarke wieder zurück und kündigte die Zusammenarbeit mit der Max-Havelaar-Stiftung auf. Solange die Label-Organisation das Gütesiegel für gerechten Handel an Kaffeemarktführer wie Nestle, Starbucks und McDonalds vergebe, würden die eigentlichen Werte des Fairen Handels keine Rolle mehr spielen. TransFair in Deutschland geriet im Juni 2006 ebenfalls unter massive Kritik von Gewerkschaften, Umweltorganisationen und Weltläden, die das gute Image des Fairen Handels insgesamt beschädigt sahen. Die Siegelorganisation hatte sich gezielt für eine Zusammenarbeit mit dem Supermarktdiscounter Lidl stark gemacht und für diesen die Eigenmarke »FAIRGLOBE« mit zunächst sechs Produkten auf den Markt gebracht. Was für Transfair ein mutiger und erfolgreicher Schritt in die bislang verschlossene Welt der Discounter darstellte, war für Lidl ein einmaliges Greenwash-Geschenk. Die Supermarktkette der Schwarz-Gruppe steht seit Jahren wegen ruinöser Beschaffungspolitik, schlechten Arbeitsbedingungen und der Behinderung gewerkschaftlicher Tätigkeiten unter öffentlichem Druck. Viele in der Fairhandelsbewegung Engagierte forderten denn auch, dass der Faire Handel nicht nur die Arbeitsbedingungen im Entwicklungsland im Fokus haben dürfe, sondern dass vielmehr die gesamte Lieferkette bis

195 Aus: »Fair trade logos and marks must benefit the poor and not the rich« von Father Shay Cullen, 2006, www.preda.org/archives/2006/r06032901.html

zur Ladentheke fairen Maßstäben entsprechen und auch zertifiziert werden müsse.

Die hessische Supermarktkette tegut stellte in der Folge ihre Kooperation mit TransFair wieder ein, die sie kurz zuvor über die Unterstützung der bundesweiten Promoting-Kampagne »fair feels good« eingegangen war. Tegut nahm stattdessen direkten Kontakt mit Banelino, einem Zusammenschluss von 340 Kleinbauern aus der Dominikanischen Republik, auf. Seitdem vermarktet das Unternehmen seine fair gehandelten Bio-Bananen unter einem eigenen »FAIRbindet-Siegel«. Die Geschäftsleitung von tegut begründete den Schritt damit, dass die Bauern Eigentümer ihres Grund und Bodens bleiben sollen und nicht in einer Großplantage aufgehen dürften. Fairer Handel habe mit Kleinbauern angefangen und man müsse wieder zum christlichen Bild des gerechteren Teilens zurückfinden, aus dem die Idee des Fairen Handels einst entstanden sei.

»Fair« als Lösung aller Dinge?

Diese Kritik beschreibt das Spannungsfeld, in dem sich der Faire Handel heutzutage bewegt. Gerade die Siegelorganisationen wollen heute weg von diesem angestaubten christlichen Image, von karitativen Darstellungen von Hilfe für leidende und unterdrückte Kleinbauern in Entwicklungsländern. Vorbei sind auch die Zeiten eines übel schmeckenden Solidaritätskaffees aus Nicaragua. Was heute zählt, ist der feine Geschmack und ein boomender Zukunftsmarkt mit vielversprechenden Umsatzsteigerungen. Ein Weltladen soll nicht mehr länger ein voll gestelltes Hinterzimmer sein, in dem sich höchstens noch der Seniorenclub wohl fühlt. Der Weltladen der Zukunft ist ein schicker, heller und großzügiger Verkaufsraum, gemacht von jungen Leuten, die sich damit eine berufliche Existenz aufbauen. Man richtet sich in millionenschweren, vom Entwicklungsministerium finanzierten Werbe- und Promotingkampagnen unter dem Slogan »fair feels good« gezielt an die gutverdienende Zielgruppe der LOHAS. Gutes tun und Spaß dabei haben, lautet die simple Botschaft. Mit edlen Schokoladenkreationen und wohlabgestimmten Kaffeemischungen positioniert man sich bewusst im hochpreisigen Premiumsegment und folgt damit verspätet einer Entwicklung des Bio-Einzelhandels. Qualitätsprodukte erfordern aber auch eine qualitativ hochwertige Verarbeitung. Gute Schokoladen und Kaffeemischungen lassen sich jedoch schlecht im Entwicklungsland selbst herstellen. Dort fehlt es an der Infrastruktur, der nötigen Technik, der Hygiene und am Know-how. Das Fairhandelshaus gepa verfügt daher über ein eigenes Kaffeelabor, die Schokoladen lässt man nach eigener Rezeptur bei einem professionellen Hersteller produzieren, der ansonsten konventionell arbeitet. Aus Fairem Handel stammen nur die Rohstoffe Kakao und Zucker. Damit ein weiterverarbeitetes Produkt als »fair« bezeichnet werden darf, müssen mindestens 51 Prozent der Zutaten aus Fairem Handel stammen. Das stellt den Fairen Handel vor ein grundsätzliches Problem. Je mehr die Fairhandelshäuser und Lizenznehmer die Rohstoffe hier im Land weiter verarbeiten, umso weniger Geld kommt tatsächlich bei den Produzenten an. Eine 100-Gramm-Tafel Schokolade der gepa kostet knapp 1,80 Euro. Bei einem Kakaogehalt von dreißig Prozent erzielt die große Kakao-kooperative Conacado in der Dominikanischen Republik pro Tafel gerade einmal einen halben Cent mehr, als wenn sie ihren qualitativ hochwertigen Bio-Kakao über den normalen Markt vertreibt. Für fair gehandelte Kakaobohnen gilt ein Mindestpreis von 1750 US-Dollar pro Tonne inklusive 150 US-Dollar Fairtrade-Prämie. Der Bio-Zuschlag liegt bei 200 US-Dollar. Der Markt für Kakao ist einer der instabilsten. Edelkakao wird hauptsächlich an den Warenterminbörsen in London und New York gehandelt. 2001 lag der Weltmarktpreis für eine Tonne Rohkakao bei ca. 850 US-Dollar, im Januar 2002 bei 735 US-Dollar und im Januar 2003 bereits bei 2360 US-Dollar. Zur Weihnachtszeit stieg er sogar auf 2677 US-Dollar. Der faire

Mindestpreis gilt dann, wenn der Weltmarktpreis unter 1600 US-Dollar pro Tonne fällt. Steigt der Börsenpreis über 1600 US-Dollar pro Tonne, zahlt der Faire Handel 150 US-Dollar mehr als den aktuellen Weltmarktpreis. Für Conacado ist das jedes Mal ein Rechenspiel, ob es sich hierfür überhaupt lohnt, den zusätzlichen Aufwand für die Belieferung der Strukturen des Fairen Handels zu betreiben. Neben den sowieso geringen Abnahmemengen liegt hierin ein Grund, warum der Anteil des Fairen Handels bei Conacado gerade einmal zehn Prozent ausmacht. Bauernkooperativen lassen jährlich dutzende Prüfungen über sich ergehen und zahlen dafür pro Jahr mehrere tausend Euro Zertifizierungsgebühren an diverse Kontroll-Organisationen des Biohandels und des Fairen Handels in der ganzen Welt. Fairer Handel lohnt sich für die Produzenten im Süden also nicht immer, da der Hauptteil der Wertschöpfung im Norden verbleibt. Mit dem Kauf einer Tafel Fairtrade-Schokolade stärkt der Verbraucher daher mehr die Organisations- und Verwaltungsstrukturen eines deutschen Fairhandelshauses, seiner Partnerfirmen und der Siegelorganisation, als dass er einem Bauern in Mittelamerika zu mehr Einkommen verhilft.

Jede Menge Hochglanzbroschüren und eine illustre Schar von prominenten Schauspielern, Fußballspielern und pensionierten Politikern singen derweil das Hohelied des Fairen Handels. Fast ist man geneigt zu glauben, dass der Faire Handel die Lösung für die Probleme des globalisierten Welthandels darstellen könnte. Dabei übersieht man allerdings, dass diese Handelsform weder revolutionär noch das System in Frage stellend ist. Sie lindert lediglich die schlimmsten Auswüchse der kapitalistischen Produktionsweise, holt verloren gegangene Menschlichkeit zurück und verhilft einigen Bauern im Süden zu einer etwas besseren finanziellen Honorierung ihrer entfremdeten Arbeit.

Neben dem Aufbau gerechterer Handelsbeziehungen und dem Einfordern bestehender Arbeitsschutzbestimmungen versteht sich der Faire Handel aber auch als ein Instrument der politischen Bildung im Lande. Auf die Frage, ob es nicht befremdlich sei, manchmal als Feigenblatt für große Konzerne herhalten zu müssen, antwortete Thomas Speck, Geschäftsführer der gepa: »Ich glaube, es ist umgekehrt. Wir haben einmal mit einem großen Versandhaus kooperiert. Wir hatten in einem Katalog zwei Seiten mit unseren Produkten. Waren diese Produkte nun das Feigenblatt? Oder setzen diese Produkte nicht ein Fragezeichen hinter die anderen 2000 Katalogseiten, auf denen ganz andere Produkte gehandelt werden. Warum werden diese nicht fair gehandelt? Diese Frage entsteht doch beim Verbraucher.«[196] Zum Juli 2011 senkte die FLO ihren Standard für Mischprodukte im Lebensmittelbereich deutlich. Damit beispielsweise Speiseeis, Limonade oder Schokolade als Fairtrade gelten dürfen, müssen sie nur noch zu mindestens 20 Prozent aus Fairtrade-zertifizierten Inhaltsstoffen bestehen (vorher 50 Prozent). Allerdings müssen gesiegelte Zutaten verwendet werden, wenn verfügbar. Einmal beim Aufweichen begriffen, beendete dann Ende 2011 Fair Trade USA seine Mitgliedschaft bei der FLO und propagiert seitdem die neue Strategie des »Fair Trade for All« mit dem Ziel, den Verkauf von Fairtrade-Produkten in den USA bis 2015 zu verdoppeln. Dies soll hauptsächlich durch ein neues »Fair Trade Certified-Ingredients«-Siegel mit nur noch zehn Prozent Fairhandels-Anteil erreicht werden. Die Verpflichtung, weitere gesiegelte Zutaten zu verwenden, entfällt ersatzlos. Dies bedeutet, dass ein Schokoriegel mit fair gehandeltem Zucker eine Fairtrade-Kennzeichnung tragen kann, obwohl beim Kakaoanbau Kinder ausgebeutet werden.

Die gepa bezeichnet das Fairtrade-Siegel der FLO nur noch als »Mindeststandard« im Fairen Handel und will darüber hinausgehen. Dazu führte das Handelshaus im Frühjahr 2012 für sein neugestaltetes Produktsortiment ein Qualitätszeichen

---

196 Interview mit Thomas Speck »Nichts für die Armen hierzulande?« v. 03. 12. 2008 in *Neues Deutschland*, S. 4

»fair +« ein. Das Fairtrade-Siegel entfällt dafür oder wandert klein gedruckt auf die Rückseite.

Sicherlich kann der Faire Handel Bewusstseinsprozesse beim Verbraucher entfachen und in Schulen gut die Problematik des Welthandels verdeutlichen. Das beweisen seit Jahren erfolgreich viele Fairhandelskampagnen, Initiativen und Unterrichtsprojekte. Allerdings sollte man den Effekt auch nicht überbewerten. Das Fairtrade-Siegel ist bei deutschen Verbrauchern mittlerweile gut bekannt, aber eine signifikante Änderung der Kaufgewohnheiten hat sich bislang nicht eingestellt. Das braucht wohl, ähnlich wie im Biomarkt, eine längere Zeit. Das Ansprechen neuer Käuferschichten im Premiumsegment scheint betriebswirtschaftlich gesehen aufzugehen, die breite Öffnung zum Billigmarkt hingegen nicht. Der Versuchsballon von Trans-Fair beim Discounter Lidl hat nicht wirklich abgehoben und die wenigen Fairhandelsprodukte bei Penny fristen trotz guter Platzierung ein Schattendasein. Es stellt sich die Frage, wem das Fairtrade-Siegel mehr Nutzen bringt: dem Produzenten oder dem Handelskonzern zur Werbung und zum Greenwash?

Konkurrierende Sozialstandards

In Zeiten des Klimawandels, der Umweltzerstörung und globaler Wirtschaftskrisen wird nachhaltiger Konsum für viele Menschen immer wichtiger. »Global denken und lokal handeln« lautet die Devise kritischer Verbraucher. Man will nicht länger auf staatliche Regelungen warten, sondern selbst durch seine Einkaufsentscheidung Einfluss nehmen. Die Form der »Politik mit dem Einkaufskorb« ist aktueller denn je. Mehrere Organisationen und Unternehmen mit einem sozialen oder ökologischen Ansatz möchten am wachsenden positiven Image des Fairen Handels teilhaben. Neben dem Definitionssystem des Fairen Handels gibt es noch eine Vielzahl weiterer Sozial- und Biostandards, Umwelt- und Arbeitsrichtlinien und Verhaltenskodizes, die einen gerechteren Arbeitsprozess, die Einhaltung von Mindeststandards, das Verbot von Kinderarbeit und minimierte Umweltbelastungen der Produktion versprechen. Die Folge: neue Siegel, Marken und Logos, die mit dem Fairen Handel konkurrieren. Die genauen Unterschiede zwischen den diversen Umwelt- und Sozialstandards sind dem Verbraucher größten Teils nicht bekannt, was an einer unzureichenden und auch bewusst wenig transparenten Informierung der Verbraucher durch die Akteure liegt. Die faktischen Unterschiede zwischen den Systemen verschwimmen, alles erscheint gleich und der Verbraucher steht alleingelassen vor dem Regal und fragt sich: Ist wirklich überall Fairer Handel drin, wo »fair«, »nachhaltig« und »gerecht« draufsteht?

Es ist in diesem Zusammenhang wichtig festzuhalten, dass bei allen Sozial- und Umwelt-Zertifizierungen – also auch beim Fairen Handel – nicht die Unternehmen selbst, sondern nur die jeweiligen Plantagen oder Farmen zertifiziert werden. Dabei ist es egal, welchen Anteil dieses Geschäftsfeld am Gesamtumsatz ausmacht. Global agierenden Konzernen steht es frei, diese Zertifikate zu Werbezwecken und eigenen Imageaufbesserung zu nutzen, auch wenn sie ihre Produkte nur zu einem winzigen Teil von solchen Farmen beziehen. Ethisch gerecht, umweltverträglich und fair werden die Multis dadurch aber noch lange nicht. Beispiele sind der große holländische Kaffeeröster J.J. Darboven, der eine einzige Bio-Kaffeemischung unter dem Namen »Cafe Intencion« mit dem Fairtrade-Siegel über den Discounter Penny vermarktet. Oder auch der Fruchtmulti DOLE, der eine FLO-Lizenz bekam, um Fairtrade-Bananen aus Peru zu exportieren. Anderen multinationalen Firmen sind die Anforderungen und Kontrollen beim FLO-System aber noch zu weitgehend und streng. Sie suchen nach anderen, »weicheren« Siegeln und Zertifikaten, die über internationales Renommee verfügen, aber faktisch ein geringeres finanzielles Risiko erfordern. Insbesondere die Zertifizierungsstandards der US-amerikanischen Nichtregierungsorganisation Rainforest Alliance und das SA 8000 Zertifikat von Social Accountability International werden von großen, weltweit operierenden Firmen wie Chiquita, Jacobs und Nestle bei Bananen, Ananas und Kaffee genutzt. Diese Systeme arbeiten nicht mit dem Begriff »fair«, sondern mit dem ebenfalls ungeschützten Begriff der »Nachhaltigkeit«. Eine im Oktober 2008 vom Forum Fairer Handel vorgelegte Studie zum Vergleich des zertifizierten Fairen Handels mit Rainforest Alliance, dem Hand-in-Hand-System des Bio-Herstellers Rapunzel und dem »Common Code of the Coffee Community (4C)« der Kaffeewirtschaft kommt zu dem Ergebnis: »Am Ende einer detaillierten Betrachtung der verschiedenen Systeme schält sich klar ein grundsätzliches Dilemma heraus, das maßgeblich zur Verwirrung der Konsumenten beiträgt. Es scheint einen Umkehrschluss zu geben im Verständnis der verschiedenen Systeme, der so nicht richtig ist, wie er allgemein impliziert wird: Ausgehend davon, dass der Faire Handel eindeutig ein System der direkten Beförderung von Nachhaltigkeit sowohl in der Produktion als auch im Handel darstellt, kann zu Recht behauptet werden: Fairer Handel ist nachhaltig. Leider wird in der Kommunikation anderer Systeme oftmals (wissentlich oder unwissentlich) suggeriert, dass alles, was unter dem Aspekt der Nachhaltigkeit rangiert, automatisch auch Fair sei, also: Nachhaltig ist Fair – und dieser Umkehrschluss ist unzutreffend und somit falsch.«[197]

Als »Messlatte« für die anderen Systeme dienten der Studie drei – sich allesamt finanziell auswirkende – zentrale Elemente des Fairen Handels: der garantierte Mindestpreis, die Möglichkeit der Vorfinanzierung der Produktion und die Verpflichtung zu langfristigen Handelsbeziehungen. Schlussendlich besagt die Studie, dass keines der mit dem Fairtrade-System verglichenen Systeme als Fairer Handel bezeichnet werden kann, legt man

197 Forum Fairer Handel e. V.: Fair oder nicht Fair? Drei Gütesiegel- und Kodex-Systeme im Vergleich mit dem zertifizierten Fairen Handel, Mainz 10/2008, Autor: Olaf Paulsen

die oben erwähnten Prinzipien und die Definition des Fairen Handels zugrunde.

Social Accountability 8000

Social Accountability 8000 ist ein internationaler Standard zur Überprüfung von Arbeitsbedingungen. Er fasst die sozialen Mindeststandards zur Auditierung und Zertifizierung der Industrie und der Zulieferbetriebe in Entwicklungsländern zusammen. Er basiert auf den Prinzipien von dreizehn Menschenrechtskonventionen, insbesondere der Internationalen Arbeitsorganisation, der universellen Erklärung der Menschenrechte und der UN-Konvention zu den Rechten der Kinder. Entwickelt wurde SA 8000 vom Council on Economic Priorities Accreditation Agency (CEPAA), welches 1997 in New York gegründet wurde.

Rainforest Alliance: Nachhaltigkeit für den Mainstream

Bei Rainforest Alliance (RA) wird weder ein Mindestpreis definiert, noch findet eine Vorfinanzierung Erwähnung. Als System, das in erster Linie die Minderung von Umweltschäden in der Landwirtschaft und den Erhalt der Biodiversität fördert, verfolgt es einen anderen Ansatz als der Faire Handel. Die Rainforest Alliance ist eine weltweit tätige US-amerikanische Nichtregierungsorganisation, die sich vorrangig für den Schutz sowie den Erhalt von Ökosystemen bei der Produktion landwirtschaftlicher Exportgüter einsetzt. Sie wurde in den 1980er Jahren gegründet. Der Fokus der Tätigkeit liegt auf »nachhaltigem« Umweltschutz, aber nicht auf Bioanbau. Dazu hat die

Organisation einen Verhaltenskodex ausgearbeitet und zertifiziert, auf dessen Grundlage hauptsächlich große Plantagen in der Bananen- und Kaffeeproduktion wirtschaften. Heute stammen über 15 Prozent aller Bananen im internationalen Handel aus Plantagen mit Rainforest Alliance-Zertifikaten.

Die Firmen Chiquita Brands International in Costa Rica, Nachfolger der berüchtigten United Fruit Company, und Favorita Fruit Company in Ecuador begannen bereits 1992 mit der Implementierung dieser Standards. Im Jahr 2000 erhielten diese beiden Unternehmen die hundertprozentige Zertifizierung aller unternehmenseigenen Betriebe in Lateinamerika durch den RA-Partner Sustainable Agriculture Network (SAN). Chiquita bietet seit Frühjahr 2006 diese Bananen auch auf dem deutschen Markt an. Seitdem ziert alle Chiquita-Bananen das mit einem grünen Frosch gestaltete Siegel von Rainforest Alliance. Es erweckt den Eindruck, als schütze Chiquita den Regenwald und verleiht der Firma ein Öko-Image. Die Massenproduktion von Bananen in Monokultur heißt jetzt »Nachhaltiger Bananenanbau«. Richtig ist, dass in den letzten Jahren der Einsatz von Plastik und Pestiziden deutlich reduziert wurde und kein Regenwald mehr abgeholzt wird. Gentechnisch veränderte Pflanzen sind verboten. Besonders giftige Pestizide wie das ansonsten weit verbreitete Paraquat oder Chlorothanolil kommen nicht mehr zum Einsatz. Chiquita benötigt heute zwischen vierzig und fünfzig Kilogramm Pestizide pro Hektar und Jahr, ungefähr ein Drittel der Menge von vor 15 Jahren.[198] Der Einsatz von einigen Pestiziden – hauptsächlich gegen den Pilz »schwarzer Sigatoka« – ist ausdrücklich erlaubt. Es handelt sich also keinesfalls um Bio-Bananen. Der grüne Frosch aus dem RA-Siegel könnte auf Chiquita-Plantagen nicht überleben. Fair gehandelte Bananen von TransFair und Banafair stammen hingegen aus reinem Bioanbau. Direkte Chiquita-Farmen lassen gewerkschaftliche Tätigkeiten zu und verbieten Kinderarbeit.

198 Angaben nach *natur&kosmos* 08/2006, S. 15

Im Gegensatz zu fair gehandelten Bananen bekommen die Bauern jedoch keinen festen Mindestpreis für ihre Ware und auch keine Prämie für soziale Projekte bezahlt. Allerdings soll der Preis ein nicht näher bestimmter »Premiumpreis« sein. In einem Interview mit der *taz* begründet das die Direktorin von RA, Tensie Whelan, offen: »Im Unterschied zu Fairtrade Organisationen bekommen unsere Bauern allerdings keine festen Preise für ihre Produkte. Unser Ziel ist Nachhaltigkeit für den Mainstream. Mit unseren Kriterien können viele Unternehmen zertifizierte Produkte vertreiben.«[199] Zwar wird Chiquita von Greenpeace, dem Pestizid Aktions-Netzwerk PAN und auch dem Geschäftsführer von FLO bescheinigt, dass es im Vergleich zu anderen multinationalen Bananenunternehmen erhebliche Fortschritte erzielt habe, aber Monokultur bleibe eben Monokultur. Carina Weber von PAN sagte dazu dem *Rheinischen Merkur*: »Das Interesse an der billigen Banane bei Handel und Verbrauchern ist die Barriere, die verhindert, dass sich wirklich etwas ändert.«[200]

Hand in Hand im Dunkeln

Noch am ehesten mit dem Fairtrade-System vergleichbar ist das Hand-in-Hand-Programm. Es ist ein Anfang der 1990er Jahre von der deutschen Rapunzel Naturkost AG in Legau entwickeltes firmeninternes Förderprogramm für Kleinbauernkooperativen, landwirtschaftliche Betriebe und Verarbeitungsbetriebe mit angestelltem Personal sowie Exporteure in Entwicklungsländern. Es will den Gedanken des Fairen Handels mit dem des ökologischen Landbaus verknüpfen. Das hierfür entworfene Hand-in-Hand-Label ist nicht unabhängig, sondern Eigentum

199 *taz* v. 09. 05. 2006, S. 9
200 *Rheinischer Merkur* 07/2007, S. 13; Das Land, wo die Bananen wachsen

von Rapunzel. Für das Programm wurden eigene Kriterien erarbeitet, denen alle an der Produktionskette Teilnehmenden entsprechen sollen: Minimumkriterien, die alle erfüllt werden müssen. Und Entwicklungskriterien, die langfristig eingehalten werden sollen, sich aber in den jeweiligen Projekten noch im Aufbau befinden können. Alle Betriebe müssen hundertprozentige Biobetriebe sein. Bei Kleinbauernkooperativen sollen demokratische Spielregeln herrschen und eine gerechte Verteilung erfolgen. In Betrieben mit angestelltem Personal muss Gewerkschaftsfreiheit sichergestellt sein, müssen ausreichende Löhne gezahlt werden und menschenwürdige Arbeitsbedingungen gewährleistet sein. Kinderarbeit außerhalb der Familie, Zwangs- und Fronarbeit sowie Diskriminierung sind verboten. Die Hand-in-Hand-Kriterien basieren auf den Definitionen und Anforderungen des SA 8000-Standards sowie den Leitlinien für Soziale Gerechtigkeit (Kapitel 8 der Basic Standards) der IFOAM (International Federation of Organic Agriculture Movements). Rapunzel unterhält mit seinen bislang 14 Hand-in-Hand-Partnern eine langfristige Handelsbeziehung. Das Unternehmen zahlt Preise, die über dem Weltmarktniveau liegen, Kaufvereinbarungen werden schriftlich garantiert. Der gezahlte Preis soll die Produktions- und Lebenshaltungskosten decken, ist aber nicht wie beim FLO-System pro Produktgruppe festgelegt und auch nicht transparent. Im Gegensatz zu der unabhängigen, aber kostenbewehrten Zertifizierung im FLO-System übernimmt Rapunzel alle für die Hand-in-Hand-Inspektion und -Zertifizierung entstehenden Kosten. In der Praxis unterhält Rapunzel seit 1992 auch zu den gleichen Partnern wie das FLO-System Kontakte (beispielsweise Conacado in der Dominikanischen Republik und El Ceibo in Bolivien) und beauftragt teilweise die gleichen Inspekteure zur gleichen Zeit. Die Einhaltung der Hand-in-Hand-Kriterien lässt sich Rapunzel alle zwei Jahre durch ein externes Audit des IMO-Instituts bestätigen.

Über den Warenpreis hinaus zahlt Rapunzel, ähnlich der

Fairtrade-Prämie, bis zu 25 000 Euro im Jahr in einen Fonds, der von der Deutschen Umwelthilfe e. V. verwaltet wird. Die Gelder sollen in Entwicklungsländer zurückfließen. Projekte und Organisationen aus den Bereichen Umweltschutz, ökologischer Landbau, Gesundheit, Bildung oder Unterstützung von Kindern, Jugendlichen und Frauen können Projektvorschläge einreichen und gefördert werden. Auch die Hand-in-Hand-Partner können Vorschläge einreichen. Anders als im FLO-System entscheiden hierbei aber nicht die Produzenten selbst über die Verwendung dieser Mittel. Seit 1998 wurden laut Angaben von Rapunzel mehr als 63 Projekte mit rund 240 000 Euro gefördert. Das Hand-in-Hand-System ist im Vergleich mit dem Fairtrade-System für den Verbraucher wenig transparent und unterliegt als »hauseigenes« System dem guten Willen und der Entscheidung der Firma Rapunzel. Die externe Kontrolle ist rudimentär und die Vergabe der Fördergelder bleibt im Dunkeln. Die Internetseite schweigt sich dazu aus und journalistische Nachfragen konnten bislang auch zu keiner Erhellung beitragen, da Rapunzel Antworten schuldig bleibt.

Sag es durch die Blume

Fehlende Transparenz und unklare Zertifizierungsgrundsätze scheinen überhaupt ein Kennzeichen vieler Siegel zu sein, die vorgeblich doch gerade der Information und auch dem Schutz der Verbraucher dienen sollen. Ein beklemmendes Beispiel für ein durch wirtschaftliche Interessen gelenktes Ränkespiel um Unterschiede in kleinen, aber entscheidenden Nuancen liefert die Schnittblumenindustrie. Hinter den Kulissen einer »nachhaltigen Blumenproduktion« wird um den Einsatz von Pestiziden, effektive Kontrollen und Gewerkschaftsrechte geschachert. Von all dem soll der Verbraucher möglichst nichts mitbekommen. Der Streit um teilweise nur noch den Insidern verständliche Einzelregelungen und Grenzwerte erscheint einem Außenstehenden überzogen. Aber es geht auf der einen Seite um politisches Selbstverständnis und moralische Integrität und auf der anderen Seite um viel Geld und Marktbeherrschung. Jedes Jahr werden in Deutschland für rund 3,4 Milliarden Euro Schnittblumen umgesetzt. Rosen haben daran einen Marktanteil von 37 Prozent. Wer hätte das gedacht: Die Deutschen sind damit die größten Blumenliebhaber Europas. Der größte Teil der bunten Pracht geht an Privathaushalte, nur ein Fünftel der Schnittblumen wird an Großabnehmer verkauft. Der Umsatz der Branche stieg 2007 um immerhin anderthalb Prozent. Schnittblumen sind nur zu einem kleinen Teil ein heimisches Produkt. Nur zwölf Prozent werden hier gezüchtet, der Rest wird importiert. Neunzig Prozent kommen aus Holland, das davon wiederum 45 Prozent zuvor selbst importiert hat. Sieben Prozent stammen als Direktimporte aus Entwicklungsländern. Der Anteil aus dem Süden stammender Blumen auf dem deutschen Markt liegt bei ungefähr 17 Prozent. Bei Rosen und Nelken und in den Wintermonaten liegt er aber deutlich höher. Dann gibt es kaum noch heimische Blumen, und der Bedarf an importierter Ware steigt. Die meisten dieser importierten Blumen stammen aus Kolumbien, Ecuador, Israel und Ostafrika.

Der Blumenhandel ist ein knallhartes Geschäft der weltweiten Agrarindustrie und ein technisch hochmoderner Produktionszweig. Blumen sind eine verderbliche Ware. Sie verwelken rasch und lassen sich nur frisch innerhalb weniger Tage verkaufen. Das bedarf eines schnellen Transportsystems samt ausgeklügelter Logistik. Die frisch geschnittenen Blumen kommen in eine zentrale Sammelhalle. Dort werden sie auf vier Grad gekühlt, so in eine Art künstlichen Winterschlaf versetzt und über Nacht per Flugzeug nach Europa verfrachtet. Das erhöht die Produktionskosten ungemein. Der größte Teil des Handels läuft über die große Blumenbörse in Amsterdam. Der zu erzielende Preis entscheidet sich erst hier und ist extremen Schwankungen unterworfen. Obwohl die Arbeitskosten auf den Blumenfarmen höchstens 2,6 Prozent des erzielten Verkaufspreises ausmachen, drücken die Unternehmen die Löhne. Es herrschen seit Jahren teilweise mittelalterliche Arbeitsbedingungen. Pro Hektar versprühen die Farmer darüber hinaus jährlich zwischen 212 und 337 Kilo hochgiftige Pestizide auf die Blumenfelder, dreimal so viel wie in Holland.

Die bunte Vielfalt der Blumenlabel

Ein Hilferuf kolumbianischer Blumenarbeiterinnen im Jahr 1990 war der Start für eine Blumenkampagne in Deutschland und ein erstes Sozialsiegel für Schnittblumen. Die Arbeiterinnen baten zivilgesellschaftliche Organisationen in den Konsumländern um Unterstützung zur Durchsetzung von Sozialstandards und Gesundheitsschutz. Die Organisationen Brot für die Welt, terre des hommes, FIAN und die Industriegewerkschaft Bau schlossen sich daraufhin mit internationalen Partnern zusammen und erarbeiteten 1997 einen zehn Standards umfassenden internationalen Verhaltenskodex (ICC). Basis waren die Arbeitsnormen der Internationalen Arbeitsorganisation sowie die Pestizidklassifizierungen der WHO und der US-amerikanischen Umweltbehörde. Um den relativ allgemein gehaltenen Kodex für die Blumenproduktion anwendbar zu machen, wurde jeder Standard durch Richtlinien zur Anwendung ergänzt. Nach einer einjährigen Pilotphase mit einem Produktionsbetrieb in Simbabwe wandte sich die Blumenkampagne an TransFair in Deutschland mit dem Angebot, den ICC zu nutzen; der Verein lehnte jedoch aus organisatorischen Gründen ab. 1999 einigte man sich mit dem deutschen Verband der Blumengroßhändler und Importeure (BGI), den ICC als Standard für ein Blumensiegel zu übernehmen und dabei mit Gewerkschaften und Nichtregierungsorganisationen zusammenzuarbeiten. Das Gütesiegel Flower Label Program (FLP) war entstanden. Bis jetzt gibt es 58 von FLP zertifizierte Farmen in Ecuador, Kenia und Portugal. Insgesamt hat FLP die Arbeits- und Le-

»Manchmal sind die Schmerzen unerträglich«

Aus einem Vortrag von Werner Paczian im Juni 2006
auf einem Workshop des KölnAgenda e.V.:

Langsam zieht Teresia Alwanga ihr Hemd hoch. Über und unter ihren Brüsten ist die Haut zerfurcht, ebenso auf dem linken Arm. Als habe jemand die Frau mit einer Drahtbürste verletzt. »Es war das Gift«, sagt die 39-Jährige. »Sie besprühen die Blumen und uns Arbeiterinnen.« Teresia hat im größten Blumenanbaugebiet Kenias geackert, am Lake Naivasha. Die meisten dort geernteten Blumen stehen später in deutschen Vasen. Teresia wird nie wieder Rosen oder Nelken schneiden können. Statt auf den Pflanzen landete irgendein teuflisches Gift auf dem Körper der Frau. »Manchmal sind die Schmerzen unerträglich«, sagt Teresia. »150 Euro Entschädigung hat mir die Farmleitung angeboten. Schade, dass unsere Blumen nicht sprechen können, wenn sie in euren Wohnzimmern stehen.«

Die Begegnung mit Teresia hatte ich vor ziemlich genau zehn Jahren, als ich zu den Arbeits- und Anbaubedingungen in Kenia recherchiert habe. Damals war das »Flower Label Program« (FLP) noch im Aufbau. Die Kampagne für fairen Blumenhandel will Menschen wie Teresia Alwanga helfen.

bensbedingungen für rund 20 000 Arbeiter und Arbeiterinnen verbessert. Oberstes Entscheidungsgremium ist der FLP-Vorstand, in dem Produzenten, Handel, Gewerkschaften und Nichtregierungsorganisationen gleichberechtigt vertreten sind. Die Erstinspektion der Blumenfarmen führt die unabhängige Agrar Control GmbH (ACG) mit Sitz in Bonn durch. Nach

Erhalt des FLP-Zertifikats überprüfen lokale Kontrolleure jährlich die Einhaltung der Standards. Dabei sind bewusst auch unangekündigte Stichproben möglich. Blumen mit FLP-Label werden über konventionelle Vermarktungswege importiert und ausschließlich über den Blumenfachhandel vertrieben. Bundesweit führen 700 Blumenläden FLP-zertifizierte Blumen. Der Marktanteil der Blumen liegt in Deutschland bei drei Prozent. Dem Siegel liegt allerdings kein Fairtrade-System zugrunde: insofern, als die Preise der zertifizierten Blumen dem Marktpreis entsprechen. Eine Mehrprämie wird nicht bezahlt. Seit Anfang September 2005 gibt es überdies fair gehandelte Rosen aus Afrika, zertifiziert von TransFair. Rewe und Kaiser's Tengelmann verkaufen die »fairfleurs« bundesweit sehr preiswert über ihre Ladenkette. Die fairen Rosen werden im Prinzip nach den gleichen Standards wie die FLP-Blumen angebaut, auch hier gelten nach einigem Hin und Her mittlerweile die Kriterien des ICC. Teilweise prüfen FLO-Cert und FLP sogar dieselben Farmen. Die Blumenproduzenten handeln mit dem Importeur den Abnahmepreis aus, der mindestens kostendeckend sein muss. Im Unterschied zu FLP erhalten die Fairtrade-Farmer vom Importeur zusätzlich eine Prämie in Höhe von zwölf Prozent des Einkaufspreises. Über die Verwendung dieser Prämiengelder entscheidet ein »Joint Body« aus Arbeitern und Managementvertretern gemeinsam. Gewerkschaften sehen das problematisch, da die Gefahr bestehe, dass dieses Gremium in Konkurrenz zu bestehenden Gewerkschaftsstrukturen und Betriebsräten auf den Farmen treten könne. Zurzeit führen 15 Farmen in Kenia und Tansania das Fairtrade-Siegel. Die Vermarktung der fairen Rosen läuft ausschließlich über Direktimporte und Handelsketten. Beide Siegel sind keine Biosiegel, da sie nur hochgiftige Pestizide ausschließen und andere zulassen.

2005 trat noch ein dritter Akteur auf den Markt der nachhaltigen Blumensiegel: Fair Flowers Fair Plants (FFP): Die Initiative für FFP geht auf langjährige hitzige Diskussionen zwischen Union Fleurs, dem Dachverband des Internationalen

Blumenhandels, dem Niederländischen Umweltprogramm für Zierpflanzenproduzenten (MPS), dem Internationalen Gewerkschaftsverband (IUF) und der Blumenkampagne zurück. Es sollte ein Konsumentensiegel entstehen, das die Vielfalt an Labeln im Zierpflanzenbau vereinheitlicht. Nach dem Willen des mächtigen Blumenverbandes und des IUF sollen dem Label gemeinsame Kriterien von MPS und ICC zugrunde liegen. Beide Zertifizierungssysteme existieren parallel weiter, und FFP würde als Dachlabel fungieren. Die Vorbereitungen zur Einführung des neuen Labels wurden von der EU und dem niederländischen Entwicklungsministerium mit 2,3 Millionen Euro unterstützt und im Oktober 2006 umgesetzt. Zwischenzeitlich waren der BGI und der Fachverband Deutscher Floristen aus dem FLP ausgetreten und zu FFP gewechselt. Mitglieder bei FFP wurden 120 Erzeuger – hauptsächlich aus den Niederlanden, 34 Zwischenhändler und neun Einzelhändler aus drei verschiedenen Ländern. Die Mitgliederwerbung für das neue Label verläuft zäh. Gezielt werden daher FLP-Farmen und Mitglieder angesprochen, die Standards nicht genauer definiert und die Übergangsfristen zur Anerkennung mehrmals verlängert – diese enden mittlerweile am 1. Juni 2009.

Nach Ansicht von TransFair und FLP dürfe eine notwendige Harmonisierung der Kriterien für einen nachhaltigen Blumenanbau keine Aufweichung der bisher erreichten Standards bewirken. Aber genau darum geht es FFP. Bei FLP und seinen Mitgliedsorganisationen ist man daher auf kritische Distanz gegangen. Vieles sei unklar. Zum Beispiel, wie eine glaubwürdige Zertifizierung garantiert werden könne und welche Verpflichtungen die jeweiligen Teilnehmer der FFP-Systems genau hätten. FLP kritisiert, dass FFP in Deutschland ohne eindeutige Zertifizierungskriterien gestartet sei, da auch die Betriebe bis Juni 2009 unter dem Siegel FFP verkaufen dürfen, die nur eine Umweltzertifizierung haben. FFP akzeptiert neben den ICC/FLP-Standards auch den Sozialstandard von MPS, der zumindest mit Stand Ende 2008 deutlich niedrigere Anforderungen an die Produzenten stellte.[201] Demnach müssen zertifizierte Farmen die MPS-Richtlinien zur Gewerkschaftsfreiheit nicht zwingend umsetzen. MPS bezieht außerdem die Arbeiter der Farmen nicht umfassend in die Zertifizierung ein. Farmen sind nicht verpflichtet, ihre Belegschaft über die MPS-Richtlinien aufzuklären, auch erhalten die Arbeitervertretungen nicht die Inspektionsberichte. Im Vergleich zum ICC fehlen auch strenge Standards zum Gesundheitsschutz. MPS verbietet nur 21 der über 100 giftigsten Pestizide. »Es ist aus unserer Sicht unlauter, mit einem Standard zu werben, den man aber gleichzeitig unterläuft«, kommentiert Gertrud Falk, Koordinatorin der Blumenkampagne, die Geschäftspraxis des FFP.[202] Außerdem befürchtet FLP, zu einer reinen Zertifizierungsstelle zu werden und als bekanntes Label vom Markt zu verschwinden.

Sie haben keine eindeutigen Standards

Interview mit Gertrud Falk,
Koordinatorin der Blumenkampagne bei der
Menschenrechtsorganisation FIAN zu den
Unterschieden der diversen Blumensiegel

Sie besuchten Blumenfarmen, die nach dem holländischen Siegel MPS zertifiziert sind. Was ist Ihnen dort aufgefallen?
GERTRUD FALK: Wenn ich die Arbeiter fragte, was das Siegel ist, wussten sie es nicht. Ende April 2008 war ich in

---

201 Zum Redaktionsschluss wurde bekannt, dass MPS seinen Standard in 2009 dem ICC-Standard in wichtigen Punkten angleichen will. Die Kritik scheint erfolgreich gewesen zu sein. Entscheidend bleibt aber die Umsetzung.
202 PM FIAN v. 30. 10. 06. Ein Vergleich von ICC und MPS SQ kann von der FIAN-Homepage heruntergeladen werden; www.fian.de – Themen/Blumen/Dokumente

Sambia auf einer Farm, die dem dortigen Blumenexport-
verband zu Demonstrationszwecken dient. Hier finden
auch Trainings für Manager und Arbeiter statt. Es stellte
sich heraus, dass auf dieser Farm internationale Standards
zu den Wiederbetretungsfristen nach dem Sprühen von
giftigen Pestiziden nicht eingehalten wurden. Das ist wohl
kein Einzelfall. Wir haben daher Zweifel an der Glaubwürdigkeit dieses Siegels.

Wissen denn die Arbeiter auf FLP-Farmen mehr?
GF: Ein Standard von FLP ist, dass die Arbeiter darüber
aufgeklärt werden müssen, was FLP bedeutet. Die Ar-
beitervertretung bekommt unsere Inspektionsberichte zu-
gestellt, damit sie hinterher auch an den Verbesserungs-
auflagen teilnehmen kann. Die Farmen sind verpflichtet,
ihre Arbeiter über unsere Standards fortzubilden.

Kennen Sie die Inspektionsgrundsätze bei MPS?
GF: Ich weiß es im Detail nur von den Umweltzertifizie-
rungen. Da sagt die Internetseite von MPS, dass sie persönliche Farmbesuche nur bei einem Drittel der Farmen
machen. Die Auswahl erfolgt nach dem Zufallsprinzip.
Ansonsten bekommen die Farmen einen Fragebogen zu-
geschickt, in dem sie angeben sollen, was für Pestizide und
welche Menge sie verwenden und welchen Dünger. Diese
Methode lädt zu falschen Angaben ein und ist für uns wenig glaubwürdig.

Sie haben eine Gegenüberstellung der ICC-Standards mit dem
bis Ende 2008 gültigen MPS/SQ-Standards erarbeitet. Was
kam dabei heraus?
GF: Der MPS-Standard zu Arbeitsbedingungen war
freiwillig, es gab keine eindeutigen Verbindlichkeiten. Es
fehlen sehr viele konkrete Ausführungsbestimmungen,
beispielsweise zur formulierten Gewerkschaftsfreiheit.

Haben die Arbeiterkomitees die Möglichkeit, sich regelmäßig zu treffen? Haben deren Vertreter Zugang zu allen Bereichen der Farm? Darüber hinaus ist das Thema Diskriminierungsverbot sehr wichtig, da die Mehrzahl der Beschäftigten auf den Farmen Frauen sind. Es gibt bei MPS keine Bestimmung, dass der Mutterschutz nicht vom Urlaub abgezogen werden darf. Es gibt keine Bestimmung, dass die Frauen nach dem Mutterschutz einen Anspruch auf eine gleichwertige Arbeit mit gleichwertiger Bezahlung haben. Es fehlt auch die Bestimmung, dass Arbeiter kostenlose Schutzkleidung bekommen müssen. Und es fehlt sogar das Verbot zum Einsatz derjenigen hochgiftigen Pestizide, die die Weltgesundheitsorganisation als äußerst gefährlich einstuft.

Was halten Sie von den Umweltstandards bei MPS?
GF: Sie haben keine eindeutigen Standards, sondern machen ein Ranking, eine Rangfolge. Die Farmen geben an, wie viel Pestizide sie in welchen Mengen verwenden. Je geringer die Menge, desto mehr Punkte bekommen sie und umso besser wird ihre Einstufung in einer A-B-C-Klassifizierung.

So ein Ranking kennt FLP nicht?
GF: Nein, das machen wir nicht. Entweder darf eine Farm das Label führen oder nicht.

Aber auch nach FLP-Kriterien können bestimmte Pestizide eingesetzt werden. Wo sind da die Grenzen?
GF: Die Grenze liegt bei den Festlegungen der Weltgesundheitsorganisation. Sie hat die Pestizide nach ihrer Giftigkeit eingestuft und die Stufe der höchstgiftigen Stoffe darf bei FLP nicht verwendet werden. Dazu kommt eine Negativliste der US-amerikanischen Umweltbehörde, die sehr strenge Auflagen hat. Die haben die Pestizide nach

ihrer Krebsgefährlichkeit klassifiziert. Bei FLP dürfen auch diese Stoffe nicht eingesetzt werden.

Nach MPS dürfen diese aber verwendet werden?
GF: Ja, die dürfen verwendet werden, aber eine Farm wird belohnt, wenn sie sie nicht einsetzt, weil sie dann eine höhere Qualitätsstufe bekommt.

Und wie ist der Unterschied der FLP-Standards zu den FLO/CERT-Standards?
GF: Die haben unsere Standards übernommen bis auf einen Punkt. Sie verbieten nicht die Anwendung von Methylbromid. Dies ist ein hochgiftiger Bodensterilisator, der außerdem die Ozonschicht schädigt und seit 2005 international verbannt ist. Nur eine zehnjährige Übergangsfrist für Entwicklungsländer wurde eingeräumt. Der FLP-Standard verbietet explizit dieses Gift, weil es so gefährlich für die Arbeiter ist.

Wie ist die Begründung von FLO dafür?
GF: Sie begründen es damit, dass Methylbromid nicht mehr in der WHO-Liste der höchstgiftigen Stoffe aufgeführt wird. Das ist richtig, aber wir wissen nicht, warum. Möglicherweise weil der Stoff bereits verbannt ist. Wir wissen aber, dass man diese Chemikalie durchaus noch kaufen kann. Ihre Giftigkeit hat sie natürlich auch nicht verloren. Weil sie sehr wirksam ist, trauern viele Blumenfarmen ihr auch nach.

Kennen Sie denn Fälle, wo Methylbromid auf FLO-zertifizierten Farmen eingesetzt wurde?
GF: Mir ist kein konkreter Fall bekannt, aber man kann es eben auch nicht ausschließen, wenn es nicht überprüft wird.

Alle Sozial-, Nachhaltigkeits- und Fairtrade-Label sind immer nur mehr wert als das Papier, auf dem sie stehen, wenn sie von allen Akteuren angenommen, bewusst praktiziert, regelmäßig unabhängig überprüft werden und transparent sind. Die Standards sind nicht ein für alle Mal festgelegt, werden an neue Situationen angepasst oder auch stillschweigend verwässert. Wie entscheidend klar definierte Standards und wie wichtig unabhängige Kontrollen eines Labels sind, belegen beispielsweise die Auseinandersetzungen um das »grüne« kolumbianische Blumensiegel »Florverde«. Gemeinsam mit rund 25 anderen Organisationen aus Amerika, Afrika und Europa hatte FIAN im April 2008 in einem Brief an den Vorsitzenden des kolumbianischen Blumenproduzentenverbands Ascolflores seine Besorgnis über die Absenkung des verbandseigenen Siegels ausgedrückt. Die US-Organisation International Labour Rights Fund (ILRF), deren Blumenkampagne die Arbeitsbedingungen auf kolumbianischen und ecuadorianischen Blumenplantagen ins Visier nimmt, hatte Verschlechterungen der Standards festgestellt. Im Vergleich mit der Florverde-Version aus dem Jahr 2006 waren Absenkungen unter anderem bei den Richtlinien zu Lohnabrechnungen, Gesundheit und Sicherheit am Arbeitsplatz, Leiharbeit und sozialer Verantwortung des Unternehmens festzustellen. Bisherige Schwachpunkte bestehen vor allem bei Fragen der Gewerkschaftsfreiheit und Kollektivverhandlungen und der Lohnhöhe. Grundsätzlich bezieht Ascolflores Gewerkschaften und andere zivilgesellschaftliche Organisationen nicht in die Zertifizierung ein.[203]

Aufgrund interner Auseinandersetzungen und fehlender Finanzen ist das Flower Label Program seit September 2011 nicht mehr handlungsfähig. FIAN erklärte daraufhin Anfang Januar 2012 seinen Austritt. Die Menschenrechtsorganisation befürchtete Missbrauch des Siegels und forderte, die Geschäfte an das Fairtrade-System zu übergeben, um die Arbeits- und Um-

203 Rundbrief der FIAN-Blumenkampagne April 2008

weltschutzstandards sicherzustellen. Produzenten und Händler lehnten dies ab, konnten aber selbst kein tragfähiges Konzept zur Weiterführung des FLP vorlegen.

Verbrauchertipp

- Bestehen Sie als Verbraucher darauf, dass sich die Unternehmen des Lebensmitteleinzelhandels für bessere soziale und ökologische Bedingungen in den Anbauländern des Südens einsetzen. Bevorzugen Sie beim Einkauf Bio- und zertifizierte Fairtrade-Waren. Das gewährleistet, dass die Produkte Mindeststandards erfüllen, unter menschenwürdigen Arbeitsbedingungen erzeugt wurden und ein umweltschonender Anbau gefördert wird.
- Achten Sie beim Einkauf fair gehandelter Waren auf das internationale Fairtrade-Siegel oder kaufen sie direkt in einem Weltladen ein. Konkurrierende Siegel folgen jeweils anderen Ansätzen und erfüllen nicht die Standards des Fairen Handels.
- Verlangen Sie aber auch eine öffentliche Kontrolle und mehr Transparenz der im Fairen Handel üblichen Kriterien und Standards.
- Fordern Sie, dass die Verwaltung Ihrer Kommune ihre Zulieferer auf mögliche Kinderarbeit hin überprüft und sicherstellt, dass verwendete Materialien aus menschen- und umweltschonender Produktion stammen (Tropenhölzer, Pflastersteine, Baumwollstoffe etc.). Öffentliche Einrichtungen wie Verwaltungen, Schulen und Universitäten sollten Kaffee und Südfrüchte aus Fairem Handel beziehen.
- Verlangen Sie von der Bundesregierung, dass sie verbindliche Regelungen schafft, die faire Arbeits- und Produktionsbedingungen in der gesamten Produk-

tionskette festschreiben. Wer in Deutschland Produkte verkaufen will, muss garantieren können, dass die Menschenrechte eingehalten werden und die Produktion umweltgerecht abläuft.

Grüne Geldanlagen in der Krise

Während in der jetzigen Finanz- und Wirtschaftskrise deutsche Großbanken reihenweise riesige Fehlspekulationen und Verluste eingestehen müssen und am Tropf des Staates hängen, geht es ethisch-ökologisch orientierten Geldinstituten so gut wie nie zuvor. Verunsicherte Verbraucher ziehen ihr Geld anderswo ab und legen es verstärkt bei Kreditinstituten mit nachhaltigen Geschäftsmodellen an. So konnte die bereits 1974 gegründete Bochumer GLS-Gemeinschaftsbank im Jahr 2008 ihre Bilanzsumme um 27,4 Prozent auf über eine Milliarde Euro erhöhen. Sie ist von der Krise nicht betroffen, weil sie ausschließlich in die Realwirtschaft investiert. 51 Prozent der ausgezahlten Kredite fließt in den Sozial- und Bildungsbereich, etwa in Kindergärten, Schulen und Behinderteneinrichtungen. Mit 26 Prozent werden ökologische Projekte unterstützt.[204] Die ebenfalls auf die Förderung solcher Projekte spezialisierte Nürnberger Umweltbank verzeichnete im gleichen Jahr einen Zuwachs um 12,9 Prozent auf 1,16 Milliarden Euro. Die Zahl der Kunden stieg um 10000 auf nunmehr 70000. Die Kredite der Bank flossen zu 47 Prozent in Solaranlagen, gefolgt von ökologischen Baufinanzierungen und Wind- und Wasserkraftprojekten.[205] Diese Beispiele scheinen zu bestätigen, wovon viele kritische Verbraucher träumen: erfolgreich wirtschaften und dabei Gutes tun. Sie hegen die Hoffnung, dass ihre Spargroschen die Wirtschaft beeinflussen, sie nach ethischen und ökologischen Prinzipien investieren können und dabei noch eine gute Rendite erzielen. Wenn wir nur alle bei der Geldanlage soziale und ökologische Kriterien einfordern würden,

204 *taz* v. 06. 02. 09
205 *taz* v. 04. 02. 09

so müssten Unternehmen doch ihr Verhalten ändern, so der fromme Wunsch.

Die Realität sieht hingegen anders aus. Der internationale Markt für grünes Geld ist noch klein, aber hochprofitabel und schon zum größten Teil besetzt. Rund 26 Prozent der Reichen und Schönen dieser Welt investieren ihr Vermögen grün. Zusammen mit den englischen und US-amerikanischen Pensionskassen teilen sie sich bereits siebzig Prozent dieses Marktes.[206] Sogenannte »nachhaltige« Kapitalanlagen sind groß in Mode. Es gibt kaum eine Bank, die zurzeit nicht einen Öko- oder Klimafonds auf den Markt wirft. Jede alte oder neue Technologie bekommt dabei ein grünes Mäntelchen verpasst. Sei es die industrielle Filterherstellung, die Kanalreinigung, die Lampenindustrie oder die Sortierung von Mehrwegflaschen. Selbst der ausschließliche Handel mit CO_2-Zertifikaten gilt als ökologisch wertvoll. Börsianer durchforsten systematisch die Kurslisten nach möglichen Profiteuren des Klimawandels: Neben den Wind- und Solarenergieanlagen sind das beispielsweise auch die Rückversicherungsgesellschaften wegen der Zunahme der Umweltkatastrophen und den Prämien aus höher zu versichernden Schäden. Auch große Baufirmen können mehr Gewinne machen, wenn sie zerstörte Dörfer und Fabriken an Küstenstreifen verlagern und wieder aufbauen. Jedes aussichtsreiche Geschäft gilt dabei gleich als »nachhaltig«, worunter jeder Fondsmanager etwas anderes versteht. Der Begriff ist weder genauer definiert noch geschützt. Für Finanzprodukte gibt es in Deutschland auch kein Ökosiegel, nur die Kriterien sehr unterschiedlich vorgehender Ratingagenturen und Positiv- und Negativlisten von Verbraucherschützern. Was auf den ersten Blick überzeugend erscheint, ist nur schwierig konkret zu definieren. Es gibt eben keine einheitlichen moralischen, ethischen und ökologischen Standards für wirtschaftliches Handeln in einem globalisierten Markt.

206 Eurospezial, August 2008, S. 14 »Grün investieren ist chic«

Für Otto Normalverbraucher sind die Mechanismen eines Marktes für grünes Geld nicht einsichtig und in den meisten Fällen bleibt er auch außen vor. Großinvestoren beteiligen sich an sogenannten »geschlossenen Fonds« von Windparks, an Solar- und Biomassekraftwerken zur Finanzierung entsprechender Betreibergesellschaften. Wer genug Geld hat, kann an die Börse gehen. Diese hat bereits im Juni 2007 einen eigenen ÖkoDax aufgelegt. In dem Index sind aber nur die zehn größten Titel der Bereiche Solarenergie, Windkraft und »Bio«-Sprit vertreten. Der ÖkoDax ist daher eigentlich ein KlimaDax oder ein ÖkostromDax. Neben börsennotierten Aktien sind auch einige Dutzend (noch) nicht börsennotierte Aktien von Umwelttechnologiefirmen auf dem Markt, die aber nur selten bei einigen spezialisierten Händlern oder zwischen Privatpersonen gehandelt werden. Wenn das Unternehmen pleite geht, kann man all sein Geld verlieren, andererseits ist die Gewinnmarge nach oben unbegrenzt: Die deutsche Solarworld-Aktie ist beispielsweise zwischen 2003 und 2007 als beste deutsche »grüne Aktie« um mehr als 10 000 Prozent gestiegen. Die Pionierzeit des grünen Geldes – mit der Gründung der Ökobank und den ersten Windparks vor rund zwanzig Jahren – ist in Deutschland eindeutig vorbei. Die großen Anfangsgewinne sind bereits abgezogen, die Spreu hat sich vom Weizen getrennt. Der Markt für Windkraftfonds ist unter arabischen Scheichs und russischen Energieinvestoren aufgeteilt und so gut wie leergefegt. Für den ökologisch denkenden Kleinanleger und Sparer bleiben nur der riskante Aktienhandel, hochspekulative Direktbeteiligungen in junge Start-up-Firmen oder aber die vergleichsweise sicheren gestreuten Anlageformen offener Investmentfonds und konservativ anlegender Lebensversicherungen, die mittlerweile auch mehrere grüne Versionen im Repertoire haben. Dabei gibt es zwischen »blassgrün« und »dunkelgrün« sehr viele Schattierungen der diversen Angebote.

Abschied von der grünen Illusion

Die große Illusion kleiner Kapitalanleger in grüne Investmentfonds ist es zu glauben, dass sie mit ihrem Einsatz irgendwie
die ökologische Sache befördern würden und damit Gutes tun.
Dem ist leider nicht so. Wenn eine im ökologischen Bereich
tätige Firma als Aktiengesellschaft an die Börse geht, hat sie
bereits ausreichend Kapital angesammelt und steht in der Regel
auf soliden Beinen. Die Aktien bereits börsennotierter Gesellschaften sind seit Jahren auf dem Markt und werden nur hin
und her geschichtet. Dieser Kapitaltransfer hat keinerlei ökologischen Bezug mehr. Und nur weil ein Ökofonds Anteile
von Siemens, Bayer und BP kauft, ändert sich die Geschäfts-
politik der Konzerne noch lange nicht. Die zusätzliche »grüne«
Nachfrage hat so gut wie keine Auswirkung auf die Kurse von
großen börsennotierten Gesellschaften. Im besten Falle kann
sich bei einzelnen Unternehmen »ein ›pädagogischer‹ Effekt
einstellen, wenn Investoren oder Research-Agenturen verstärkt
danach fragen, wie beispielsweise das Umweltmanagement eines Unternehmens aussieht«.[207]

Potenzschwache Umwelt- und Nachhaltigkeitsfonds

Darüber, wie viele Umwelt- und Nachhaltigkeitsfonds es in
Deutschland überhaupt gibt, sind sich Agenturen und Markt-
beobachter uneins. Laut den Angaben des seit Jahren engagierten
Branchendienstes ECOreporter des Dortmunder Journalisten
Jörg Weber, der jedes Jahr eine aktualisierte Liste veröffent-
licht, waren es Ende 2008 insgesamt 196 Fonds aus den Be-

---

207 Max Deml, grüner Geldanalyst und Herausgeber des Branchenreports
Öko-Invest, im Interview mit dem Internetportal www.utopia.de Mitte 2008. Deml hat ökologische Aktien-Indices wie den »nx-25« oder
den Solaraktienindex »PPVX« erarbeitet.

reichen Nachhaltigkeit, Ethik und Erneuerbare Energien. Mit einem Gesamtvolumen von 18,26 Milliarden Euro. Darunter sind 121 Aktienfonds, zwanzig Rentenfonds, 33 Mischfonds, zwölf Dachfonds, zwei Geldmarktfonds und acht Erneuerbare-Energien-Fonds. Ein Jahr zuvor gab ECOreporter 155 Fonds an, allerdings mit einem höheren Volumen von 28,2 Milliarden Euro. Als Weber 1997 diese Daten erstmals ermittelte, hatte er nur zwölf nachhaltige Fonds mit insgesamt lediglich 220 Millionen Euro Volumen gezählt.[208] Das Sustainable Business Institute in Oestrich-Winkel geht für 2008 von 254 Fonds mit einem Volumen von rund dreißig Milliarden Euro aus, darunter 167 Aktienfonds. Das Institut unterteilt in Wasserfonds, Spendenfonds, Nachhaltigkeitsfonds, Mikrofinanzfonds, Neue Energiefonds, Ethikfonds, Ethisch-ökologische Fonds und Klima- und Umwelttechnologiefonds.[209] Das Branchenmagazin Öko-Invest aus Wien zählt hingegen nur neunzig »deutschsprachige« Aktien-Umweltinvestmentfonds auf.[210] Die Gründe für diese Unterschiede liegen in den angelegten Kriterien: Was macht einen Fonds überhaupt zu einem Umwelt- oder Nachhaltigkeitsfonds? Grob lässt sich die grüne Investmentwelt in vier Bereiche unterteilen:

1. Umwelttechnologie-, Klimawandel- oder Themenfonds
2. Klassische Nachhaltigkeitsfonds oder Ethikfonds
3. Fonds nach dem »Best-in-class«-Ansatz
4. Dachfonds oder Superfonds, die mehrere einzelne Fonds und Fondsgruppen umfassen

Alle Fondsgruppen legen unterschiedliche Maßstäbe der Eigendefinition an. Ein reiner Technologiefonds kümmert sich beispielsweise nicht darum, ob beteiligte Firmen auch Rüstungsgüter herstellen oder den Betrieb von Atomkraftwerken

208 ECOreporter News v. 28. 01. 2009, www.ecoreporter.de
209 *Cash* 02/2009, S. 29
210 Öko-Invest Nr. 421/09 v. 12. 01. 2009, S. 4

und den Bau von neuen Kohlekraftwerken forcieren. In einem Ethikfonds haben Aktien solcher Firmen hingegen auf keinen Fall was verloren. Beim Thema Kinderarbeit gehen aber auch hier die Ansichten auseinander: Einige Ethikfonds schließen Kinderarbeit generell aus, andere lassen sie hingegen zu, halten sich dabei aber an die Richtlinien der internationalen Arbeitsschutzorganisation ILO, die lediglich untersagen, Kinder auszubeuten. Auch bei fossilen Energien folgen die Fonds höchst unterschiedlichen Ansätzen. Die einen schließen Kohle aus und bewerten Gas positiv. Andere halten Papiere von Mineralölgesellschaften wie BP und Royal Dutch im Depot, da sie im Bereich Fotovoltaik zu den Marktführern gehören. Dass deren Kerngeschäft nach wie vor das Erdöl bleibt, wird ausgeblendet. Auch bei vielen Themenfonds muss der grüne Kapitalanleger kräftig die Augen zudrücken. Der Pictet Funds-Water P-CAP hält beispielsweise als wichtige Positionen Aktien von Nestlé, Suez und Danone. Im Sarasin New Energy Fund finden sich auch Linde, Toyota und Tokio Gas. Der Fonds ÖkoWorld Ökotrend Stocks Europe betreibt schlicht Etikettenschwindel. Er investiert in alle fünfzig Unternehmen des Euro-Stoxx-50-Index, die größten Aktiengesellschaften der Eurozone. Der Fonds teilt diese nun in fünf Gruppen mit unterschiedlicher ökologischer Bewertung. Je besser eine Firma abschneidet, desto mehr investieren die Fondsmanager in die Wertpapiere. In die aus ökologischer Sicht schlechtesten Unternehmen fließen nur jeweils 0,1 Prozent des Volumens des Fonds. Trotz seines Namens ist der Ökotrend Stocks daher weder ein Öko- noch ein Nachhaltigkeitsfonds.[211] Die Verwaltungsgesellschaft Öko-World Lux S.A. mit Sitz in Luxemburg ist eine Tochtergesellschaft der versiko AG in Hilden, die unter anderem auch einen der ältesten und angesehensten deutschen Ökofonds, den Ökovision, betreibt.

So unterschiedlich alle diese Fonds in ihren Ausrichtungen

211 Siehe: ÖKO-TEST Februar 2005

und Kriterien sind, so sehr gleichen sich ihre Börsenkurse darin, im Krisenjahr 2008 böse abgestürzt zu sein. Im Durchschnitt büßten die nachhaltigen Aktienfonds mit 44,17 Prozent mehr ein als der Welt-Aktienindex MSCI World mit 39,5 Prozent. Gegen diese Potenzprobleme hilft es dann auch nicht mehr, dass eine beliebte Aktie in vielen Nachhaltigkeitsfonds das Papier des Pharmakonzerns Pfizer ist. Deren bekanntestes Produkt: Viagra.

Entscheidende Kriterien

Die Strategie eines Öko- oder Ethikfonds kann durch positiv oder negativ formulierte Kriterien als Standard festgelegt sein. Daraus wird mehr oder weniger klar, in welche Unternehmen investiert werden darf: Positivkriterien werden dazu in Forderungslisten gekleidet: Firmen müssen bestimmte Bedingungen erfüllen, um in die Auswahl der Investitionskandidaten aufgenommen zu werden. Beispielsweise kann das Einhalten sozialer Mindeststandards gefordert sein oder die Unterschreitung bestimmter Emissionsgrenzwerte. Im Gegenzug kann es Ausschlusskriterien geben: Die Firma darf beispielsweise keine Rüstungsgüter herstellen, keine Kinderarbeit dulden oder nicht in Atomkraft engagiert sein. Werden Positiv- oder Negativkriterien jeweils allein angewandt, lassen sie aber Hintertüren offen: Ein Unternehmen kann auf technisch höchstem Niveau Biodiesel aus Palmöl herstellen. Ein Positivkriterium ist damit zwar erfüllt, gleichzeitig wird durch die Monokulturen der Palmenplantagen in Indonesien jedoch der Regenwald zerstört und die Bevölkerung in Hunger und Armut getrieben. Mit dem anderen Vorzeichen kann eine Firma, die bewusst auf Kinderarbeit verzichtet, einer der größten CO_2-Emittenden des Landes sein. Erst die gemeinsame Anwendung beider Kriterienlisten kann eine klare Positionierung bewirken. Klarheit und Transparenz für den Anleger bedeuten aber auch einen Hemmschuh für das Fondsmanagement, das den Gewinn maximieren soll. Die Auswahl möglicher Aktienpakete wird kleiner. Unter Umständen muss man sich von wirtschaftlich erfolgreichen Positionen trennen, weil gegen Vorgaben verstoßen wird. Spitzenrenditen lassen sich daher mit konsequent ökologischen und ethischen Investmentfonds nur selten erzielen.

Standard zur Orientierung

Allgemein anerkannte Standards zur Bestimmung von Einschluss- und Ausschlusskriterien ethisch-ökologischer Fonds gibt es nicht. Eine Leitfunktion kommt aber dem seit 1997 bestehenden Natur-Aktien-Index (NAI) zu. Er umfasst dreißig internationale Unternehmen, die nach besonders konsequenten Maßstäben als erfolgreiche Öko-Vorreiter ausgewählt werden. Der unabhängige NAI-Ausschuss entscheidet auf der Grundlage der verbindlichen NAI-Kriterien, welche Unternehmen im NAI vertreten sind. Die Unternehmen im NAI sind nach Ländern und Branchen sortiert und werden als langfristig ertragreich eingeschätzt. Der NAI soll Gradmesser für den ökonomischen Erfolg von Unternehmen sein, die global zur Entwicklung ökologisch und sozial nachhaltiger Wirtschaftsstile beitragen. Der NAI will langfristige Trends abbilden und mit eingeführten internationalen Aktienindizes vergleichbar sein. Zudem muss gewährleistet sein, dass die Unternehmen die NAI-Kriterien nachprüfbar erfüllen. Auf keinen Fall werden Unternehmen in den NAI aufgenommen, die ein Ausschlusskriterium erfüllen. Ein solches wäre beispielsweise die Erzeugung oder Vermarktung von Atomenergie, die Beteiligung an Waffenproduktion, die Beförderung der Diskriminierung von Frauen, der Diskriminierung von sozialen oder ethnischen Minderheiten, von Kinderarbeit, Tierversuchen, die Nutzung von Gentechnik in der Lebensmittelproduktion und die Erzeugung von besonders umwelt- oder gesundheitsschädlichen Produkten.

Die Ausschlusskriterien des Natur-Aktien-Index (NAI)

Nicht aufgenommen werden oder im Index verbleiben dürfen Werte von Unternehmen, über die bekannt wird oder bei sorgfältiger Erkundung bekannt sein kann, dass sie:

- Atomenergie oder Atomtechnologie erzeugen und/oder vermarkten,
- Rüstungsgüter im engeren Sinne (wie Schusswaffen, Panzer, Minen) herstellen und/oder vermarkten oder mehr als fünf Prozent ihres Umsatzes mit auf militärische Nutzungen spezialisiertem technischen Gerät erwirtschaften,
- Frauen, soziale oder ethnische Minderheiten diskriminieren,
- in ihren Betrieben gewerkschaftliche Tätigkeit unterbinden und/oder behindern,
- Teile ihrer Produktionsleistung durch Kinderarbeit oder Zwangsarbeit erwirtschaften oder entsprechend produzierte Güter von Zulieferern beziehen,
- in einem Land tätig sind, in dem eine anerkannte Protestbewegung ausländische Unternehmen dazu auffordert, das Land zu meiden,
- Versuche an Wirbeltieren vornehmen oder unterstützen, es sei denn, sie sind durch rechtliche Bestimmungen zwingend vorgeschrieben (Umweltschutz, Chemikalienprüfung, Medizin),
- gentechnologisch veränderte Pflanzen, Tier- oder Bakterienarten freisetzen, entsprechende Agrarprodukte oder Hilfsstoffe für die Lebensmittelproduktion verarbeiten, herstellen oder mit ihnen handeln,
- ausgesprochen umwelt- oder gesundheitsschädigende Produkte erzeugen oder Produktionsweisen verwenden

279

oder deren Erzeugung besonders fördern wie z. B. Pestizide, fossile Kraft- und Brennstoffe, FCKW,

- in ihrem Kerngeschäft (mehr als 25 Prozent des Umsatzes) für ausgesprochen umwelt- und/oder gesundheitsschädliches Verhalten werben,
- nicht bereit sind, wesentliche umwelt- und gesundheitsbezogene Kennzahlen der Öffentlichkeit transparent zu machen (Energieeinsatz, Wasserverbrauch, Abfallerzeugung, Emissionen, schadstoffbedingte Unfälle und Erkrankungen, jeweils pro Umsatz oder Produktmenge),
- wiederholt oder andauernd gegen geltende rechtliche Bestimmungen verstoßen.

Ebenfalls nicht aufgenommen werden dürfen Werte von Unternehmen, die an den vorgenannten Unternehmen eine Kapitalbeteiligung besitzen oder auf deren Geschäftsführung vorgenannte Unternehmen strukturell einen maßgeblichen Einfluss ausüben (z. B. durch Kapitalbeteiligungen, Kapitalmehrheiten, Sperrminoritäten, Vorstandsbeteiligungen oder Aufsichtsratsmehrheiten). Dies gilt insbesondere bei Mutterunternehmen, die im Kerngeschäft Rüstungsgüter herstellen.

Quelle: www.nai-index.de/seiten/kriterien_lang.html

Die Unternehmen im NAI müssen darüber hinaus mindestens zwei der folgenden vier Positivkriterien erfüllen:

1. Das Unternehmen bietet Produkte oder Dienstleistungen an, die einen Beitrag zur ökologisch und sozial nachhaltigen Lösung zentraler Menschheitsprobleme leisten, wie regenerative Energieerzeugung, biologische Landwirtschaft, effiziente Wassertechnik, sozial-ökologisch orientierte Forschung, Finanzierung und Beratung oder Armutsbekämpfung.

2. Das Unternehmen ist Branchen-Vorreiter im Hinblick auf die Produktgestaltung wie beispielsweise Lebensdauer und Nutzungseffizienz, Produktsicherheit, Recyclingfähigkeit und Ersatz gefährlicher Stoffe.
3. Das Unternehmen ist Branchen-Vorreiter im Hinblick auf die technische Gestaltung des Produktions- und Absatzprozesses. Vorbildhafte Produktionsstandards sind beispielsweise die Minimierung des Energie- und Rohstoffverbrauchs, Umweltverträglichkeit als Unternehmenspolitik und ständige und nachhaltige Verbesserung der Umweltleistungen.
4. Das Unternehmen ist Branchen-Vorreiter im Hinblick auf die soziale Gestaltung des Produktions- und Absatzprozesses, wie beispielsweise die Schaffung von Ausbildungs- und Arbeitsplätzen, Sicherheit und Gesundheitsschutz am Arbeitsplatz, überdurchschnittliche Weiterbildungsmöglichkeiten und besondere Sozialleistungen und Förderung von Frauen, ethnischen Minderheiten und sozialen Minderheiten.

Zum Klassenbesten erkoren

Die meisten der offenen Ökofonds, an denen Anleger Anteile erwerben können, sind hingegen alles andere als konsequent grün. Sie investieren nach dem sogenannten »Best-in-class«-Ansatz bewusst in alle Branchen, auch in ganz schmuddelige: Pharmakonzerne, Pestizidhersteller, Ölgiganten und Autofirmen gelangen in das Portfolio, wenn sie sich nur im Vergleich zu ihren Konkurrenten etwas ökologischer und verantwortungsbewusster präsentieren. Jahrelanges Greenwashing zahlt sich dabei hervorragend aus. In zahlreichen Fonds finden sich beispielsweise Anteile von RWE, Deutschlands größtem Betreiber von klimaschädigenden Kohlekraftwerken. Ölgigant BP, der sich 2001 ein neues Image zugelegt hat und sich anstatt »British Petroleum« nur noch »Beyond Petroleum« nennt, gilt seit Jahren als grünes »Top Ten Investment« in 13 Ökofonds. Der Weltkonzern ist

mit seiner Tochter BP Solar zwar führender Anbieter von Solar-
stromtechnik in Deutschland, erwirtschaftete 2004 aber gerade
mal 1,5 Prozent seines Gesamtumsatzes in dieser Sparte.

Beim »Best-in-class«-Ansatz werden bestimmte Klassen, beispielsweise eine Branche, ein Land oder ein Thema, festgelegt.
Dann wird in die jeweils besten Unternehmen einer jeden Klas-
se investiert. Neben den Klassen bedarf es einiger Kriterien,
hinsichtlich derer die Unternehmen die »besten« sein sollen.
Da jeder in irgendeiner Hinsicht der oder die beste ist, sind
die Kriterien relativ. Ein Unternehmen, welches in Entwicklungsländern Waffen verkauft und die Natur verseucht, kann
nach diesem Ansatz in einen Nachhaltigkeitsfonds aufgenommen werden, wenn es beispielsweise in Deutschland einen Be-
triebskindergarten eröffnet, Energie spart und den Müll trennt.
Gleiches gilt für Papiere von Energieversorgern, die sich in den
Portfolios solcher Fonds häufig finden. Alle großen Stromkonzerne investieren mehr oder weniger stark in die Atomenergie.
Beim »Best-in-class«-Ansatz ist das kein Problem: Der Fonds
dürfte in den größten Atomkraftbetreiber investieren, wenn
dieser zum Beispiel auch ein modernes Kohlekraftwerk mit vor-
bildlicher Filtertechnologie baut.

Fehlende Transparenz

Das interne Geschehen eines Investmentfonds ist von außen
nicht einseh- oder gar kontrollierbar. Regelmäßig schichtet das
Fondsmanagement im weiten Rahmen der Anlagekriterien die
Anteile hin und her und parkt zwischenzeitlich große Anteile
des Gesamtvolumens in Tagesgeldern oder anderen Zinspapie-
ren. Das ist völlig normal, kostet jedes Mal Verwaltungsgebüh-
ren, hat aber mit ökologischer Anlage wenig zu tun. Der Fonds-
sparer erfährt aus den Verkaufsprospekten und den gesetzlich
vorgeschriebenen Jahresberichten immer nur eine Übersicht
der vergangenen Fondszusammensetzung, und auch das nur in

einer beispielhaften Aufzählung. Wo sein Geld aktuell tatsächlich angelegt ist, erfährt er nicht. Er muss den Fondsbetreibern vertrauen. Auf Initiative des Forums Nachhaltige Geldanlagen und des European Social Investment Forum gibt es deshalb seit 2007 ein Gütesiegel für Transparenz. Besonders transparente Fondsgesellschaften können sich seitdem mit dem Europäischen Transparenzlogo für nachhaltige Publikumsfonds schmücken.[212] Das neue Logo verspricht aber nur eine Transparenz der Anlagepolitik. Wie ökologisch, nachhaltig oder ethisch die Zusammenstellung der Anbieter ist, sagt es nicht. Das zu beurteilen bleibt dem Anleger überlassen, der über all die dafür notwendigen Informationen gar nicht verfügt. Woher soll man auch wissen, welche Giftmüllgeschäfte ein Chemiekonzern mit der Elfenbeinküste betreibt oder wo gerade ein Ölkonzern Probebohrungen im Regenwald vornimmt? Daher muss zukünftig für jeden Geldanleger klar gemacht werden, wo und wie sein Geld tatsächlich angelegt wird. Hierzu sind verbindliche, allgemein verständliche Standards zu entwickeln, deren Einhaltung unabhängig zu prüfen ist. Für Ratingagenturen bedarf es ebenfalls klarer gesetzlicher Vorgaben und Zulassungen.

Verbrauchertipp

- Für fast alle Formen der Kapital- und Sparanlage gibt es heute eine »grüne« Alternative (Girokonto, Sparbuch, Sparbrief, Festgeld, Investmentfonds, Aktien, festverzinsliche Wertpapiere, Direktbeteiligungen, Lebens- und Rentenversicherungen, Immobilienerwerb).
- Nicht überall, wo »grün« draufsteht, ist aber auch »grün« drin. Die Auswahlkriterien der Fondsmanager und Geldanleger sind entscheidend.

212 www.forum-ng.de

- Beim sogenannten »Best-in-class«-Ansatz sind keine Branchen tabu. Hier spielt jeder mit, vom Ölgiganten bis zum Atomkraftwerkbetreiber.
- Sinnvoll ist ein Kriterienansatz. Die hierfür entwickelten Positiv- und Negativkriterien divergieren jedoch stark, sowohl in der Definition des »Ökologischen« als auch der des »Ethischen« und »Nachhaltigen«.
- Sogenannte »End-of-pipe«-Unternehmen (Bereiche der Umwelttechnologie) leben gerade von der Verschmutzung der Umwelt.
- Ein »grüner« Investmentfonds bewirkt unmittelbar nichts. Die Firmen und Aktien sind längst auf dem Markt. Die Anteile werden lediglich von einem Anleger zum anderen umgeschichtet.
- Direktbeteiligungen und der Erwerb von außerbörslich gehandelten Aktien sind mit einem nicht zu unterschätzenden wirtschaftlichen Risiko verbunden.
- Transparenz und Kontrolle sind auch hier schlecht ausgeprägt. Neue Gütelogos sagen nichts über den ökologischen Wert der Anlagen aus.
- Kapitalanlagebetrug und unlauterer Wettbewerb sind vertreten auch bei grünen Geldanlagen.
- Wer will, dass sein Geld vorwiegend in ethisch-ökologisch sinnvollen Projekten in Entwicklungsländern eingesetzt wird, kann sich über Genossenschaftsanteile der internationalen Entwicklungsgenossenschaft Oikocredit (besteht seit über dreißig Jahren, zwei Prozent Dividende) beteiligen. www.oikocredit.org
- Informieren Sie sich bei unabhängigen Branchendiensten wie www.ecoreporter.de und www.oeko-invest.de
- Orientieren Sie sich an den Positiv- und Negativkriterien des Natur-Aktien-Index (NAI) und prüfen Sie davon ausgehend die Kriterien grüner Anlageprodukte. www.nai-index.de

Nachwort zur Taschenbuchausgabe

Am Grundmuster des »Greenwashing« hat sich seit der Erst-veröffentlichung dieses Buches im Sommer 2009 nichts ge-ändert: Es ist eine auf den ahnungslosen Verbraucher zielende Verschleierungs- und Irreführungsmethode der »Dinosaurier«-Industrien im Energie-, Automobil- und Finanzmarkt. Und im Ernährungs-, Kosmetik- und Textilbereich will man jüngere kaufkräftige Schichten über ein vorgegaukeltes grünes und soziales Image erreichen. Doch so einfach sich die Strategen der Werbe- und Marketingabteilungen eine Beeinflussung der Verbraucher vorstellen, ist es nicht. Die sozialen Auswirkungen der Finanzkrise haben die Menschen empfindsamer und auch kritischer gegenüber schönfärberischen Versprechen und Pro-phezeiungen von Energiekonzernen und der Finanzwirtschaft werden lassen. Dutzende Lebensmittelskandale und auch Be-trügereien im Biobereich machen den Konsumenten hellhörig und lassen ihn genauer hinschauen. Die neoliberale Ideologie – ein sich selbst überlassener Markt würde alles zum Wohle aller richten – ist brüchig geworden. Viele umgehängte grüne Män-telchen und Greenwashing-Kampagnen erweisen sich nun als das, was sie wirklich sind: durchsichtige Ablenkungsmanöver und Schwindeleien mit Methoden bis hin zur Volksverdum-mung. Wer einmal lügt, dem glaubt man nimmer …

Ein echter Wandel zu einer ökologischen und nachhaltigen Wirtschafts- und Konsumweise ist hingegen überfällig. Genau 40 Jahre, nachdem der Club of Rome seinen ersten Bericht »Die Grenzen des Wachstums« vorlegte – in dem er eindring-lich vor der Endlichkeit natürlicher Ressourcen warnte –, ver-öffentlichte die gemeinnützige Organisation nun den Report »2052«. Die Wissenschaftler kommen zu erschreckenden Prognosen: Der Ausstoß von klimarelevanten Treibhausgasen wird noch bis zum Jahr 2030 weiter zunehmen und erst dann sinken, mindestens 15 Jahre zu spät. Die Folgen sind bekannt: Die Erde wird sich weiter erwärmen, die Meeresspiegel steigen und extremes Wetter, verheerende Dürren und Überflutungen nehmen zu. Für einen großen Teil der Menschheit bedeutet dies noch mehr Armut, Hunger und Leid und für die Natur weitere unwiderrufliche Zerstörung.

Dessen ungeachtet sprengen Hunderte Milliarden Euro schwere »Hilfs-« und »Rettungsfonds« für angeblich notleidende Banker die öffentlichen Haushalte und verhindern dringend notwendige Investitionen in eine »green economy«, den Umweltschutz und den Ausbau erneuerbarer Energien. Ein fast schon religiöser Glaube an die »freie Wirtschaft« und unbegrenztes Wachstum hält die Welt weiter im Klammergriff und droht sie zu zerstören. Einige Akteure werden (leider nur) aus Schaden klug: So musste es im März 2011 erst zur Nuklearkatastrophe in Fukushima kommen, damit Deutschland endlich aus der Atomkraft aussteigt. Kurz zuvor sah es noch ganz anders aus. Die im Buch beschriebene fortgesetzte Greenwashing-Kampagne der Atomlobby hatte ihr Ziel der Laufzeitverlängerung erreicht: Der bereits Ende 2009 im Koalitionsvertrag von CDU, CSU und FDP vereinbarte »Ausstieg aus dem Ausstieg« der Kernenergie wäre beinahe Realität geworden. Der Deutsche Bundestag beschloss am 28. Oktober 2010 mit schwarz-gelber Mehrheit, dass die Betriebszeiten der vor 1980 gebauten sieben Anlagen um acht Jahre und die der zehn übrigen Atomkraftwerke um 14 Jahre verlängert werden. Diese elfte Änderung des Atomgesetzes, die Mitte Dezember 2010 in Kraft trat, wurde angesichts des Gaus in Japan und massiver Proteste in der Bevölkerung bereits wenige Monate später über ein Atom-Moratorium ausgesetzt. Am 30. Juni 2011 stimmte dann der Bundestag mit großer Mehrheit für den endgültigen Atomausstieg, und das erneut geänderte Atomgesetz trat Anfang August 2011 in Kraft.

Auch eine weitere Ökolüge kam in den letzten Jahren ins

Straucheln: Ab Januar 2011 sollte nach dem Willen der Bundesregierung an allen deutschen Tankstellen die neue Super-Ben-
zinmischung E10 eingeführt werden. Sie enthält einen zehn-
prozentigen Anteil von Ethanol aus Energiepflanzen wie Raps,
Mais oder Zuckerrohr. Die Kraftstoffhersteller zögern jedoch
bei der flächendeckenden Umsetzung dieses »Biosprits« und
der deutsche Autofahrer befürchtet Motorschäden und geringere Leistung. Angenommen wird der neue Sprit vom Verbraucher offensichtlich nicht. Das ist auch gut so, aber aus anderen
Gründen: Denn auch E10 ist weder ökologisch noch nachhaltig. »Eine groß angelegte Expansion von Biokraftstoffen der
ersten Generation als Treibstoff schafft einen enormen Bedarf
an landwirtschaftlichen Flächen und Wasser, mit potenziell
erheblichen negativen sozialen und ökologischen Folgen wie
steigende Lebensmittelpreise, Entwaldung und Erschöpfung
von Wasserressourcen, welche die positiven Effekte überwie-
gen könnten«, heißt es im Weltagrarbericht. Die Produktion
von Agrartreibstoffen aus Mais und Raps ist dank staatlicher
Beimischungs-Vorgaben und Subventionen vor allem in Europa und Nordamerika ein riesiges Geschäft geworden. In den
USA wandert bereits ein Viertel der Maisernte in die Ethanol-
Raffinerie. »Die US-Regierung zahlt nach Berechnungen der
Welternährungsorganisation FAO pro Liter Ethanol durchschnittlich 28 US-Cent zu, bei exportiertem Biodiesel sind es
sogar bis zu 55 US-Cent. Zusätzlich erlässt sie den Ölkonzernen 13,5 Cent an Steuern auf jeden verkauften Liter Ethanol«,
schreibt Wilfried Bommert in seinem empfehlenswerten Buch
»Kein Brot für die Welt«. Und noch eines ist in den letzten Jahren klar geworden: Wo Pflanzen für den Tank angebaut werden,
können keine Nahrungsmittel wachsen. Angesichts begrenzter
Anbauflächen und Wasserressourcen steht Agrarsprit daher in
direkter Konkurrenz zur Lebensmittelproduktion und fördert
industrielle Monokulturen mit ihren negativen Folgen für die
ländliche Struktur und Umwelt.

Der Labeldschungel ist hingegen in den letzten Jahren nicht

lichter geworden. Hier tummeln sich nach wie vor über 1000 verschiedene Kennzeichnungen, Gütesiegel und Ökozertifikate – und es werden eher mehr als weniger. Wenn sich hinter den Labeln nicht nur heiße Luft versteckt, dann jeweils andere Standards. Sie ernsthaft zu vergleichen überfordert den Verbraucher. Auf eine gesetzliche Regelung von Mindeststandards, wie einzig beim europäischen Bio-Siegel für Lebensmittel, oder eine neutrale Kontrollstelle wartet man nach wie vor vergebens. So dürfen die Stromkonzerne weiterhin mit unechten »Ökostrom«-Produkten werben und die Textilhersteller Kleidungsstücke aus vorgeblicher »Bio-Baumwolle« anpreisen. Automobilkonzerne täuschen »umweltfreundliche« Autos vor und Flugkonzerne behaupten ungestraft »klimafreundlich« zu sein, da sie – wie die Lufthansa – nun auch »Bio-Kerosin« in die Atmosphäre blasen.

Bei Lebensmitteln hält der Erfolgskurs der Bio-Branche trotz zunehmender Skandale und Betrügereien weiter an. Knapp 60 Milliarden US-Dollar wurden 2011 international mit Bio-Waren erwirtschaftet. Allein der deutsche Bio-Markt legte um neun Prozent auf 6,59 Milliarden Euro Umsatz zu. Davon profitiert allerdings nicht der unabhängige Bioladen, sondern viel mehr Lebensmittelkonzerne, die ansonsten mit ökologischen Produkten wenig am Hut haben. Bio ist ein großes Geschäft, das den Gesetzen des Massenmarktes unterworfen wird. Bislang gab es nur wenige Untersuchungen zu dieser Entwicklung. In Österreich hat nun der junge Journalist und Agrarbiologe Clemens G. Arvay genauer hingeschaut. In seinem empfehlenswerten Buch »Der große Bio-Schmäh – Wie uns die Lebensmittelkonzerne an der Nase herumführen« deckt er zahlreiche Beispiele einer »Mogelpackung Bio« auf, berichtet von Bio-Hühnerfabriken, hinterfragt eine »biologische Ursprungsgarantie« und beschreibt, wie konventionelle Konzerne die ursprüngliche Bio-Idee verändern. Und er nennt Zahlen: Der Löwenanteil – 91,5 Prozent – des Geldes ernährungsbewusster Verbraucher landete im Jahr 2010 in den Händen der größten

Lebensmittelkonzerne des Landes. Die restlichen 8,5 Prozent mussten sich die österreichischen Bio-Läden und Reformhäuser untereinander teilen.

Es gibt nach wie vor viel zu wenige deutsche Bio-Betriebe, um den großen Hunger nach unbelasteten Lebensmitteln zu sättigen. Daher wird immer mehr importiert, vor allem aus Osteuropa, Spanien und Italien. Die Importquote lag nach Angaben des Bioland-Verbandes Anfang 2011 bereits bei 30 bis 40 Prozent insgesamt, bei Obst und Gemüse sogar bei über 50 Prozent. Die nötigen Qualitätskontrollen durch private Aufsichtskonsortien sind dabei oftmals zu lax oder auch käuflich. Das belegt der bis heute größte Bio-Skandal von Anfang Dezember 2011: Die italienische Finanzpolizei deckte einen riesigen Betrug mit vermeintlichen Bio-Produkten auf. Eine siebenköpfige Bande von Händlern und Kontrolleuren hatte seit 2007 europaweit insgesamt 700 000 Tonnen Futtermittel, frisches Obst und Getreide im Wert von 220 Millionen Euro mit gefälschter Bio-Kennzeichnung verkauft.

Im hart umkämpften Kontrollmarkt ist das Risiko aufzufliegen gering und der Gewinn groß. Die Zertifikate sind die Schwachstelle der Branche. Die zugelassenen privaten Unternehmen werden nämlich von jenen Produzenten bezahlt, die sie kontrollieren sollen, und zwar nach der Größe der zu untersuchenden Flächen. Der Anreiz zu pfuschen lockt gerade auch im Geschäft mit Eiern. Von 2010 bis 2012 ist der Bioanteil um etwa 30 Prozent gestiegen und ein Ei aus Bio-Haltung erbringt oftmals einen doppelten Preis wie eins aus Käfig-Haltung. Im April 2012 fanden Prüfer ein Dioxingift in Eiern von einem Bio-Hof in Nordrhein-Westfalen. Die Eier aus zwei von vier Ställen wiesen eine bis zu sechsmal über dem Grenzwert liegende Konzentration von polychlorierten Biphenylen (PCB) auf. Der Erzeuger wusste wohl schon länger davon. Bereits Ende 2010 hatten überhöhte Dioxinwerte die Verbraucher verunsichert. Das Gift stammte damals aus verseuchten Futtermitteln.

Echte Öko-Ware wird zwar generell besser kontrolliert als konventionelle, insbesondere wenn sie neben den EU-Anforderungen auch die höheren Kriterien der Anbauverbände erfüllt, aber auch hier kann nichts wirklich garantiert werden. Biobetriebe produzieren ja nicht im luftleeren Raum. Das zeigt das Beispiel der Belastung mit ESBL-Keimen in Bio-Fleisch. Stern TV fand im März 2012 in zwei von zehn Proben Bio-Schweinefleisch und in 17 von 28 Proben Bio-Hühnerfleisch – teilweise von Bioland-, Demeter- und Naturlandbetrieben – solche antibiotikaresistenten Bakterien. Die industrielle Tierhaltung mit ihrem hohen Antibiotika-Einsatz gilt als Ursache: Durch belastete Gülle von Nachbarfeldern, über die Abluft von Ställen und Kontakt in Schlachthöfen können die Keime übertragen werden.

Trittbrettfahrer der Ökowelle versuchen mit irreführenden Werbebotschaften auch etwas vom Bio-Kuchen abzubekommen. Produktmerkmale wie regionale Herkunft, Umweltschonung und gute Produktionsbedingungen werden straffrei gnadenlos ausgereizt: »Weidemilch« aus Brandenburg stammt aus vielen Regionen Deutschlands, Wildsalami besteht zu großen Teilen aus Schweinefleisch und ländlich-idyllische Markennamen wie »Bauernglück« und »Wiesenhof« verschleiern brutalste Massentierhaltung und ausufernden Antibiotikaeinsatz. Doch nun könnte solchen Schwindeleien endlich ein Riegel vorgeschoben werden: Die im Dezember 2011 in Kraft getretene EU-Verbraucher-Lebensmittelinfo-Verordnung regelt europaweit einheitliche Lebensmittel- und Nährwertkennzeichnungen ab Ende 2014 bzw. Ende 2016 zwingend und verbindlich. Mit seiner begrüßenswerten Initiative »Klarheit und Wahrheit bei der Kennzeichnung und Aufmachung von Lebensmitteln« informiert das Bundesministerium für Ernährung, Landwirtschaft und Verbraucherschutz bereits über die neuen Kennzeichnungen, um besser vor Täuschungen zu schützen und Unternehmen im Wettbewerb zu stärken, die ihre Produkte verbraucherfreundlich beschriften. Dazu dient als Teil der Initiative auch das empfehlenswerte Internetportal www.lebensmittelklarheit. de. Das Portal wird von der Verbraucherzentrale Bundesverband und der Verbraucherzentrale Hessen betrieben. Konsumenten können online Produkte nennen, von denen sie sich getäuscht fühlen: Seit dem Start des Portals am 20. Juli 2011 gingen bis April 2012 bereits über 5000 Produktmeldungen und mehr als 2500 sonstige Anfragen ein.

Bald wird es auch einfacher werden, Öko-Lebensmittel schnell und sicher als echte Bioware zu erkennen. Wissenschaftler aus elf europäischen Ländern entwickeln seit Oktober 2011 im Forschungsprojekt »Authentic Food« ein entsprechendes Analyseverfahren. Ab 2014 könnten dann Fälschungen und Bio-Betrug besser Einhalt geboten werden.

Freunde von Biowein sehen mittlerweile auch klarer. Nach über sechs Jahren ist nun endlich die EU-Bio-Weinverordnung erlassen. Bislang war nur festgelegt, dass Bio-Wein aus ökologisch angebauten Trauben gekeltert wird. Was anschließend im Weinkeller mit dem Rebensaft passiert, war ungeregelt. Nun nennt die Verordnung nicht erlaubte Verfahren, bestimmt die Mindestporengröße für Filter und Zentrifugen und listet alle erlaubten Zusatz- und Hilfsstoffe auf, ein Drittel weniger als bei konventionellen Winzern. Streitpunkt war bis zuletzt die Schwefelung von Biowein. Die Richtlinien der Bio-Verbände erlaubten den Zusatz von Sulfit im Rahmen der auch für konventionelle Winzer geltenden Höchstgrenzen. Das sah die EU-Kommission anders und bestand auf einer drastischen Senkung, da Verbraucher erwarten können, dass Biowein kein Sulfit enthält. Nach dem nun gefundenen Kompromiss liegt der Sulfit-Grenzwert für Bio-Wein um 30 Milligramm pro Liter niedriger als bei konventionellem.

Erfolgreich war jüngst das gerichtliche Vorgehen der Deutschen Umwelthilfe (DUH) gegen eine Ökolüge: Nach den Handelsketten ALDI Nord und Süd musste nun auch die REWE Markt GmbH eine strafbewehrte Unterlassungserklärung gegenüber den Verbraucherschützern abgeben. Darin verpflichtet sich das Unternehmen, seine bislang als »biologisch abbaubar« beworbenen Plastiktüten nicht mehr als »100 % kompostierbar« und »soweit wie möglich aus erneuerbaren Rohstoffen hergestellt« zu bezeichnen. Auch die irreführende Behauptung, dass REWE und ihre Kunden mit den Plastiktüten »gemeinsam Gutes tun« ist zu unterlassen. Die DUH hatte im April 2012 auf die irreführende Werbung mit den Bio-Plastiktüten hingewiesen und die Handelsketten wegen Verbrauchertäuschung abgemahnt. »Entgegen dem auf den Tüten bewusst vermittelten Eindruck von Nachhaltigkeit, sind die Einwegplastiktüten weder umweltfreundlicher als herkömmliche Plastiktüten, noch werden sie in deutschen Kompostierungsanlagen regelmäßig kompostiert«, sondern als Störstoffe aussortiert und entsorgt, schreibt die Umweltorganisation.

Man sieht: Auch Ökolügen haben kurze Beine und Greenwashing lohnt sich auf Dauer nicht.

Stefan Kreutzberger
Bonn im Mai 2012

Literaturempfehlungen

Wer sich eingehender mit den im Buch geschilderten Themen beschäftigen möchte, empfehle ich folgende Bücher als rein persönliche Auswahl:

Kreutzberger, Stefan u. Thurn, Valentin: Die Essensvernichter – Warum die Hälfte aller Lebensmittel im Müll landet und wer dafür verantwortlich ist. Verlag Kiepenheuer & Witsch, Köln 2011

Rickelmann, Richard: Tödliche Ernte – Wie uns das Agrar- und Lebensmittelkartell vergiftet. Econ Verlag, Berlin 2012

Trummer, Paul: Pizza Globale – Ein Lieblingsessen erklärt die Weltwirtschaft. Econ Verlag, Berlin 2010

Bommer, Wilfried mit Jakobs, Sabine: Kein Brot für die Welt – Die Zukunft der Welternährung. Riemann Verlag, München 2009

Ziegler, Jean: Das Imperium der Schande – Der Kampf gegen Armut und Unterdrückung. Goldmann Verlag, München 2008

Hartmann, Kathrin: Ende der Märchenstunde – Wie die Industrie die Lohas und Lifestyle-Ökos vereinnahmt. Blessing Verlag, München 2009

Hirn, Wolfgang: Der Kampf ums Brot – Warum die Lebensmittel immer knapper und teurer werden. Fischer Verlag, Frankfurt am Main 2009

Busse, Tanja: Die Ernährungsdiktatur – Warum wir nicht länger essen dürfen, was uns die Industrie auftischt. Blessing Verlag, München 2010

Busse, Tanja: Die Einkaufsrevolution – Konsumenten entdecken ihre Macht. Blessing Verlag, München 2006

Robin, Marie-Monique: Mit Gift und Genen – Wie der Biotech-Konzern Monsanto unsere Welt verändert. Deutsche Verlags-Anstalt, München 2009

Arvay, Clemens G.: Der große Bio-Schmäh – Wie uns die Lebensmittelkonzerne an der Nase herumführen. Ueberreuter Verlag, Wien 2012

Deutsche Welthungerhilfe (Hrsg.); Weingärtner, Lioba und Trentmann, Claudia: Handbuch Welternährung. Campus Verlag, Frankfurt am Main 2011

Staud, Toralf: Grün, grün, grün ist alles, was wir kaufen – Lügen, bis das Image stimmt. Verlag Kiepenheuer & Witsch, Köln 2009

Hahn, Martina und Herrmann, Frank: Fair einkaufen – aber wie? Der Ratgeber für fairen Handel für Mode, Geld, Reisen und Genuss. Verlag Brandes und Apsel, Frankfurt am Main 2009

Reller, Armin und Holdinghausen, Heike: Wir konsumieren uns zu Tode – Warum wir unseren Lebensstil ändern müssen, wenn wir überleben wollen. Westend Verlag, Frankfurt am Main 2011

Vollborn, Marita und Georgescu, Vlad D.: Die Joghurt Lüge – Die unappetitlichen Geschäfte der Lebensmittelindustrie. Campus Verlag, Frankfurt am Main 2006

Grimm, Hans-Ulrich: Die Ernährungslüge – Wie uns die Lebensmittelindustrie um den Verstand bringt. Knaur Verlag, München, Taschenbuchneuausgabe 2011

Werner-Lobo, Klaus: Uns gehört die Welt! Macht und Machenschaften der Multis. Hanser Verlag, München 2008

Huismann, Wilfried: Schwarzbuch WWF – Dunkle Geschäfte im Zeichen des Panda. Gütersloher Verlagshaus, Gütersloh 2012

Grefe, Christiane; Heller, Peter; Herbst, Martin und Pater, Siegfried: Das Brot des Siegers – Das Hackfleisch-Imperium. Lamuv Verlag, Bornheim-Merten 1985

Leonard, Annie: The Story of Stuff – Wie wir unsere Erde zumüllen. Econ Verlag, Berlin 2010

Weber, Karl (Ed.): Food, Inc. – How industrial food is making us sicker, fatter and poorer – and what you can do about it. Public Affairs, New York 2009

Wagenhofer, Erwin u. Annas, Max: We Feed the World – Was uns das Essen wirklich kostet. Orange-Press Verlag, Freiburg 2006

Bode, Thilo: Die Essensfälscher. Was uns die Lebensmittel-konzerne auf den Teller lügen. S. Fischer Verlag, Frankfurt am Main 2010

Abkürzungsverzeichnis

ACEA	European Automobile Manufacturers Association
ACG	Agrar Control GmbH
AKW	Atomkraftwerk
ARfD	Akute Referenzdosis
BBC	British Broadcasting Corporation
BEE	Bundesverband Erneuerbare Energie
BfS	Bundesamt für Strahlenschutz
BGI	Verband des Deutschen Blumen- Groß- und Importhandels
BMU	Bundesministerium für Umwelt, Naturschutz und Reaktorsicherheit
BoA	Braunkohlekraftwerksblöcke mit optimierter Anlagentechnik
BÖLW	Bund Ökologische Lebensmittelwirtschaft
BOS	Borneo Orangutan Survival Foundation
BVL	Bundesamt für Verbraucherschutz und Lebensmittelsicherheit
CBG	Coordination gegen Bayer-Gefahren
CCS	Carbon Dioxide Capture and Storage
CDM	Clean Development Mechanism
CER	Certified Emission Reduction
CEPAA	Council on Economic Priorities Accrediation Agency
CSR	Corporate Social Responsibility
DBE	Deutsche Gesellschaft zum Bau und Betrieb von Endlagern für Abfallstoffe
DEBRIV	Deutscher Braunkohle-Industrie-Verein
DEHSt	Deutsche Emissionshandelsstelle
Dena	Deutsche Energie Agentur
DNV	Det Norske Veritas

DUH	Deutsche Umwelthilfe
dwp	dritte-welt partner
EECS	European Energy Certificate System
EEG	Erneuerbare-Energien-Gesetz
EEX	European Energy Exchange
EFTA	European Free Trade Association
EMAS	Zertifikat »Eco-Management and Audit-Scheme«
EnBW	Energie Baden-Württemberg
EU	Europäische Union
EUA	Europäische Umweltagentur
EWS	Elektrizitätswerke Schönau
FFP	Fair Flowers Fair Plants
FIAN	FoodFirst Informations- und Aktions-Netzwerk
FINE	Dachverband der vier größten Fair-Handels-Organisationen
FLO	Fairtrade Labelling Organizations International
FLP	Flower Label Program
FAO	Food and Agriculture Organization of the United Nations
FSC	Forest Stewardship Council
GEPA	Gesellschaft zur Förderung der Partnerschaft mit der Dritten Welt
GNS	Gesellschaft für Nuklear-Service
GOTS	Global Organic Textile Standard
GTZ	Gesellschaft für Technische Zusammenarbeit
ICC	International Chamber of Commerce
IFAT	International Fair Trade Association
IFEU	Institut für Energie- und Umweltforschung
IFOAM	International Federation of Organic Agriculture Movements
IGCC	Integrated Gasification Combined Cycle
IKEP	Integriertes Klima- und Energieprogramm
ILO	Internationale Arbeitsorganisation
ILRF	International Labour Rights Fund
IUF	Internationaler Gewerkschaftsverband

IVN	Internationaler Verband der Naturtextilwirtschaft
JI	Joint Implementation
LOHAS	Lifestyle of Health and Sustainability
MPS	Niederländisches Umweltprogramm für Zierpflanzenproduzenten
MRL	Maximum Residue Levels
NEWS!	Netzwerk der europäischen Weltläden
OECD	Organisation für Wirtschaftliche Zusammenarbeit und Entwicklung
PAN	Pestizid Aktions-Netzwerk
PAK	Polyzyklische aromatische Kohlenwasserstoffe
PM	Pressemitteilung
PREDA	People's Recovery, Empowerment Development Assistance Foundation
REACH	Registration, Evaluation, Authorisation and Restriction of Chemicals
RA	Rainforest Alliance
RECS	Renewable Energy Certificate System
REG-Strom	Regenerativer Strom
RSPO	Roundtable on Sustainable Palm Oil
RTRS	Roundtable for Responsible Soy
SAN	Sustainable Agriculture Network
TDA	Toluylen-Diamin
THG	Treibhausgase
UBA	Umweltbundesamt
UN	Vereinte Nationen
UNICA	Brasilianischer Zuckerrohrverband
UPI	Umwelt- und Prognose-Institut e. V. Heidelberg
VCD	Verkehrsclub Deutschland
VDA	Verband der deutschen Automobilindustrie
WHO	Weltgesundheitsorganisation
WTO	Welthandelsorganisation
WWF	World Wide Fund for Nature
ZMO	Zuckermarktordnung

Sachregister

Pietra Rivoli
Reisebericht eines T-Shirts
Ein Alltagsprodukt erklärt die Weltwirtschaft
Mit zahlreichen Abbildungen

ISBN 978-3-548-36945-7
www.ullstein-buchverlage.de

Welchen Weg legt ein T-Shirt zurück, bis es zum Verkauf im Laden liegt, und wohin kommt es, nachdem es im Altkleidercontainer gelandet ist? Pietra Rivoli reiste mit ihrem T-Shirt von Texas nach Schanghai und Tansania. Ihr spannender Reisebericht entwirrt die komplexen Strukturen des Welthandels und schildert, wie sich amerikanische Baumwollfarmer gegen Importmassen aus China wehren und wie T-Shirts aus Schanghai trotzdem in den amerikanischen Hafen gelangen.

»Anekdotenreich und sehr persönlich erzählt« *NDR*

»Wertvolle Erläuterungen zu den Mechanismen der Globalisierung« *Rheinischer Merkur*

US285